职业教育新形态
财会名师系列教材

U0739915

财务会计实务学习指导
习题与实训 第2版

王碧秀 主编　舒岳 蔡梦颖 副主编　梁伟祥 主审

Learning Guidance of Financial Accounting Practice

人民邮电出版社

北　京

图书在版编目（CIP）数据

财务会计实务学习指导：习题与实训 / 王碧秀主编
. -- 2版. -- 北京：人民邮电出版社，2020.9
职业教育新形态财会名师系列教材
ISBN 978-7-115-54061-4

Ⅰ. ①财… Ⅱ. ①王… Ⅲ. ①财务会计—高等职业教
育—教学参考资料 Ⅳ. ①F234.4

中国版本图书馆CIP数据核字(2020)第082793号

内 容 提 要

本书是与《财务会计实务（附微课视频 第 2 版）》教材相配套的辅助教材。全书以任务训练和综合实训的形式，介绍了出纳、往来结算、财产物资、资金、财务成果和财务报告等会计岗位的具体核算内容。每个任务训练由基本内容框架、主要知识点分析、任务训练和参考答案组成；项目综合实训则以仿真凭证为基础，按照实际操作流程介绍了财务处理过程。

本书主要作为应用型本科、高职高专、成人高等学校财会类专业学生的学习用书，也可作为在职会计人员的培训和自学用书，以及各类企业管理人员的参考书。

◆ 主　　编　王碧秀
　　副主编　舒　岳　蔡梦颖
　　主　　审　梁伟样
　　责任编辑　刘　尉
　　责任印制　王　郁　马振武
◆ 人民邮电出版社出版发行　　北京市丰台区成寿寺路 11 号
　　邮编　100164　　电子邮件　315@ptpress.com.cn
　　网址　https://www.ptpress.com.cn
　　北京九州迅驰传媒文化有限公司印刷
◆ 开本：787×1092　1/16
　　印张：16.5　　　　　　　　2020 年 9 月第 2 版
　　字数：468 千字　　　　　　2025 年 2 月北京第 4 次印刷

定价：52.00 元

读者服务热线：**(010)81055256**　印装质量热线：**(010)81055316**
反盗版热线：**(010)81055315**

前 言
Preface

本书是与《财务会计实务（附微课视频 第2版）》教材相配套的辅助教材，其编写目的是帮助读者通过强化训练，进一步理解和掌握主教材的内容，提高解决实际问题的能力。本书内容由各个不同会计岗位的核算内容构成，每一岗位的核算均包括任务训练和综合实训两类训练。其中，任务训练部分根据学习层次分为理论知识题、分项能力题和综合分析题3个类别，读者可以通过选择、判断、计算与综合分析题训练达到不同的学习目的；项目综合实训部分，读者通过对仿真原始凭证的审核、填制，可以对会计资料进行加工整理，并进行账务处理，以进一步提高认识和解决实际问题的技能。

本书由丽水职业技术学院的王碧秀任主编，舒岳、蔡梦颖任副主编，梁伟样任主审。其中，项目综合实训部分由舒岳编写，其余部分由王碧秀和蔡梦颖编写。丽水市财政局财务核算中心财务总监雷春香和大连职业技术学院的张敏为本书的编写提供了宝贵的意见。在此，对他们给予的支持表示衷心的感谢。

由于编者水平有限，书中疏漏之处在所难免，敬请读者批评指正。

编者
2020年7月

目 录
Contents

项目一
出纳岗位会计

任务一 | 库存现金核算

基本内容框架

- 库存现金管理
- 库存现金业务工作过程与岗位对照
- 库存现金核算账户设置
- 库存现金典型业务核算

主要知识点分析

库存现金的核算

库存现金核算中的主要知识点如表 1–1 所示。

表 1-1 库存现金核算中的主要知识点

项 目	内 容
库存现金管理	① 库存现金使用范围：职工工资、津贴；个人劳务报酬；国家规定颁发给个人的科学技术、文化艺术、体育等各种奖金；各种劳保、福利费用以及国家规定的对个人的其他支出；向个人收购农副产品和其他物资的价款；出差人员必须随身携带的差旅费；结算起点（1 000 元）以下的零星支出；中国人民银行确定需要支付现金的其他支出 ② 库存现金限额：开户单位 3～5 天日常零星开支所需的库存现金，边远地区和交通不便地区可多于 5 天，但不得超过 15 天的日常零星开支 ③ 现金收支其他规定：不得坐支现金；不得白条顶库；不得套取现金等
账户设置	① "库存现金"：核算企业由出纳人员保管的以备零星开支需要的现金 ② "备用金"：核算内部各部门备用金，也可以通过"其他应收款"或"备用金"账户核算
典型业务核算	库存现金的提取、送存、收支及清查

任务训练

一、理论知识题

（一）单项选择题

1. 我国会计上所谓的狭义现金是指企业的（　　）。

　　A. 库存现金　　　　　　　　　　B. 库存现金和银行存款

C. 库存现金、银行存款和有价证券　　　D. 库存现金、银行存款和其他货币资金

2. 根据我国《现金管理暂行条例》的规定，结算起点以下的零星支出是指支出金额在（　　）元以下的支出。

　　A. 2 000　　　　　　B. 1 000　　　　　　C. 100　　　　　　D. 500

3. 根据我国《现金管理暂行条例》的规定，库存现金限额一般根据开户单位（　　）天日常零星开支需要量核定。

　　A. 3　　　　　　　　B. 3～5　　　　　　C. 7　　　　　　　D. 15

4. 现金日记账应由（　　）根据审核无误的原始凭证和有关收款凭证、付款凭证逐日逐笔序时登记。

　　A. 会计人员　　　　B. 主管人员　　　　C. 经手人员　　　　D. 出纳人员

5. 企业一般不得坐支现金，因特殊情况需要坐支现金的，应当事先报经（　　）审查批准。

　　A. 上级部门　　　　　　　　　　　　　B. 工商行政管理部门

　　C. 税务部门　　　　　　　　　　　　　D. 开户银行

（二）多项选择题

1. 根据《现金管理暂行条例》的规定，开户单位的下列款项中可以使用现金支付的有（　　）。

　　A. 职工工资、津贴　　　　　　　　　　B. 个人劳务报酬

　　C. 向个人收购农副产品等应支付的价款　D. 1 000 元以下的零星支出

2. 关于现金管理，下列说法正确的有（　　）。

　　A. 在国家规定的范围内使用现金结算　　B. 库存现金限额一经确定不得变更

　　C. 收入的现金必须当天送存银行　　　　D. 必须每天登记现金日记账

3. 可以作为登记现金日记账的记账凭证有（　　）。

　　A. 现金收款凭证　　　　　　　　　　　B. 现金付款凭证

　　C. 银行存款收款凭证　　　　　　　　　D. 银行存款付款凭证

4. 下列各项中，符合现金管理规定的有（　　）。

　　A. 不得白条顶库

　　B. 不准利用银行账户代其他单位和个人套取现金

　　C. 不准编造用途套取现金

　　D. 不准将单位的现金收入以个人储蓄方式存入银行

5. 下列关于库存现金限额规定说法正确的有（　　）。

　　A. 边远地区或交通不便地区单位可以按 5 天至 15 天的日常零星开支核定库存现金限额

　　B. 在多家银行开户的单位，只能由一家开户银行核定库存现金限额

　　C. 开户单位超限额库存现金应于当日送存银行

　　D. 开户单位支付现金，可以从本单位库存现金限额中支付或从开户银行提取，不得从本
　　　单位的现金收入中直接支付

（三）判断题

1. 任何情况下企业均不得坐支现金。　　　　　　　　　　　　　　　　　　　　（　　）

2. 现金出纳人员不得兼管收入、费用账目的登记工作。　　　　　　　　　　　　（　　）

3. 现金日记账是一种明细分类账，只需每月月末结出余额。　　　　　　　　　　（　　）

4. 从银行提取现金应编制现金收款凭证，并据以登记现金日记账。　　　　　　　（　　）

5. 企业内部各部门周转使用并由各部门保管的现金不得在"库存现金"账户核算，但可以设置"其他应收账款"或"备用金"账户核算。（ ）

二、分项能力题

（一）单项选择题

1. 根据企业会计准则的规定，企业无法查明原因的现金短款，经批准后应计入（ ）账户。

    A. 管理费用　　　　B. 财务费用　　　　C. 营业外收入　　D. 营业外支出

2. 根据企业会计准则的规定，企业无法查明原因的现金溢余，经批准后应贷记（ ）账户。

    A. 其他应收款　　B. 营业外收入　　　C. 管理费用　　　　D. 待处理财产损溢

3. 某企业对行政部门日常零星开支现金需要实行定额管理制度，则当该部门报销日常支出时，应贷记（ ）账户。

    A. 其他应收款　　B. 库存现金　　　　C. 制造费用　　　　D. 管理费用

4. 采用专用记账凭证的企业，对从银行提取现金的业务，正确的处理方法是（ ）。

    A. 只编制银行付款凭证，不编制现金收款凭证

    B. 既编制银行付款凭证，又编制现金收款凭证

    C. 只编制银行收款凭证，不编制现金付款凭证

    D. 只编制现金收款凭证，不编制银行付款凭证

5. 李平出差借支差旅费 2 000 元，返回时报销 1 500 元，交回现金 500 元，并结清原借款。则企业出纳应按（ ）元开具收款收据。

    A. 500　　　　　　B. 1 000　　　　　C. 1 500　　　　　D. 2 000

（二）多项选择题

1. 下列现金支出不符合《现金管理暂行条例》规定的有（ ）。

    A. 企业根据国家规定发给李平科技创新奖励现金 10 000 元

    B. 企业以现金支付购买办公用品费 4 000 元

    C. 出纳员以收到的职工个人赔款支付差旅费借款

    D. 采购员赵伟借现金 5 000 元用于异地材料的采购

2. 某企业供应科李明出差归来报销差旅费 1 280 元，退回现金 220 元。关于该业务下列处理正确的有（ ）。

    A. 出纳员应开具金额为 1 500 元的收款收据

    B. 出纳员应开具金额为 220 元的收款收据

    C. 出纳员在办妥收款手续后应在现金收款凭证上加盖"现金收讫"戳记

    D. 编制如下会计分录。

      借：管理费用——差旅费　　　　　　　　　　　　1 280

         库存现金　　　　　　　　　　　　　　　　220

        贷：其他应收款——李明　　　　　　　　　　1 500

3. 甲公司对办公室的日常零星开支实行定额备用金管理制度，核定办公室主任尚林的备用金定额为 4 000 元，1 月 10 日尚林领取备用金。2 月 18 日报销招待费 3 200 元。5 月 10 日尚林调离办公室，持未报销办公用品费凭证 1 800 元和剩余现金到会计部门办理结清手续。下列有关账务

处理正确的有（　　　）。

    A. 1 月 10 日，编制如下会计分录。

      借：备用金——尚林   4 000

          贷：库存现金   4 000

    B. 2 月 18 日，编制如下会计分录。

      借：管理费用——招待费   3 200

          贷：库存现金   3 200

    C. 2 月 18 日，编制如下会计分录。

      借：管理费用——招待费   3 200

          贷：备用金——尚林   3 200

    D. 5 月 10 日，编制如下会计分录。

      借：管理费用——办公费   1 800

            库存现金   2 200

          贷：备用金——尚林   4 000

三、综合分析题

佳好有限责任公司核定的库存现金限额为 5 000 元，2020 年 5 月 1 日现金日记账余额为 758 元。5 月发生下列现金收支业务。

（1）1 日，经理王川出差归来，报销差旅费 2 400 元，补付现金 400 元，结清原借款。

（2）3 日，从银行提取现金 4 000 元备零星开支用。

（3）6 日，以现金购买办公用品支出 560 元，当即交付各办公室使用。

（4）7 日，从银行提取现金 36 000 元备发工资。

（5）7 日，以现金发放在职职工工资 36 000 元。

（6）10 日，车间主任李明因公出差，预借差旅费 2 000 元，以现金付讫。

（7）12 日，以现金支付车间办公费 256 元。

（8）20 日，李明报销差旅费 1 660 元，退回现金 340 元，结清原借款。

（9）22 日，出租包装物一批，收到对方交来押金现金 2 000 元。

（10）22 日，填制现金交款单，将现金 2 000 元送存银行。

（11）28 日，以现金支付特困职工生活补助费 1 500 元。

（12）31 日，清查发现现金短缺 5 元，属于企业定额内短缺。

要求：暂不考虑增值税等相关税费，根据上述经济业务编制会计分录，并登记现金日记账。

参考答案

一、理论知识题

（一）单项选择题

1. A   2. B   3. B   4. D   5. D

（二）多项选择题

1. ABCD   2. ACD   3. ABD   4. ABCD   5. ABCD

（三）判断题

1. ×　　2. √　　3. ×　　4. ×　　5. √

二、分项能力题

（一）单项选择题

1. A　　2. B　　3. B　　4. A　　5. D

（二）多项选择题

1. BCD　　2. ACD　　3. ABD

三、综合分析题

（1）借：管理费用——差旅费　　　　　　　　　　　　　　　　2 400
　　　　贷：其他应收款——王川　　　　　　　　　　　　　　　　2 000
　　　　　　库存现金　　　　　　　　　　　　　　　　　　　　　400
（2）借：库存现金　　　　　　　　　　　　　　　　　　　　　4 000
　　　　贷：银行存款　　　　　　　　　　　　　　　　　　　　　4 000
（3）借：管理费用——办公费　　　　　　　　　　　　　　　　　560
　　　　贷：库存现金　　　　　　　　　　　　　　　　　　　　　560
（4）借：库存现金　　　　　　　　　　　　　　　　　　　　　36 000
　　　　贷：银行存款　　　　　　　　　　　　　　　　　　　　36 000
（5）借：应付职工薪酬——工资　　　　　　　　　　　　　　　36 000
　　　　贷：库存现金　　　　　　　　　　　　　　　　　　　　36 000
（6）借：其他应收款——李明　　　　　　　　　　　　　　　　2 000
　　　　贷：库存现金　　　　　　　　　　　　　　　　　　　　　2 000
（7）借：制造费用　　　　　　　　　　　　　　　　　　　　　　256
　　　　贷：库存现金　　　　　　　　　　　　　　　　　　　　　256
（8）借：制造费用　　　　　　　　　　　　　　　　　　　　　1 660
　　　　　　库存现金　　　　　　　　　　　　　　　　　　　　　340
　　　　贷：其他应收款——李明　　　　　　　　　　　　　　　　2 000
（9）借：库存现金　　　　　　　　　　　　　　　　　　　　　2 000
　　　　贷：其他应付款　　　　　　　　　　　　　　　　　　　　2 000
（10）借：银行存款　　　　　　　　　　　　　　　　　　　　2 000
　　　　贷：库存现金　　　　　　　　　　　　　　　　　　　　　2 000
（11）借：应付职工薪酬　　　　　　　　　　　　　　　　　　1 500
　　　　贷：库存现金　　　　　　　　　　　　　　　　　　　　　1 500
（12）借：待处理财产损溢　　　　　　　　　　　　　　　　　　　5
　　　　贷：库存现金　　　　　　　　　　　　　　　　　　　　　　5
　　　借：管理费用　　　　　　　　　　　　　　　　　　　　　　5
　　　　贷：待处理财产损溢　　　　　　　　　　　　　　　　　　　5
现金日记账（略）

任务二 | 银行存款核算

基本内容框架

- 银行存款账户管理
- 银行结算业务认知
- 银行存款核算账户设置
- 典型银行结算业务结算流程及核算

主要知识点分析

一、银行存款账户管理及结算方式

银行存款账户管理及结算方式主要知识点如表1-2所示。

表 1-2　　　　　　　　　　　银行存款账户管理及结算方式主要知识点

项　目		内　容
账户管理		基本存款账户：因办理单位日常转账结算和现金收付需要开立的银行结算账户
		一般存款账户：因借款或其他结算需要在基本存款账户开户银行以外的银行开立的银行结算账户
		临时存款账户：因临时需要并在规定期限内使用而开立的银行结算账户
		专用存款账户：对法律、行政法规和规章规定有特定用途，需要进行专项管理和使用而开立的银行结算账户
结算方式	支票	支票是出票人签发的委托办理支票存款业务的银行在见票时无条件支付确定金额给收款人或持票人的票据。支票分为现金支票、转账支票、普通支票和划线支票四种。支票对于单位和个人各种款项结算均适用，但异地使用支票的单笔金额上限为 500 000 元。提示付款期自出票日起 10 日。转账支票可背书转让
	银行本票	银行本票是银行签发的承诺自己在见票时无条件支付确定金额给收款人或持票人的票据。银行本票对于单位和个人在同一票据交换区域需要支付各种款项均适用。提示付款期自出票日起最长不得超过 2 个月。银行本票可以背书转让
	银行汇票	银行汇票是出票银行签发的由其在见票时按实际结算金额无条件支付给收款人或持票人的票据。银行汇票对于单位和个人各种款项结算均适用。提示付款期自出票日起 1 个月。银行汇票可以背书转让
	商业汇票	商业汇票是出票人签发的委托付款人在指定日期无条件支付确定金额给收款人或持票人的票据，按承兑人不同分为商业承兑汇票和银行承兑汇票。在银行开立存款账户的法人及其他组织之间，必须具有真实的交易关系或债权债务关系才能使用商业汇票。付款期由交易双方商定，最长不得超过 6 个月。提示付款期自汇票到期日起 10 日。商业汇票可以背书转让
	汇兑	汇兑是汇款人委托银行将款项支付给收款人的结算方式。汇兑对于单位和个人各种款项结算均适用
	委托收款	委托收款是收款人委托银行向付款人收取款项的结算方式。委托收款对于单位和个人凭已承兑商业汇票、债券、存单等付款人债务证明办理款项的结算均适用。付款期为 3 天

项　目		内　容
结算方式	托收承付	托收承付是根据购销合同由收款人发货后委托银行向付款人收取款项、由付款人向银行承认付款的结算方式。办理托收承付结算的款项，必须是商品交易以及因商品交易而产生的劳务供应的款项。代销、寄销、赊销商品的款项不得办理托收承付结算。收付双方使用托收承付结算必须签有购销合同。收款人办理托收，必须具有商品确已发运的证件。托收承付结算每笔的金额起点为 1 万元。新华书店系统每笔的金额起点为 1 000 元。验单承付期为 3 天，验货承付期限为 10 天
	信用卡	信用卡是指商业银行向个人和单位发行的凭以向特约单位购物、消费和向银行存取现金，且具有消费信用的特制载体卡片。单位卡账户的资金一律从基本存款账户转账存入，不得交存现金，不得将销货收取的款项存入其账户。单位卡不得用于 10 万元以上的款项的结算，不得支取现金
	信用证	信用证是开证银行应申请人的要求并按其指示向第三方开立的载有一定金额的、在一定的期限内凭符合规定的单据付款的书面保证文件
	电子支付	电子支付是指单位、个人（以下简称客户）直接或授权他人通过电子终端支付指令，实现货币支付与资金转移的行为。电子支付可以分为网上支付、电话支付、移动支付、销售点终端支付、自动柜员机交易和其他电子支付等类型

二、银行存款及其他货币资金典型业务核算

银行存款及其他货币资金典型业务核算中的主要知识点如表 1-3 所示。

表 1-3　　　　　　　　银行存款及其他货币资金典型业务核算中的主要知识点

项　目		内　容	
核算账户		①"银行存款"：核算企业存入银行或其他金融机构的各种存款 ②"其他货币资金"：核算企业银行本票存款、银行汇票存款、信用卡存款、信用证保证金存款、存出投资款、外埠存款、支付宝（微信）存款等货币资金	
典型业务核算	结算方式	付款方	收款方
	支票	开出支票，贷记"银行存款"	收到支票，借记"银行存款"
	银行本票	申请办妥票据签发手续时 　借：其他货币资金——银行本票 　　贷：银行存款	按票面金额办理进账 借：银行存款（票面金额） 　贷：相关账户
		持票结算时 　借：相关账户 　　贷：其他货币资金——银行本票	
		【注】实际应收（或应付）金额与票面金额不一致的，以支票等其他方式结算	
	银行汇票	申请办妥票据签发手续时 　借：其他货币资金——银行汇票 　　贷：银行存款	按实际应收金额办理进账 借：银行存款（实际应收金额） 　贷：相关账户

项　目	内　容		
典型业务核算	银行汇票	持票结算时，按实际应付金额 借：相关账户 　　贷：其他货币资金——银行汇票 实际应付金额大于汇票面值的，差额部分以其他方式支付 实际应付金额小于票据面值的，差额部分转回 借：银行存款 　　贷：其他货币资金——银行汇票	按实际应收金额办理进账 借：银行存款（实际应收金额） 　　贷：相关账户
	信用证	签发信用证 借：其他货币资金——信用证 　　贷：银行存款	用信用证结算货款 借：相关账户 　　贷：其他货币资金——信用证
	信用卡微信支付宝	存入资金 借：其他货币资金——信用卡/支付宝等 　　贷：银行存款	支付货款结算 借：相关账户 　　贷：其他货币资金——信用卡/支付宝等
	汇兑	办妥汇款手续时 借：相关账户 　　贷：银行存款	办妥收款手续时 借：银行存款 　　贷：相关账户
	委托收款	办妥付款手续时 借：相关账户 　　贷：银行存款	办妥收款手续时 借：银行存款 　　贷：相关账户
	托收承付	承付期满办妥付款手续时 借：相关账户 　　贷：银行存款	办妥托收手续时 借：应收账款 　　贷：有关账户 承付期满收到进账通知时 借：银行存款 　　贷：应收账款
其他货币资金典型业务核算	外埠存款	建立临时采购专户 借：其他货币资金 　——外埠存款 　　贷：银行存款	使用采购专户付款 借：相关账户 　　贷：其他货币资金 　　——外埠存款 　　　结清专户款 　　　借：银行存款（未使用金额） 　　　　贷：其他货币资金 　　　　——外埠存款
	存出投资款	同外埠存款	
银行存款清查		清查方法：核对账单，即将银行存款日记账与银行对账单核对 基本技能：确定未达账项，编制银行存款余额调节表	

任务训练

一、理论知识题

（一）单项选择题

1. 按照银行结算账户管理办法的规定，企业发放工资、奖金、津贴等所需现金只能通过（　　）账户支取。
　　A. 基本存款　　　　B. 一般存款　　　　C. 临时存款　　　　D. 专用存款

2. 银行汇票的付款期限为出票日起（　　）。
　　A. 半个月　　　　B. 1 个月　　　　C. 2 个月　　　　D. 3 个月

3. 以下结算方式中，受结算金额起点限制的有（　　）。
　　A. 支票　　　　B. 汇兑　　　　C. 委托收款　　　　D. 托收承付

4. 下列各项中，不通过"其他货币资金"账户核算的是（　　）。
　　A. 银行本票存款　　B. 银行汇票存款　　C. 备用金　　　　D. 存出投资款

5. 下列各项中，可采用托收承付结算方式办理结算的是（　　）的款项。
　　A. 赊销商品　　　　B. 寄销商品　　　　C. 代销商品　　　　D. 商品交易

（二）多项选择题

1. 下列各项中，属于"其他货币资金"账户核算内容的有（　　）。
　　A. 信用卡存款　　B. 存出投资款　　C. 银行汇票存款　　D. 信用证保证金存款

2. 下列项目中，同城异地均适用的结算方式有（　　）。
　　A. 委托收款　　　　B. 银行汇票　　　　C. 支票　　　　D. 商业汇票

3. 企业可用信用卡结算的有（　　）。
　　A. 向供应商购货 20 000 元　　　　B. 向特约单位购物 500 元
　　C. 向银行存取现金 500 元　　　　D. 购买办公用品 100 元

4. 下列支票中，可以提取现金的支票有（　　）。
　　A. 现金支票　　　　B. 转账支票　　　　C. 普通支票　　　　D. 划线支票

5. 下列票据可以背书转让的有（　　）。
　　A. 银行汇票　　　　B. 商业汇票　　　　C. 银行本票　　　　D. 转账支票

（三）判断题

1. 企业可以根据经营需要，在一家或几家银行开立基本存款账户。（　　）
2. 因商品交易而产生的劳务供应款及代销商品款，可通过委托收款办理结算。（　　）
3. 银行存款余额调节表不能作为企业调整账户记录的依据。（　　）
4. 托收承付结算方式同时适用于同城和异地结算，单位和个人均可使用。（　　）
5. 委托收款结算方式下，付款单位提出拒付的，其开户银行有义务审查拒付理由是否正当。（　　）

二、分项能力题

（一）单项选择题

1. 甲公司 2020 年 4 月 30 日核对银行存款日记账与银行对账单，存在的下列事项中，属于

"银行未付企业已付"事项的是（　　　）。

  A. 4 月 28 日公司销售产品，收到转账支票一张，金额为 23 000 元，银行尚未入账

  B. 4 月 28 日公司开出转账支票一张，支付购买材料款 58 500 元，持票单位尚未向银行办理手续

  C. 4 月 30 日银行代公司收取销货款 24 600 元，公司尚未收到收款通知

  D. 4 月 30 日银行代公司支付电费 17 000 元，公司尚未收到付款通知

  2. 假设甲公司 2020 年 4 月 30 日银行存款日记账账面余额为 226 600 元，银行对账单余额为 269 700 元，其他资料接上题，关于银行存款余额调节表调整后的余额正确的是（　　　）。

  A. 226 600   B. 234 200   C. 269 700   D. 257 200

  3. 甲公司（增值税一般纳税人）购买办公用品取得增值税专发票，注明价款 2 300 元、增值税税额 299 元，以信用卡付款。现收到银行转来的信用卡存款的付款凭证及所附账单，经审核无误。甲公司编制的会计分录正确的是（　　　）。

  A. 借：管理费用   2 599
     贷：银行存款   2 599

  B. 借：管理费用   2 300
     应交税费——应交增值税（进项税额） 299
     贷：其他货币资金   2 599

  C. 借：管理费用   2 599
     贷：应付账款   2 599

  D. 借：管理费用   2 599
     贷：其他应付款   2 599

  4. 甲公司根据合同向外地 A 公司销售产品一批，售价为 30 000 元，增值税税额为 3 900 元。货已发出，同时以银行存款为对方垫付运杂费 500 元，甲公司已向银行办妥托收承付手续。则甲公司的下列处理正确的是（　　　）。

  A. 借：应收账款——A 公司   34 400
     贷：主营业务收入   30 000
       应交税费——应交增值税（销项税额） 3 900
       银行存款   500

  B. 借：其他应收款——A 公司   33 900
     贷：主营业务收入   30 000
       应交税费——应交增值税（销项税额） 3 900

  C. 借：其他应收款——A 公司   500
     贷：银行存款   500

  D. 借：应收账款——A 公司   34 400
     贷：主营业务收入   33 900
       银行存款   500

  5. 甲公司（增值税一般纳税人）以面值为 100 000 元的银行本票，从本市 B 公司购进材料一批，价款为 85 000 元，增值税税额为 11 050 元，取得增值税专用发票，银行本票多余款以转账收回，材料已验收入库。则甲公司的下列处理正确的是（　　　）。

  A. 借：原材料   85 000
    应交税费——应交增值税（进项税额） 11 050
    贷：银行存款   96 050

   B. 借：原材料   85 000

      应交税费——应交增值税（进项税额）   11 050

      库存现金   3 950

        贷：银行存款   100 000

   C. 借：原材料   85 000

      应交税费——应交增值税（进项税额）   11 050

        贷：其他货币资金——银行本票   96 050

   D. 借：原材料   85 000

      应交税费——应交增值税（进项税额）   11 050

      银行存款   3 950

        贷：其他货币资金——银行本票   100 000

（二）多项选择题

1. 2020 年 5 月 10 日，甲公司向开户银行申请办理面值为 100 000 元的银行汇票一张；12 日公司采购员持该银行汇票向乙厂购买材料，价款为 80 000 元，增值税为 10 400 元，取得增值税专用发票；13 日材料到达验收入库，同时收到银行转来多余款 9 600 元转回通知。假设甲公司与乙厂均为增值税一般纳税人，上述业务的下列相关处理正确的有（   ）。

   A. 甲公司申请开具银行汇票，编制如下会计分录。

      借：其他货币资金——银行汇票   100 000

        贷：银行存款   100 000

   B. 甲公司持票购买材料，编制如下会计分录。

      借：原材料   80 000

      应交税费——应交增值税（进项税额）   10 400

        贷：其他货币资金——银行汇票   90 400

   C. 甲公司收到多余款收款通知，编制如下会计分录。

      借：银行存款   9 600

        贷：其他货币资金——银行汇票   9 600

   D. 乙厂销售货物收到银行汇票，编制如下会计分录。

      借：银行存款   90 400

        贷：主营业务收入   80 000

           应交税费——应交增值税（销项税额）   10 400

2. 2020 年 5 月 5 日，俊达有限公司采用汇兑方式汇往外地 500 000 元开立采购专户。5 月 20 日，收到采购员交来的供应单位增值税专用发票等报销凭证，其中不含税货款为 400 000 元，增值税税额为 52 000 元，材料尚未验收入库。6 月 10 日，该公司采购员完成了采购任务，将多余的外埠存款转回当地开户银行。假设俊达有限公司为增值税一般纳税人，下列有关账务处理正确的有（   ）。

   A. 汇出款项建立采购专户，编制如下会计分录。

      借：其他货币资金——外埠存款   500 000

        贷：银行存款   500 000

   B. 采购员交来报销凭证时，编制如下会计分录。

      借：在途物资   400 000

      应交税费——应交增值税（进项税额）   52 000

        贷：其他货币资金——外埠存款   452 000

C. 采购任务完成，转回剩余款项，编制如下会计分录。

借：银行存款 48 000

贷：其他货币资金——外埠存款 48 000

D. 采购员交来报销凭证，编制如下会计分录。

借：在途物资 400 000

应交税费——应交增值税（进项税额） 52 000

贷：银行存款 452 000

三、综合分析题

永丰电器有限责任公司为一般纳税人，存货日常核算采用实际成本法。2020 年 9 月发生下列经济业务。

（1）从本市宏达工厂购进 A 材料，取得增值税专用发票，注明货款为 10 000 元、增值税税额为 1 300 元，货款签发转账支票支付，材料验收入库。

（2）填制银行汇票委托书，委托银行开出面值为 400 000 元的银行汇票。银行收妥款项，开出银行汇票。

（3）采购员持银行汇票到外地前进工厂采购 B 材料，收到增值税专用发票，共计价款为 300 000 元、增值税税额为 39 000 元。B 材料尚未到达。

（4）收到银行转来多余款收账通知，银行汇票多余款 61 000 元已收妥转入企业银行存款户。

（5）向外地顺峰工厂销售甲产品一批，售价为 40 000 元，增值税税额为 5 200 元。收到对方交来银行汇票及解讫通知，汇票金额为 50 000 元，填写实际结算金额和多余金额后，根据实际结算金额填制进账单，一并送存银行。

（6）填制银行本票申请书，委托银行开出银行本票为 120 000 元。银行收妥款项，开出银行本票。

（7）从本市宏达工厂购进 A 材料为 102 000 元，增值税税额为 13 260 元，以面值为 120 000 元的银行本票结算，差额 4 740 元收到现金，材料验收入库。

（8）销售给本市大华工厂乙产品为 40 000 元，增值税税额为 5 200 元，收到对方交来银行本票一张，面值为 42 000 元，差额收到对方交来的现金。

（9）填制电汇结算凭证，将差旅费 30 000 元汇给驻外地采购员李英。

（10）收到外地振兴公司信汇结算凭证收账通知联，汇来前欠货款 44 000 元。

（11）收到本市供电公司委托收款结算凭证，共计收取电费 10 000 元，审核无误，签发转账支票付款。

（12）向外地展特公司销售乙产品 200 000 元，增值税税额为 26 000 元，发货时以转账支票代对方垫付运费及增值税税额 3 270 元。填制托收承付结算凭证，连同有关单据一并送交银行。银行审核受理后，退回托收凭证回单联。

（13）7 日后，上述托收款项划回，收到银行转来的托收凭证收账通知联。

（14）向南海市工商银行填制信用卡申请表及有关资料，申领信用卡。银行受理后，将款项 40 000 元从基本存款账户转入信用卡专户，开出信用卡。

（15）单位持卡人到特约单位购买办公用品支出 3 600 元、增值税税额 468 元，划卡结算。办公用品当即交付有关部门使用。

（16）填制信汇结算凭证，汇往外地银行采购资金 160 000 元。

（17）收到采购员交来增值税专用发票，购进 B 材料支出 100 000 元，C 材料支出 20 000 元，增值税税额共计 15 600 元，货款从外埠存款支付。

（18）上述 B 材料、C 材料均到达，验收入库。

（19）收到多余款划回通知，结清外埠存款账户。

（20）存入证券公司 400 000 元备用。

（21）用上述存款购买股票 200 000 元，该股票划分为交易性金融资产管理。

要求：假设上述购货业务均取得增值税专用发票，根据经济业务编制会计分录。

参考答案

一、理论知识题

（一）单项选择题

1. A   2. B   3. D   4. C   5. D

（二）多项选择题

1. ABCD   2. ABCD   3. ABD   4. AC   5. ABCD

（三）判断题

1. ×   2. √   3. √   4. ×   5. ×

二、分项能力题

（一）单项选择题

1. B   2. B   3. B   4. A   5. D

（二）多项选择题

1. ABCD   2. ABC

三、综合分析题

（1）借：原材料——A 材料　　　　　　　　　　　　　　　　　　10 000

　　　　应交税费——应交增值税（进项税额）　　　　　　　　1 300

　　　　　贷：银行存款　　　　　　　　　　　　　　　　　　　　11 300

（2）借：其他货币资金——银行汇票　　　　　　　　　　　　400 000

　　　　　贷：银行存款　　　　　　　　　　　　　　　　　　　　400 000

（3）借：在途物资　　　　　　　　　　　　　　　　　　　　300 000

　　　　应交税费——应交增值税（进项税额）　　　　　　　39 000

　　　　　贷：其他货币资金——银行汇票　　　　　　　　　　　339 000

（4）借：银行存款　　　　　　　　　　　　　　　　　　　　61 000

　　　　　贷：其他货币资金——银行汇票　　　　　　　　　　　61 000

（5）借：银行存款　　　　　　　　　　　　　　　　　　　　45 200

　　　　　贷：主营业务收入　　　　　　　　　　　　　　　　　40 000

　　　　　　　应交税费——应交增值税（销项税额）　　　　　5 200

（6）借：其他货币资金——银行本票　　　　　　　　　　　120 000

　　　　　贷：银行存款　　　　　　　　　　　　　　　　　　　120 000

（7）借：原材料——A材料 102 000

应交税费——应交增值税（进项税额） 13 260

库存现金 4 740

贷：其他货币资金——银行本票 120 000

（8）借：银行存款 42 000

库存现金 3 200

贷：主营业务收入 40 000

应交税费——应交增值税（销项税额） 5 200

（9）借：其他应收款——李英 30 000

贷：银行存款 30 000

（10）借：银行存款 44 000

贷：应收账款 44 000

（11）借：应付账款——市供电公司 10 000

贷：银行存款 10 000

（12）借：应收账款——展特公司 229 270

贷：主营业务收入 200 000

应交税费——应交增值税（销项税额） 26 000

银行存款 3 270

（13）借：银行存款 229 270

贷：应收账款——展特公司 229 270

（14）借：其他货币资金——信用卡 40 000

贷：银行存款 40 000

（15）借：管理费用 3 600

应交税费——应交增值税（进项税额） 468

贷：其他货币资金——信用卡 4 068

（16）借：其他货币资金——外埠存款 160 000

贷：银行存款 160 000

（17）借：在途物资——B材料 100 000

——C材料 20 000

应交税费——应交增值税（进项税额） 15 600

贷：其他货币资金——外埠存款 135 600

（18）借：原材料——B材料 100 000

——C材料 20 000

贷：在途物资——B材料 100 000

——C材料 20 000

（19）借：银行存款 24 400

贷：其他货币资金——外埠存款 24 400

（20）借：其他货币资金——存出投资款 400 000

贷：银行存款 400 000

（21）借：交易性金融资产 200 000

贷：其他货币资金——存出投资款 200 000

项目综合实训

一、实训目标

熟悉出纳岗位会计常见原始凭证；掌握出纳岗位会计的账务处理技能。

二、实训要求

根据海瓯有限责任公司 2019 年 11 月业务资料，完成如下操作。

1. 根据业务 1 至业务 14 资料，填制、审核原始凭证，编制记账凭证。
2. 根据业务 1 至业务 14 的记账凭证，登记银行存款日记账。
3. 根据业务 15 资料，进行银行存款对账，并完成银行存款余额调节表编制任务。

三、实训资料

1. 基本资料。

企业名称：海瓯有限责任公司

企业开户行：中国工商银行滨海市分行

基本户账号：180100112200100888

纳税人识别号：280602002234678

注册资本：2 000 万元

注册地址：滨海市解放街 208 号，电话××××–2133666

企业类型：有限公司

主营业务：塑料制品生产与销售

企业法人：刘海瓯

财务主管：李祥，出纳员：王洪，财务成果岗位会计：赵强

2. 2019 年 10 月末银行存款余额为 860 000 元，11 月发生的与现金、银行存款有关的业务资料如下。

业务 1：收到货款。

ICBC⑬ 中国工商银行 进账单（收款通知）3

2019 年 11 月 03 日

出票人	全　称	滨海市华北汽车制造厂	收款人	全　称	海瓯有限责任公司									
	账　号	180100112002019731		账　号	180100112200100888									
	开户银行	工行滨海分行		开户银行	工行滨海分行									
金额	人民币 （大写）	柒万捌仟元整				千	百	十	万	千	百	十	元	角	分
							￥	7	8	0	0	0	0	0
票据种类	转账支票	票据张数	1		中国工商银行 滨海分行 2019.11.03 转讫									
票据号码		2345651												
	复核　　记账			收款人开户行签章										

此联是收款人开户行交给收款人的收账通知

业务2：借支差旅费。

借 款 借 据

日期：2019年11月4日

借款部门	采购部	借款理由	到深圳开会借支差旅费
借款金额（人民币大写）伍仟元整			（小写）￥5000.00
部门领导意见：同意借支 赵清 2019.11.4		借款人签章：胡庆国	

现金付讫

第一联 记账联

业务3：预付货款。

ICBC⑤中国工商银行信汇凭证（回单）1

委托日期：2019年11月5日   浙A03313136

收款单位	全　　称	前进实业有限公司	汇款单位	全　　称	海瓯有限责任公司
	账号或地址	210863845221804		账号或地址	18010011220010888
	汇入地点	工行滨海分行		汇出地点	工行滨海分行

金额	人民币（大写）	贰万柒仟元整	千	百	十	万	千	百	十	元	角	分
					￥	2	7	0	0	0	0	0

中国工商银行
滨海分行
2019.11.05
转讫

汇款用途	预付货款

上列款项已根据委托办理，如需查询，请持此回单来行面洽。

复核　　　　记账　　　　　　　　　　　　　　　汇出行签章

此联是收款人开户行交给收款人的收账通知

业务4：缴纳税款。

中华人民共和国
税 收 通 用 缴 款 书

（032）海

缴电　No 1055806

隶属关系：

注册类型：　　　　填发日期：2019年11月7日　　　　征收机关：直属分局

缴款单位（人）	代　　码	280602002234678	预算账户	编码	
	全　　称	海瓯有限责任公司		名称	
	开户银行	工行滨海分行		级次	
	账　　号	18010011220010888	收款国库		略

税款所属时期	2019年10月1日至10月30日	税款限缴日期	2019年11月15日

品目名称	课税数量	计税金额或销售收入	税率或单位税额	已缴或扣除额	实缴金额
增值税					30000.00
城市维护建设税			7%	中国工商银行	2100.00
教育费附加			3%	滨海分行	900.00
金额合计	（大写）叁万叁仟元整			2019.11.07	小写：￥33000.00

缴款单位（人）（盖章）	税务机关（盖章）	上列款项已收妥并划转收款单位账户 转	备注
经办人：盖章	填票人：（税务机关、银行）盖章	年讫月　　　日	

第一联（收据）国库（银行）收款盖章后退缴款单位（人）作完税凭证

业务 5：银行汇票多余款退回。

<table>
<tr><td colspan="2">付款期
壹个月</td><td colspan="3">ICBC 🈺 中国工商银行
银 行 汇 票（ 多余款 ）4</td><td>汇票号码第 018 号</td></tr>
<tr><td colspan="2">出票日期
（大写）</td><td colspan="4">贰零壹玖年壹拾壹月零壹拾日　　代理付款行：工商银行天津市河西分行
行号：78</td></tr>
</table>

出票日期（大写）：贰零壹玖年壹拾壹月零壹拾日

代理付款行：工商银行天津市河西分行　行号：78

收款人：天津佳美纺织厂　　账号：5758772543898

出票金额 人民币（大写）捌万元整

实际结算金额 人民币（大写）贰万伍仟元整

中国工商银行　千 百 十 万 千 百 十 元 角 分
¥ 2 5 0 0 0 0 0

申请人：海瓯有限责任公司

出票行：工行滨海分行行号：89

备注：购材料

凭票付款

出票行签章　票据专用章

2019 年 11 月 10 日

账号或住址：1801001122200100888

密押：

滨海分行
2019.11.10

左列退回多余金额已收入你户内。

转　讫

财务主管　复核　经办

多余金额

千 百 十 万 千 百 十 元 角 分
¥ 5 5 0 0 0 0 0

此联出票行结清多余款后交申请人

业务 6：现金送存银行。

ICBC 🈺 中国工商银行　　现金交款凭条
日期：2019 年 11 月 18 日　　滨 008047

<table>
<tr><td rowspan="9">客户填写部分</td><td colspan="2">收款人户名</td><td colspan="3">海瓯有限责任公司</td><td colspan="4"></td></tr>
<tr><td colspan="2">收款人账号</td><td colspan="2">1801001122200100888</td><td>收款人开户银行</td><td colspan="4">工行滨海分行</td></tr>
<tr><td colspan="2">缴款人</td><td colspan="2">王洪</td><td>款项来源</td><td colspan="4">销货款</td></tr>
<tr><td rowspan="2">币种</td><td>人民币（√）</td><td colspan="3">大写：伍仟捌佰伍拾元整</td><td colspan="2">亿 千 百 十 万 千 百 十 元 角 分</td></tr>
<tr><td>外币（ ）</td><td colspan="3"></td><td colspan="2">¥ 5 8 5 0 0 0</td></tr>
<tr><td>券别</td><td>100 元</td><td>50 元</td><td>20 元</td><td>10 元</td><td>5 元</td><td>1 元</td><td colspan="2">辅币（金额）</td></tr>
<tr><td>张数</td><td>58</td><td>1</td><td colspan="5"></td></tr>
</table>

券别：100 元 / 50 元 / 20 元 / 10 元 / 5 元 / 1 元　辅币（金额）

张数：58 / 1

中国工商银行
滨海分行
2019.11.18

银行填写部分

日期：　日志号：　转　交易号：　币种：
金额：　终端号：　讫　主 管：　柜员：

第二联 客户核对联

业务 7：报销差旅费。

差 旅 费 报 销 单

日期：2019 年 11 月 20 日

部门	采购部		出差人	胡庆国	事由		到深圳开会					
日期	起止地点	飞机	火车	汽车	市内交通费	住宿费	住勤费	餐费	合计		单据
11 月 4 日	滨海至深圳	900.00			235.00	1200.00	100.00	1000.00	3435.00		17
11 月 5 日	深圳至滨海	900.00			35.00				935.00		3
	至										
	至										
合　计									￥4370.00		20
报销金额	人民币（大写）肆仟叁佰柒拾元整					0					
原借款	￥5000.00	报销额		￥4370.00	应退还		￥630.00	应找补			
财会审核意见		已审核 李祥 2019.11.20			审批人意见		同意报销 郭朝阳 2019.11.20				

主管　　　　　　会计　　　　　　出纳 王 洪　　　　　报销人 胡庆国

业务 8：支付员工困难补助。

领 款 单

2019 年 11 月 25 日

领 款 人	黄刚	单位或部门	一车间									
领 款 金 额 （大写）	陆佰元整			百	十	万	千	百	十	元	角	分
							￥	6	0	0	0	0
用　　途	困难补助											
审 批 意 见	同意给予补助。 刘海瓯 2019.11.25											

主管　　　　　　会计　　　　　　领款人 黄刚

业务 9：现金盘亏及处理。

【凭证 9-1】

盘点溢缺报告单

清查部门：财会部门　　　　　　2019 年 11 月 24 日　　　　　　金额单位：元

清查项目	单位	账存数			实存数			溢缺数		原因
		数量	单价	金额	数量	单价	金额	溢余	短缺	
现金	元			3200.00			3100.00		100	待查
审批意见	经查明，2019 年 11 月 24 日清点库存现金发现的短缺 100 元，属于出纳员工作失误多付款所致。根据岗位责任制，现金短缺 100 元由出纳赔偿。 　　　　　　　　　　　　　　　　　　　　　　李祥 　　　　　　　　　　　　　　　　　　　　　　2019.11.25									

盘点人员签章： 张 三　　　　　　　　　　　　出纳人员签章： 王 洪

【凭证 9-2】

收款收据

No 0001155

日期：2019 年 11 月 12 日

收款单位	海瓯有限责任公司			交款单位	王洪										

金额（大写）人民币：壹佰元整　　　**现金收讫**　　万千百十万千百十元角分 ￥10000

交款事由 现金短缺赔款

收款单位　　　主管 李祥　　　会计　　　出纳 王洪

业务 10：开具支票，支付货款。

中国工商银行
转账支票存根
01234567
12345678
附加信息
_____
_____
出票日期 2019 年 11 月 28 日
收款人：A 市和平实业公司
金　额：￥3400.00
用　途：货款
单位主管　　　会计

杭州楹佳安全印务有限公司 2019 年印制

业务 11：票据贴现。该票据面值为 30 万元，不带息，期限为 3 个月，银行贴现率为 2.5%。

贴现凭证（收账通知）　4

申请日期 2019 年 11 月 30 日　　第　号

贴现汇票	种类	商业承兑汇票	号码	0113	持票人	名称	海瓯有限责任公司									
	出票日	2019 年 10 月 20 日				账号	1801001122001000888									
	到期日	2020 年 01 月 20 日				开户银行	工行滨海分行									

汇票承兑人（或银行）	名称	B 市北方物资贸易公司	账号	250012293350005178	开户银行	工行苏中分行

汇票金额（即贴现金额）人民币（大写）叁拾万元整　千百十万千百十元角分 ￥300000000

贴现率 2.5% 贴现利息 ￥1125.00　实付贴现金额 ￥29887500

中国工商银行 滨海分行 2019.11.30 转讫

上述款项已入你单位账户。　备注：

银行盖章　年　月　日

业务 **12**：出纳员王洪购买转账支票（起止号 03633405～03633429）、现金支票（起止号 01308631～01308655）各一本。支票每本为 25 张，每张为 0.8 元（其中手续费为 0.6 元、工本费为 0.2 元）。出纳员王洪填写票据和结算凭证领用单，银行办理业务，出具收费凭证。

【凭证 12-1】

中国工商银行票据和结算凭证领用单

客户名称：　　　　　　　账号：　　　　　　　领用日期：　　年　　月　　日

| 名称 | 代码 | 号码 | | 单位 | 数量 | 金额 | | | | | | | 第一联回执联交领用单位（人） |
		起	止			万	千	百	十	元	角	分	
合计人民币（大写）				小写合计									

复核　　　　　　　　记账　　　　　　　　领用人签字

【凭证 12-2】

中国工商银行收费凭证
2019 年 11 月 30 日

付款单位名称：	账号：

	摘要：	
银行专用栏	交易码：0017　　　　交易日期：2019113002 任务号：08394772689264927489 柜台交易号：37598237689 账号：18010011220010088 付款名称：海瓯有限责任公司 公司结算业务手续费收入　　30.00 工本费收入　　　　　　　10.00 合计金额：40.00	中国工商银行 滨海分行 2019.11.30 转讫

会计主管　　　　　　　复核　　　　　　　　柜员　刘林

第二联 客户留存

业务 **13**：提取现金备用。

中国工商银行
现金支票存根
01234567
12345679

附加信息

出票日期 2019 年 11 月 30 日

收款人：王洪
金　额：¥5000.00
用　途：备用金

单位主管　　　　会计

杭州融佳安全印务有限公司，2019 年印制

业务 14：银行对账，并编制银行存款余额调节表。

中国工商银行滨海市分行

存款对账单（人民币）户名：海瓯有限责任公司　　账户：180100112200100888　　单位：元

2019 年		摘要	结算凭证号	借方发生额	贷方发生额	余额
月	日					
10	31	承前页				860 000.00
11	4	收款	转支 2345651		78 000.00	938 000.00
11	5	电汇	浙 A03313136	27 000.00		911 000.00
11	7	税款	1055806	30 000.00		881 000.00
11	7	税款	0035198	3 000.00		878 000.00
11	18	现金	008047		5 850.00	883 850.00
11	21	结息		6 000.00		877 850.00
11	25	商业汇票		120 000.00		757 850.00
11	30	托收款			1 150.00	759 000.00
11	30	贴现			298 875.00	1 057 875.00

银行存款余额调节表

年　月　日

	银行对账单	金额		企业银行存款日记账	金额
	调整前余额			调整前余额	
	未达账项			未达账项	
加	企业已收入账		加	银行已收入账	
	银行尚未入账			企业尚未入账	
减	企业已付入账		减	银行已付入账	
	银行尚未入账			企业尚未入账	
	调整后余额			调整后余额	

参考答案

业务 1

借：银行存款	78 000
贷：应收账款——滨海市华北汽车制造厂	78 000

业务 2

借：其他应收款——胡庆国	5 000
贷：库存现金	5 000

业务 3

| 借：预付账款——前进实业有限公司 | 27 000 | |
| 贷：银行存款 | | 27 000 |

业务 4

借：应交税费——未交增值税	30 000	
——应交城市维护建设税	2 100	
——应交教育费附加	900	
贷：银行存款		33 000

业务 5

| 借：银行存款 | 55 000 | |
| 贷：其他货币资金——银行汇票 | | 55 000 |

业务 6

| 借：银行存款 | 5 850 | |
| 贷：库存现金 | | 5 850 |

业务 7

借：管理费用	4 370	
库存现金	630	
贷：其他应收款——胡庆国		5 000

业务 8

| 借：应付职工薪酬——职工福利 | 600 | |
| 贷：库存现金 | | 600 |

业务 9

借：待处理财产损溢	100	
贷：库存现金		100
借：库存现金	100	
贷：待处理财产损溢		100

业务 10

| 借：应付账款——A 市和平实业公司 | 3 400 | |
| 贷：银行存款 | | 3 400 |

业务 11

借：银行存款	298 875	
财务费用	1 125	
贷：应收票据		300 000

业务 12

| 借：财务费用 | 40 | |
| 贷：银行存款 | | 40 |

业务 13

| 借：库存现金 | 5 000 | |
| 贷：银行存款 | | 5 000 |

业务 14

另：银行存款日记账与银行存款余额调节表（略）。

项目二
往来结算岗位会计

任务一 | 应收及预付款项核算

基本内容框架

- **应收账款核算**：应收账款的含义、确认与计量、账户设置及典型业务核算
- **应收票据核算**：应收票据的含义、确认与计量、账户设置及典型业务核算
- **预付账款及其他应收款核算**：预付账款及其他应收款的内容及典型业务核算
- **坏账损失核算**：坏账损失确认、核算方法、账户设置，坏账准备的计提范围及方法，典型业务核算

主要知识点分析

一、应收账款的核算

应收账款核算中的主要知识点如表 2-1 所示。

表 2-1　　　　　　　　　　　　应收账款核算中的主要知识点

项　目	内　容	
含义与账户	应收账款是指企业因销售商品、提供劳务等经营活动应向购货方或接受劳务方收取的款项。核算账户为"应收账款"，不单独设置"预收账款"账户企业的预收账款也在本账户核算	
确认与计量	应收账款应与销售收入同步确认，并按实际发生额入账，主要包括商品或劳务的售价、增值税税款及因销售商品为购买方垫付的运杂费等	
典型业务核算	① 发出商品，开具发票时 借：应收账款 　　贷：主营业务收入（不含税售价） 　　　　应交税费——应交增值税（销项税额） 　　　　银行存款（代垫运杂费等）	② 收到货款或收到商业汇票时 借：银行存款（实收金额） 　　应收票据（票据面值） 　　贷：应收账款

二、应收票据的核算

应收票据核算中的主要知识点如表 2-2 所示。

表 2-2　　　　　　　　　　　　　　　　　　应收票据核算中的主要知识点

项　目	内　容	
含义与账户	应收票据是指企业因销售商品、提供劳务等而收到的商业汇票。核算账户为"应收票据"	
确认与计量	企业收到商业汇票时，应按票面金额入账，带息应收票据期末计提利息也计入应收票据	
典型业务核算	① 销售商品或提供劳务收到商业汇票 借：应收票据 　　贷：主营业务收入 　　　　应交税费——应交增值税（销项税额） ② 以商业汇票背书转让购进货物 借：原材料等 　　应交税费——应交增值税（进项税额） 　　贷：应收票据	③ 带息票据计提利息 借：财务费用 　　贷：应收票据 ④ 票据到期收到票据款 借：银行存款 　　贷：应收票据 若票据到期购货方无力支付票据款 借：应收账款（商业承兑汇票） 　　银行存款（银行承兑汇票） 　　贷：应收票据
票据贴现	票据到期值＝票据面值＋票据利息 票据贴现息＝票据到期值×贴现率×贴现期 票据贴现净额＝票据到期值－票据贴现息 【注】贴现期＝贴现日至票据到期日的实际天数（算尾不算头）＋3 天外埠邮程 月利率＝年利率/12，日利率＝年利率/360	借：银行存款（贴现净额） 　　贷：应收票据（票据账面余额） 　　借或贷：财务费用（差额）

三、预付账款与其他应收款的核算

预付账款与其他应收款核算中的主要知识点如表 2-3 所示。

表 2-3　　　　　　　　　　　　预付账款与其他应收款核算中的主要知识点

项　目	内　容		
预付账款	预付账款是指企业按照合同规定预先支付给供货方或劳务提供方的款项。核算账户为"预付账款"，预付账款不多的企业，可不设"预付账款"，而将其并入"应付账款"核算		
预付账款	预付货款时 借：预付账款 　　贷：银行存款	收到货物时 借：原材料等 　　应交税费——应交增值税（进项税额） 　　贷：预付账款	补付货款时 借：预付账款 　　贷：银行存款 退回余款与上面分录相反
其他应收款	其他应收款是指企业发生的非购销业务的应收债权，包括应收的各种赔款、罚款，应收的出租物租金，应向职工收取的各种垫付款项，存出保证金，向企业职能科室等拨付的备用金及其他各种应收、暂付款。核算账户"其他应收款"		

四、应收款项减值的核算

无法收回的应收款项就是坏账，因坏账造成的损失称为坏账损失。坏账损失核算中的主要知识点如表 2-4 所示。

表 2-4   坏账损失核算中的主要知识点

项　目	内　容		
确认	应收及预付款项符合下列条件之一的，在减除可收回的金额后应确认为坏账损失：债务人依法宣告破产、关闭、解散、被撤销，或被依法注销、吊销营业执照，其清算财产不足清偿的；债务人逾期 3 年以上未清偿，且有确凿证据证明已无力清偿债务的；与债务人达成债务重组协议或法院批准破产重整计划后，无法追偿的；因自然灾害、战争等不可抗力导致无法收回的；国务院财政、税务主管部门规定的其他条件		
核算方法	直接转销法：在实际发生坏账损失时确认损失。适用于遵循《小企业会计准则》的企业		
	备抵法：按期计提坏账准备，实际发生坏账时将其金额冲减坏账准备。适用于遵循《企业会计准则》的企业		
账户	"信用减值损失""坏账准备"		
计提范围	应收票据、应收账款、预付账款与其他应收款等应收款项属于坏账准备计提范围，但是应收票据与预付账款不直接计提坏账准备，无法收回的应收票据先转入应收账款，无法收到货物的预付账款先转入其他应收款		
计提方法	坏账准备的计提方法有余额百分比法、账龄分析法、销货百分比法和个别认定法		
典型业务核算	① 首次计提坏账准备时 借：信用减值损失 　　贷：坏账准备 后续计量时，应先判断应补提还是冲减多提，补计的分录与上面分录相同，冲减的分录与上面分录相反	② 发生坏账损失时 借：坏账准备 　　贷：应收账款等 【注】直接转销法下 借：营业外支出 　　贷：应收账款等	③ 已确认坏账又收回 借：应收账款等 　　贷：坏账准备 借：银行存款 　　贷：应收账款等 上述分录也可以合并 借：银行存款 　　贷：坏账准备

任务训练

一、理论知识题

（一）单项选择题

1. 下列各项中，不构成应收账款入账价值的是（　　）。
   A. 销售货物或提供劳务的价款　　　　B. 应收的增值税销项税额
   C. 垫付的由购货方承担的包装费　　　D. 销售货物发生的商业折扣

2. 下列各项中，可能通过"应收票据"账户核算的是（　　）。
   A. 银行汇票　　　B. 信用证　　　C. 商业汇票　　　D. 支票

3. 下列各项中，不属于"其他应收款"账户核算内容的是（　　）。
   A. 为购货方代垫的运费　　　　　　　B. 应收保险公司的各项赔款
   C. 为职工代垫的房租　　　　　　　　D. 存出保证金

4. 预付货款不多的企业可不单设"预付账款"账户，而将预付货款直接记入（　　）账户。
   A. 应收账款　　　B. 其他应收款　　　C. 应付账款　　　D. 应收票据

5. "坏账准备"账户在期末结账前如为借方余额，反映的内容是（　　）。
   A. 提取的坏账准备金额
   B. 收回以前已经确认并转销的坏账准备金额

  C. 实际发生的坏账损失金额

  D. 已确认的坏账损失超出坏账准备的余额

（二）多项选择题

1. 总价法下应以（ ）的金额作为应收账款的入账金额。

  A. 扣减现金折扣前   B. 扣减商业折扣前

  C. 扣减现金折扣后   D. 扣减商业折扣后

2. 关于带息商业汇票的下列表述正确的有（ ）。

  A. 收到票据时按票面价值入账

  B. 票据到期值＝面值＋到期利息

  C. 应收票据不直接计提坏账准备

  D. 到期不能收回的应收票据应先转入应收账款

3. 下列各项中，影响带息商业汇票到期值的因素有（ ）。

  A. 票面价值 B. 票面期限 C. 票面利率 D. 贴现利率

4. 下列项目中，应直接计提坏账准备的有（ ）。

  A. 应收账款 B. 应收票据 C. 其他应收款 D. 预付账款

5. 下列各项会引起期末应收账款账面价值发生变化的有（ ）。

  A. 按实际发生坏账确认的坏账损失 B. 收回已转销的坏账

  C. 计提应收账款坏账准备   D. 收回应收账款

（三）判断题

1. 商品销售中的商业折扣在应收账款中不予反映。   （ ）

2. 企业按年末"应收账款"余额的一定比例计算的坏账准备应等于年末"坏账准备"账户的余额。   （ ）

3. 企业收到开出、承兑的商业汇票，无论是否带息，均按票据的票面价值入账。 （ ）

4. 我国企业会计准则规定坏账损失应采用备抵法核算。   （ ）

5. 企业预交的税金应计入"预付账款"账户。   （ ）

二、分项能力题

（一）单项选择题

1. 甲公司向外地 A 公司销售产品一批，收到 A 公司银行承兑汇票一份：面值为 351 000 元、票面利率为 6%、期限 3 个月，则甲公司"应收票据"账户的入账金额为（ ）元。

  A. 300 000   B. 351 000   C. 304 500   D. 356 265

2. 一张面值为 100 000 元、票面利率为 8%、期限为 3 个月的商业汇票的到期值为（ ）元。

  A. 100 000   B. 102 000   C. 108 000   D. 124 000

3. 2020 年 7 月 10 日，甲公司将一张当年 6 月 20 日出票、面值为 20 000 元、期限为 30 天的不带息商业汇票向银行申请贴现，贴现率为 9%。若甲公司与票据付款人在同一票据交换区，该票据的贴现净额为（ ）元。（注：日利率＝年利率/360）

  A. 19 950   B. 20 000   C. 19 850   D. 18 200

4. 2020 年 6 月 30 日，甲公司"应收账款——A 公司"账户余额为 1 200 万元，甲公司对该应收账款已计提了坏账准备 150 万元。当年 12 月 31 日经测试该笔应收账款的未来现金流量现值为 850 万元，则 12 月 31 日甲公司对该笔应收账款应计提的坏账准备为（　　）万元。

    A. 300　　　　　　　B. 200　　　　　　　C. 350　　　　　　　D. 250

5. 甲公司 2020 年"应收账款"和"其他应收款"账户的年初余额分别为 30 000 元和 10 000 元，坏账准备按余额百分比法确定，提取比例为 10%，"坏账准备"账户年初余额为 4 000 元。当年确认不能收回的应收账款为 2 000 元。年末"应收账款"和"其他应收款"账户余额分别为 50 000 元和 20 000 元，则年末应计提的坏账准备为（　　）元。

    A. 5 000　　　　　　B. 1 000　　　　　　C. 350　　　　　　　D. 250

（二）多项选择题

1. 甲公司 2020 年 8 月 8 日销售商品 100 件，增值税专用发票上注明价款 10 000 元、增值税税额 1 300 元。公司为了及早收回货款，合同约定现金折扣条件"2/10，1/20，n/30"，买方于 2020 年 8 月 18 日付清货款。假定计算现金折扣不考虑增值税，甲公司下列处理正确的有（　　）。

    A. 8 月 8 日根据销货发票，编制如下会计分录。

借：应收账款	11 300
贷：主营业务收入	10 000
应交税费——应交增值税（销项税额）	1 300

    B. 8 月 8 日根据销货发票，编制如下会计分录。

借：应收账款	11 100
贷：主营业务收入	9 800
应交税费——应交增值税（销项税额）	1 300

    C. 8 月 18 日根据实际收款项，编制如下会计分录。

借：银行存款	11 100
财务费用	200
贷：应收账款	11 300

    D. 8 月 18 日根据实际收款项，编制如下会计分录。

借：银行存款	11 100
贷：应收账款	11 100

2. 2020 年 6 月 8 日，甲公司持一份由外地 A 公司开户银行签发的面值为 300 000 元、出票日为 6 月 3 日、期限为 3 个月、票面利率为 6% 的商业汇票向银行申请贴现，银行审查同意按 5.4% 的贴现率予以办理。关于该业务下列处理正确的有（　　）。

    A. 票据到期值为 304 500 元

    B. 票据贴现利息为 4 110.75 元

    C. 票据贴现金额为 300 389.25 元

    D. 编制会计如下分录。

借：银行存款	300 389.25
贷：应收票据	300 000
财务费用	389.25

3. 甲公司 5 月 20 日为采购材料向 A 公司开出转账支票一张，支付采购定金 100 000 元；7 月 1 日甲公司收到 A 公司发来材料及有关结算单据，材料价款为 100 000 元，增值税税额为 13 000 元，材料验收入库，同时开出转账支票补付材料差价款 13 000 元。假设甲公司为增值税一般纳税人，单独核算预付款业务，对上述业务甲公司下列账务处理正确的有（　　）。

A. 借：预付账款　　　　　　　　　　　　　　　　　100 000
　　　贷：银行存款　　　　　　　　　　　　　　　　　　100 000
B. 借：应付账款　　　　　　　　　　　　　　　　　100 000
　　　贷：银行存款　　　　　　　　　　　　　　　　　　100 000
C. 借：原材料　　　　　　　　　　　　　　　　　　100 000
　　　应交税费——应交增值税（进项税额）　　　　 13 000
　　　贷：预付账款　　　　　　　　　　　　　　　　　　113 000
D. 借：预付账款　　　　　　　　　　　　　　　　　 13 000
　　　贷：银行存款　　　　　　　　　　　　　　　　　　 13 000

4. 甲公司执行企业会计准则，2017年开始采用"应收账款余额百分比法"按1%的比例计提坏账准备。2017年年末计提坏账准备金额20 000元；2018年6月发生坏账30 000元，经批准核销；2018年年末应收账款余额为2 200 000元；2019年5月上年核销的坏账30 000元收回；2019年年末应收账款余额为1 900 000元。对上述业务甲公司下列处理正确的有（　　　）。

A. 2018年6月确认发生坏账，编制如下会计分录。
　　借：坏账准备　　　　　　　　　　　　　　　　　 30 000
　　　贷：应收账款　　　　　　　　　　　　　　　　　　 30 000
B. 2018年末计提坏账准备金额为32 000元，编制如下会计分录。
　　借：信用减值损失　　　　　　　　　　　　　　　 32 000
　　　贷：坏账准备　　　　　　　　　　　　　　　　　　 32 000
C. 2019年5月收回已核销的坏账，编制如下会计分录。
　　借：应收账款　　　　　　　　　　　　　　　　　 30 000
　　　贷：坏账准备　　　　　　　　　　　　　　　　　　 30 000
　　借：银行存款　　　　　　　　　　　　　　　　　 30 000
　　　贷：应收账款　　　　　　　　　　　　　　　　　　 30 000
D. 2019年年末冲回多提坏账准备33 000元，编制如下会计分录。
　　借：坏账准备　　　　　　　　　　　　　　　　　 33 000
　　　贷：信用减值损失　　　　　　　　　　　　　　　　 33 000

三、综合分析题

（一）

资料：A公司为增值税一般纳税人企业，销售货物适用增值税税率均为13%。2020年3月发生下列经济业务。

（1）3月2日，赊销给甲公司商品100件，每件标价为200元，实际不含税售价为180元，开具增值税专用发票，商品已交付甲公司，代甲公司垫付运费2 000元。现金折扣条件为"2/10、1/20、n/30"，计算折扣不考虑增值税。

（2）3月4日，销售给本地乙公司商品一批，增值税发票上注明价款20 000元、增值税税额2 600元。乙公司收到商品，开出一张期限为60天、面值为22 600元的无息商业汇票支付货款。该批商品成本为16 000元。

（3）3月8日，收到甲公司3月2日所购商品货款并存入银行。

（4）3月11日，从丙公司购买原材料一批，价款为20 000元，按合同规定先预付40%的购货款，其余货款验货后支付。

（5）3月20日，因急需资金，将收到的乙公司的商业汇票到银行办理贴现，年贴现率为10%。

（6）3月21日，收到从丙公司购买的原材料并验收入库，余款以银行存款支付。增值税专用发票注明价款20 000元、增值税税额2 600元。

要求：编制A公司上述业务的会计分录（假定现金折扣不考虑增值税因素）。

（二）

资料：甲公司为增值税一般纳税人，增值税税率为13%。2020年12月1日，甲公司"应收账款"账户借方余额为500万元，"坏账准备"账户贷方余额为25万元，企业通过对应收款项的信用风险特征分析，确定计提坏账准备的比例为期末应收账款余额的5%。12月该企业发生如下相关业务。

（1）12月5日，销给乙公司商品一批，按商品价目表标明的价格计算的金额为1 000万元（不含增值税）。由于是成批销售，甲公司给予乙公司10%折扣。乙公司已收到商品，但货款尚未支付。

（2）12月9日，一客户破产，根据清算程序，有应收账款40万元不能收回，确认为坏账。

（3）12月11日，收到乙公司的销货款500万元存入银行。

（4）12月21日，收到2008年已转销为坏账的应收账款10万元存入银行。

（5）12月30日，向丙公司销售商品一批，增值税专用发票上注明售价100万元、增值税税额13万元。甲公司为了及早收回货款而在合同中规定的现金折扣条件为"2/10、1/20、n/30"。假定现金折扣不考虑增值税。商品已交付丙公司验收入库，货款未收。

要求：
（1）编制甲公司上述业务的会计分录。
（2）计算甲公司本期应计提的坏账准备，并编制会计分录。

参考答案

一、理论知识题

（一）单项选择题

1. D　　　　2. C　　　　3. A　　　　4. C　　　　5. D

（二）多项选择题

1. AD　　　2. ABCD　　3. ABC　　4. AC　　　5. BCD

（三）判断题

1. √　　　　2. √　　　　3. √　　　　4. √　　　　5. ×

二、分项能力题

（一）单项选择题

1. B　　　　2. B　　　　3. A　　　　4. B　　　　5. A

（二）多项选择题

1. AC   2. ABCD   3. ACD   4. ABCD

三、综合分析题

（一）

（1）借：应收账款——甲公司　　　　　　　　　　　　　　22 340

　　　贷：主营业务收入　　　　　　　　　　　　　　　　　　18 000

　　　　　应交税费——应交增值税（销项税额）　　　　　　2 340

　　　　　银行存款　　　　　　　　　　　　　　　　　　　2 000

（2）借：应收票据　　　　　　　　　　　　　　　　　　　22 600

　　　贷：主营业务收入　　　　　　　　　　　　　　　　　20 000

　　　　　应交税费——应交增值税（销项税额）　　　　　　2 600

（3）借：银行存款　　　　　　　　　　　　　　　　　　　21 980

　　　　财务费用　　　　　　　　　　　　　　　　　　　　360

　　　贷：应收账款——甲公司　　　　　　　　　　　　　　22 340

（4）借：预付账款——丙公司　　　　　　　　　　　　　　8 000

　　　贷：银行存款　　　　　　　　　　　　　　　　　　　8 000

（5）票据到期值＝22 600元

　　　贴现天数＝11＋30＋3＝44天，贴现息＝22 600×44÷360×10%＝276（元）

　　　贴现净额＝22 600－276＝22 324（元）

　　　借：银行存款　　　　　　　　　　　　　　　　　　　22 324

　　　　财务费用　　　　　　　　　　　　　　　　　　　　276

　　　贷：应收票据　　　　　　　　　　　　　　　　　　　22 600

（6）借：原材料　　　　　　　　　　　　　　　　　　　　20 000

　　　　应交税费——应交增值税（进项税额）　　　　　　　2 600

　　　贷：预付账款——丙公司　　　　　　　　　　　　　　8 000

　　　　　银行存款　　　　　　　　　　　　　　　　　　　14 600

（二）

（1）

① 12月5日，借：应收账款——乙公司　　　　　　　　　10 170 000

　　　　　　　贷：主营业务收入　　　　　　　　　　　　　9 000 000

　　　　　　　　　应交税费——应交增值税（销项税额）　　1 170 000

② 12月9日，借：坏账准备　　　　　　　　　　　　　　400 000

　　　　　　　贷：应收账款　　　　　　　　　　　　　　　400 000

③ 12月11日，借：银行存款　　　　　　　　　　　　　　5 000 000

　　　　　　　　贷：应收账款——乙公司　　　　　　　　　5 000 000

④ 12月21日，借：银行存款　　　　　　　　　　　　　　100 000

　　　　　　　　贷：应收账款　　　　　　　　　　　　　　100 000

借：应收账款　　　　　　　　　　　　　　　　　100 000
　　贷：坏账准备　　　　　　　　　　　　　　　　　100 000
⑤ 12 月 30 日，借：应收账款——丙公司　　　　　1 130 000
　　　　　　　　贷：主营业务收入　　　　　　　　　1 000 000
　　　　　　　　　　应交税费——应交增值税（销项税额）　130 000
（2）
2020 年年末"应收账款"期末余额＝1 090 万元
2020 年年末"坏账准备"应有余额＝1 090×5%＝54.5（万元）
当年应提坏账准备＝54.5＋5＝59.5（万元）
借：信用减值损失　　　　　　　　　　　　　　　　595 000
　　贷：坏账准备　　　　　　　　　　　　　　　　　595 000

任务二 ｜ 应付及预收款项核算

基本内容框架

- **应付账款核算：应付账款的含义、确认与计量、账户设置及典型业务核算**
- **应付票据核算：应付票据的含义、确认与计量、账户设置及典型业务核算**
- **预收账款及其他应付款核算：预收账款及其他应付款的内容及典型业务核算**
- **应付职工薪酬核算：应付职工薪酬内容、确认与计量、账户设置及典型业务核算**

主要知识点分析

一、应付账款的核算

应付账款核算中的主要知识点如表 2-5 所示。

表 2-5　　　　　　　　　　　　　应付账款中的主要知识点

项　　目	内　　容		
含义与账户	应付账款是指企业因购买材料、商品和接受劳务供应等暂时未能付款而发生的债务。核算账户为"应付账款"		
确认与计量	应付账款应在企业取得所购货物所有权，或接受劳务供应时确认；通常按发票记载的应付金额入账，不需考虑货币时间价值		
典型业务核算	购入货物或接受劳务时 借：原材料等 　　贷：应付账款	偿还应付账款时 借：应付账款 　　贷：银行存款	无法归还的应付账款转销 借：应付账款 　　贷：营业外收入

二、应付票据的核算

应付票据核算中的主要知识点如表 2-6 所示。

表2-6 应付票据核算中的主要知识点

项 目	内 容
含义与账户	应付票据是企业因签发并承兑商业汇票而形成的债务。核算账户为"应付票据"
确认与计量	应付票据应在开出并承兑商业汇票时入账。不带息的，按票据面值入账；带息的，企业开出并承兑商业汇票时按面值入账，期末计算应付利息也计入应付票据
典型业务核算	① 开具银行承兑汇票支付手续费 借：财务费用 　　贷：银行存款 ② 持票购货或抵付应付账款 借：原材料 　　应付账款等 　　贷：应付票据 ③ 票据到期支付本息 借：应付票据、财务费用（尚未计提的利息） 　　贷：银行存款 ④ 票据到期企业无力还款的 借：应付票据 　　贷：短期借款（银行承兑汇票） 　　　　应付账款（商业承兑汇票）

三、预收账款及其他应付款的核算

预收账款及其他应付款核算中的主要知识点如表2-7所示。

表2-7 预收账款及其他应付款核算中的主要知识点

项 目	内 容		
预收账款	预收账款是指企业向购货方预收的款项，该负债需用以后的商品、劳务等偿付。核算账户为"预收账款"（预收款项不多的企业可将预收款直接通过"应收账款"账户核算）		
	收到预收款 借：银行存款 　　贷：预收账款	提供货物 借：预收账款 　　贷：主营业务收入 　　　　应交税费——应交增值税（销项税额）	对方补付货款 借：银行存款 　　贷：预收账款 退回预收款与上面分录相反
其他应付款	其他应付款是指与购销业务没有直接关系的一切暂收、应付款项，包括应付租入包装物租金、存入保证金等，应设置"其他应付款"账户		

四、应付职工薪酬的核算

应付职工薪酬核算中的主要知识点如表2-8所示。

表2-8 应付职工薪酬核算中的主要知识点

项 目	内 容
内容	职工薪酬是指企业为获得职工提供服务或解除劳动关系而给予的各种形式的报酬或补偿，包括短期薪酬、离职后福利、辞退福利、其他长期职工福利 短期薪酬是指企业在职工提供相关服务的年度报告期间结束后十二个月内需要全部予以支付的职工薪酬，因解除与职工的劳动关系给予的补偿除外，包括职工工资、奖金、津贴和补贴，职工福利费，医疗、养老、失业、工伤和生育等社会保险费，住房公积金，工会经费，职工教育经费，短期带薪缺勤，短期利润分享计划，其他短期薪酬 离职后福利是指企业为获得职工提供的服务而在职工退休或与企业解除劳动关系后，提供的各种形式的报酬和福利（短期薪酬和辞退福利除外），包括退休福利及其他离职后福利，如养老保险和失业保险 辞退福利是指企业在职工劳动合同到期之前解除与职工的劳动关系，或为鼓励职工自愿接受裁减而给予职工的补偿 其他长期职工福利，是指除短期薪酬、离职后福利、辞退福利之外所有的职工薪酬，包括长期带薪缺勤、长期残疾福利、长期利润分享计划等

续表

项 目	内 容
确认与计量	确认原则：企业应在职工为其提供服务的会计期间将应付职工薪酬确认为负债，除因解除与职工劳动关系给予的补偿外，应根据职工提供服务的受益对象，分别按下列情况计入相关资产成本或当期损益：①应由生产产品、提供劳务负担的职工薪酬，计入产品成本或劳务成本；②应由在建工程、无形资产开发成本负担的职工薪酬，计入建造固定资产或无形资产；③上述两项之外的其他职工薪酬，计入当期损益
	计量原则：货币性职工薪酬，国家有规定计提标准的，从其规定，如职工福利费、社会保险费、住房公积金、工会经费和职工教育经费；国家未做规定的根据历史经验数据和实际情况合理预计
账户	总账："应付职工薪酬"。明细账："工资、奖金、津贴和补贴""职工福利费""非货币性福利""社会保险费""住房公积金""工会经费""职工教育经费""带薪缺勤""利润分享计划""设定提存计划""设定受益计划""辞退福利"
典型业务核算	① 月末分配工资费用 借：生产成本（生产工人） 　　制造费用（车间管理人员） 　　管理费用（行政管理人员） 　　销售费用（销售人员） 　　在建工程（在建工程人员） 　　研发支出（无形资产研发人员） 　　贷：应付职工薪酬——工资 ② 发放工资时 借：应付职工薪酬——工资 　　贷：银行存款 　　　　其他应付款——养老保险等 ③ 计提工会经费、职工教育经费、社会保险费、住房公积金等 借：生产成本（生产工人）等 　　贷：应付职工薪酬——工会经费等	④ 以自产产品作为福利 借：管理费用等 　　贷：应付职工薪酬——非货币性福利 借：应付职工薪酬——非货币性福利 　　贷：主营业务收入 　　　　应交税费——应交增值税（销项税额） ⑤ 以租赁的固定资产等免费提供给职工使用 借：管理费用等 　　贷：应付职工薪酬——非货币性福利 借：应付职工薪酬——非货币性福利 　　贷：银行存款（租金） ⑥ 以企业拥有的固定资产等免费提供给职工使用 借：管理费用等 　　贷：应付职工薪酬——非货币性福利 借：应付职工薪酬——非货币性福利 　　贷：累计折旧

任务训练

一、理论知识题

（一）单项选择题

1. 下列项中，不在"应付账款"账户核算的是（　　）。
   A. 应付货物的采购价款　　　　　　　B. 应付销货企业代垫的运杂费
   C. 应付租金　　　　　　　　　　　　D. 应付购进货物的增值税

2. 下列关于应付带息商业汇票利息核算的说法正确的是（　　）。
   A. 通过"应付利息"账户核算　　　　B. 通过"应付票据"账户核算
   C. 通过"应付账款"账户核算　　　　D. 通过"其他应付款"账户核算

3. 预收账款不多的企业，可不设"预收账款"账户，而将预收款项直接记入（　　）账户。
   A. 其他应收款　　　B. 其他应付款　　　C. 应收账款　　　D. 应付账款

4. 下列各项中，应通过"其他应付款"账户核算的是（　　）。

  A. 应付管理人员工资　　　　　　　　B. 应付租入包装物租金

  C. 应缴纳的税金　　　　　　　　　　D. 应付现金股利

5. 企业在无形资产研究阶段发生的职工薪酬应计入（　　）。

  A. 当期管理费用　　B. 在建工程成本　　C. 无形资产成本　　D. 固定资产成本

（二）多项选择题

1. 企业发生赊购商品业务，下列各项中影响应付账款入账金额的有（　　）。

  A. 商品价款　　　　B. 增值税进项税额　　C. 现金折扣　　　　D. 销货方代垫运杂费

2. 下列各项交易或事项，应通过"其他应付款"账户核算的有（　　）。

  A. 经营租入固定资产租金　　　　　　B. 购买商品开出的商业汇票

  C. 客户存入的保证金　　　　　　　　D. 预收购货单位的货款

3. 下列项目，应作为应付职工薪酬核算的有（　　）。

  A. 为职工无偿提供的医疗保健服务　　B. 为职工支付的养老保险费

  C. 支付的职工教育经费　　　　　　　D. 支付的工会经费

4. 下列职工薪酬中，应当根据职工提供服务的受益对象计入成本费用的是（　　）。

  A. 构成工资总额的各组成部分　　　　B. 工会经费

  C. 各种社会保险　　　　　　　　　　D. 因解除与职工劳动关系给予的补偿

5. 商业汇票到期无力偿付时，付款方应将其从"应付票据"账户转入（　　）账户。

  A. 短期借款　　　B. 应付账款　　　C. 其他应付款　　　D. 不做账务处理

（三）判断题

1. 根据企业会计准则的规定，因债权人撤销而无法支付的应付账款应转入资本公积。（　　）

2. 带息商业汇票按期计算的应付利息应在"应付票据"账户核算。　　　　　　　　（　　）

3. 因为预收账款是企业的一项负债，所以"预收账款"账户期末余额一定反映企业的负债。

                              （　　）

4. 企业按规定计算的代扣代缴个人所得税，应借记"管理费用"等账户，贷记"其他应付款"账户。　　　　　　　　　　　　　　　　　　　　　　　　　　　　　　　　　　　　　　（　　）

5. 企业生产工人的社会保险费应计入当期管理费用。　　　　　　　　　　　　　（　　）

二、分项能力题

（一）单项选择题

1. 2020年2月2日，甲公司从某公司购入材料一批，增值税专用发票上注明金额150万元、增值税税额19.5万元。合同约定现金折扣条件"2/10，1/20，n/30"，假定计算现金折扣时不考虑增值税。甲公司于2020年2月11日付清货款，则该企业购买材料时应付账款的入账价值为（　　）万元。

  A. 150　　　　　　B. 171　　　　　　C. 169.5　　　　　D. 147

2. 接上题资料。甲公司在2020年2月11日付清货款，其实际支付的金额为（　　）万元。

  A. 150　　　　　　B. 166.5　　　　　C. 175.5　　　　　D. 147

3. 2020年11月1日，甲公司开具面值为100万元、票面利率为6%、期限为6个月的商业承兑汇票一份。2020年12月31日甲公司"应付票据"的账面余额为（　　）万元。

　　A. 101　　　　　　B. 100　　　　　　C. 103　　　　　　D. 102

　　4. 某公司向职工发放自产的加湿器作为福利，该产品的成本为每台 150 元，计税价格为 200 元，增值税税率为 13%。共有职工 500 人，每人发放一台。则计入应付职工薪酬的金额为（　　　　）元。

　　A. 113 000　　　　B. 75 000　　　　C. 100 000　　　　D. 92 000

　　5. 某企业 2020 年 1 月 1 日以短期租赁方式租入管理用办公设备一批，月租金为 2 000 元（含增值税），每季度末一次性支付本季度租金。不考虑其他因素，该企业 1 月 31 日计提租入设备租金时相关会计账户处理正确的是（　　　　）。

　　A. 贷记"应付账款"账户 2 000 元　　　　B. 贷记"预收账款"账户 2 000 元

　　C. 贷记"预付账款"账户 2 000 元　　　　D. 贷记"其他应付款"账户 2 000 元

（二）多项选择题

　　1. 甲公司为增值税一般纳税人，材料按实际成本计价核算。某月甲公司从乙公司购入 A 材料一批，取得增值税专用发票注明价款 30 000 元、增值税税额 3 900 元，材料已验收入库，甲公司签发经开户银行承兑的期限为 3 个月的带息商业汇票一张支付全部价税款，以银行存款支付承兑手续费 16.95 元，则甲公司下列处理正确的有（　　　　）。

```
A. 借：原材料——A 材料                    30 000
       应交税费——应交增值税（进项税额）     3 900
       贷：应付票据                              33 900
B. 借：原材料——A 材料                    33 900
       贷：应付票据                              33 900
C. 借：原材料——A 材料                    16.95
       贷：银行存款                               16.95
D. 借：财务费用                          16.95
       贷：银行存款                               16.95
```

　　2. 2020 年 6 月，甲公司有以下两笔业务：签发给乙公司的带息银行承兑汇票面值为 35 100 元、年利率为 6%，计提本月利息；签发给丙公司的商业承兑汇票到期，票据款为 23 400 元，甲公司无力付款予以转账。甲公司上述业务应编制的会计分录有（　　　　）。

```
A. 借：财务费用                         175.5
       贷：应付票据                              175.5
B. 借：财务费用                         175.5
       贷：应付利息                              175.5
C. 借：应付票据                         23 400
       贷：应付账款                              23 400
D. 借：应付票据                         23 400
       贷：短期借款                              23 400
```

　　3. 甲公司开具转账支票一张补付购货款 12 000 元；计提本月公司租入办公楼应付租金 5 000 元。甲公司上述业务应编制的会计分录有（　　　　）。

```
A. 借：银行存款                         12 000
       贷：预收账款                              12 000
B. 借：预付账款                         12 000
       贷：银行存款                              12 000
```

C. 借：管理费用　　　　　　　　　　　　　　　　　　　　　5 000
　　　贷：其他应付款　　　　　　　　　　　　　　　　　　　　5 000
D. 借：管理费用　　　　　　　　　　　　　　　　　　　　　5 000
　　　贷：应付账款　　　　　　　　　　　　　　　　　　　　5 000

4. 2020 年 6 月，甲公司为总公司下属 10 位部门经理每人配备汽车一辆免费供其使用，每辆汽车月折旧额为 800 元。此项业务账务处理为（　　　）。

A. 借：应付职工薪酬——非货币性福利　　　　　　　　　　　8 000
　　　贷：累计折旧　　　　　　　　　　　　　　　　　　　　8 000
B. 借：管理费用　　　　　　　　　　　　　　　　　　　　　8 000
　　　贷：应付职工薪酬——非货币性福利　　　　　　　　　　8 000
C. 借：管理费用　　　　　　　　　　　　　　　　　　　　　8 000
　　　贷：其他应付款——非货币性福利　　　　　　　　　　　8 000
D. 借：管理费用　　　　　　　　　　　　　　　　　　　　　8 000
　　　贷：累计折旧　　　　　　　　　　　　　　　　　　　　8 000

5. 某企业以现金支付行政管理人员生活困难补助 2 000 元，下列各项中，会计处理不正确的有（　　　）。

A. 借：管理费用　　　　　　　　　　　　　　　　　　　　　2 000
　　　贷：应付职工薪酬——职工福利费　　　　　　　　　　　2 000
B. 借：营业外支出　　　　　　　　　　　　　　　　　　　　2 000
　　　贷：库存现金　　　　　　　　　　　　　　　　　　　　2 000
C. 借：管理费用　　　　　　　　　　　　　　　　　　　　　2 000
　　　贷：库存现金　　　　　　　　　　　　　　　　　　　　2 000
D. 借：应付职工薪酬——职工福利费　　　　　　　　　　　　2 000
　　　贷：库存现金　　　　　　　　　　　　　　　　　　　　2 000

三、综合分析题

（一）

资料：东方公司为增值税一般纳税人企业，原材料按实际成本计价核算。2020 年 10 月部分经济业务资料如下。

（1）3 日，从 A 公司购入材料一批，取得增值税专用发票注明价款 50 000 元、增值税税额 6 500 元，材料验收入库，价税款未支付。双方商定若在 20 天内付款，可按价税合计金额享受 3% 的折扣。

（2）4 日，接银行委托收款通知，支付上月电费 13 000 元、增值税税额 1 690 元，取得增值税专用发票。

（3）15 日，从甲公司购入材料一批，取得增值税专用发票注明价款 40 000 元、增值税税额 5 200 元，销货方代垫运费 300 元（可扣除增值税 27 元）。甲公司签发面值为 45 500 元、期限为 6 个月的不带息商业承兑汇票支付价税款，材料尚未验收入库。

（4）18 日，收到乙公司购货定金 30 000 元存入银行。

（5）23 日，向 A 公司电汇购货款 54 805 元。

（6）25 日，2 个月前签发的面值为 40 000 元的不带息银行承兑汇票到期，企业无力支付予以结转。

（7）26 日，将一笔已超过 3 年，且经查确实无法支付的应付款项 20 000 元予以转销。

（8）计提本月公司租入生产设备应付租金 4 000 元。

（9）计提本月应付电费 14 000 元，其中生产产品耗用 8 000 元，车间照明用电 1 000 元，厂部照明等用电 5 000 元。

要求：根据东方公司上述资料编制会计分录。

（二）

资料：东海公司为某市一家电生产企业，共有职工 245 人，其中生产工人 160 人，车间管理人员 10 人、行政管理人员 20 人、销售人员 15 人、在建工程人员 40 人。公司生产货物适用 13% 的增值税税率。2020 年 12 月发生如下业务。

（1）本月应付职工工资总额为 380 万元，工资费用分配表中列示的产品生产工人工资为 200 万元，车间管理人员工资为 30 万元，行政管理人员工资为 50 万元，销售人员工资为 40 万元，在建工程人员工资为 60 万元。

（2）结算本月应付职工工资总额 380 万元，代扣职工房租 10 万元，代垫职工家属医药费 2 万元，代扣个人所得税 20 万元，余款用银行存款支付。

（3）下设职工食堂维修领用原材料 5 万元，其购入时支付的增值税税额为 0.65 万元。

（4）将自己生产的某型号电暖器发放给公司每位职工，每台电暖器的生产成本为 800 元，市场售价每台为 1 000 元（不含税）。

（5）为总部部门经理以上职工免费提供汽车，为副总裁以上高级管理人员每人租赁一套住房。该公司现有总部部门经理以上职工 10 人，假定所提供汽车每月计提折旧 4 万元，现有副总裁以上职工 3 人，所提供住房每月租金为 2 万元。

（6）以银行存款支付副总裁以上职工住房租金 2 万元。

（7）以银行存款支付职工王某生活困难补助 1 万元。

要求：根据上述资料编制会计分录。

参考答案

一、理论知识题

（一）单项选择题

1. C   2. B   3. C   4. B   5. A

（二）多项选择题

1. ABCD   2. AC   3. ABCD   4. ABC   5. AB

（三）判断题

1. ×   2. √   3. ×   4. ×   5. ×

二、分项能力题

（一）单项选择题

1. C   2. B   3. A   4. A   5. D

（二）多项选择题

1. AD   2. AC   3. BC   4. AB   5. ABC

三、综合分析题

（一）

（1）借：原材料		50 000
应交税费——应交增值税（进项税额）		6 500
贷：应付账款——A公司		56 500
（2）借：应付账款——供电公司		13 000
应交税费——应交增值税（进项税额）		1 690
贷：银行存款		14 690
（3）借：在途物资		40 273
应交税费——应交增值税（进项税额）		5 227
贷：应付票据		45 500
（4）借：银行存款		30 000
贷：预收账款——乙公司		30 000

注意　在实行新收入准则的情况下，上述分录中"预收账款"改为"合同负债"。

（5）借：应付账款——A公司		56 500
贷：银行存款		54 805
财务费用		1 695
（6）借：应付票据		40 000
贷：短期借款		40 000
（7）借：应付账款		20 000
贷：营业外收入		20 000
（8）借：制造费用		4 000
贷：其他应付款		4 000
（9）借：生产成本		8 000
制造费用		1 000
管理费用		5 000
贷：应付账款——供电公司		14 000

（二）

（1）借：生产成本		2 000 000
制造费用		300 000
管理费用		500 000
销售费用		400 000
在建工程		600 000
贷：应付职工薪酬——工资		3 800 000

（2）借：应付职工薪酬——工资　　　　　　　　　　　3 800 000

　　　　贷：银行存款　　　　　　　　　　　　　　　　　　3 480 000

　　　　　　其他应收款　　　　　　　　　　　　　　　　　　120 000

　　　　　　应交税费——应交个人所得税　　　　　　　　　　200 000

（3）借：应付职工薪酬——职工福利　　　　　　　　　　　56 500

　　　　贷：原材料　　　　　　　　　　　　　　　　　　　　50 000

　　　　　　应交税费——应交增值税（进项税额转出）　　　　6 500

（4）借：生产成本　　　　　　　　　　　　　　　　　　145 700

　　　　　制造费用　　　　　　　　　　　　　　　　　　21 600

　　　　　管理费用　　　　　　　　　　　　　　　　　　36 400

　　　　　销售费用　　　　　　　　　　　　　　　　　　29 100

　　　　　在建工程　　　　　　　　　　　　　　　44 050（倒挤近似数）

　　　　贷：应付职工薪酬——非货币性福利　　　　　　　　276 850

　　　借：应付职工薪酬——非货币性福利　　　　　　　　276 850

　　　　贷：主营业务收入　　　　　　　　　　　　　　　　24 500

　　　　　　应交税费——应交增值税（销项税额）　　　　　　31 850

　　　借：主营业务成本　　　　　　　　　　　　　　　　196 000

　　　　贷：库存商品　　　　　　　　　　　　　　　　　　196 000

（5）借：管理费用　　　　　　　　　　　　　　　　　　60 000

　　　　贷：应付职工薪酬——非货币性福利　　　　　　　　60 000

　　　借：应付职工薪酬——非货币性福利　　　　　　　　60 000

　　　　贷：累计折旧　　　　　　　　　　　　　　　　　　40 000

　　　　　　其他应付款　　　　　　　　　　　　　　　　　20 000

（6）借：其他应付款　　　　　　　　　　　　　　　　　20 000

　　　　贷：银行存款　　　　　　　　　　　　　　　　　　20 000

（7）借：应付职工薪酬——职工福利　　　　　　　　　　10 000

　　　　贷：银行存款　　　　　　　　　　　　　　　　　　10 000

任务三　应交税费核算

基本内容框架

- 应交税费核算内容
- 应交税费核算账户设置
- 典型税种业务核算 ⎰ 增值税：一般纳税人和小规模纳税人应交增值税核算
　　　　　　　　　 ⎱ 消费税：含义、确认计量、账户设置与典型业务核算
　　　　　　　　　 ⎱ 其他税种

主要知识点分析

一、账户设置

企业应缴未缴税金应设置"应交税费"账户，同时按税种设置明细账。

【注】印花税、耕地占用税、车辆购置税不需通过"应交税费"账户核算。

二、典型税种业务核算

1．增值税的核算

一般纳税人增值税核算中的主要知识点如表2-9所示。

表2-9　　　　　　　　　　　一般纳税人增值税核算中的主要知识点

项　目	一般纳税人
计量	购进扣税法。应交增值税＝当期销项税额－当期允许抵扣的进项税额 其中：销项税额＝不含税销售额×税率
账户	"应交税费"下设二级明细账户：应交增值税、未交增值税、预交增值税、待抵扣进项税额、待认证进项税额、待转销项税额、增值税留抵税额、简易计税、转让金融商品应交增值税、代扣代交增值税
	"应交税费——应交增值税"下设专栏： 借方专栏：进项税额、已交税金、减免税款、出口抵减内销产品应纳税额、销项税额抵减、转出未交增值税；贷方专栏：销项税额、出口退税、进项税额转出、转出多交增值税
	"应交税费——未交增值税"明细账户，核算一般纳税人月度终了从"应交增值税"或"预交增值税"明细账户转入当月应交未交、多交或预交的增值税额，以及当月交纳以前期间未交的增值税税额
	"应交税费——预交增值税"明细账户，核算一般纳税人转让不动产、提供不动产租赁服务、提供建筑服务、采用预收款方式销售自行开发的房地产项目等，以及其他按现行增值税制度规定应预交的增值税
	"应交税费——待抵扣进项税额"金额细账户，核算一般纳税人已取得增值税扣税凭证并经税务机关认证，按照现行增值税制度规定准予以后期间从销项税额中抵扣的进项税额。包括以下内容：一般纳税人自2016年5月1日后取得并按固定资产核算的不动产或者2016年5月1日后取得的不动产在建工程，按现行增值税制度规定准予以后期间从销项税额中抵扣的进项税额；实现纳税辅导期管理的一般纳税人取得的尚未交叉稽核比对的增值税扣税凭证上注明或计算的进项税额
	"应交税费——待认证进项税额"明细账户，核算一般纳税人由于未经税务机关认证而不得从销项税额中抵扣的进项税额。包括以下内容：一般纳税人已取得增值税扣税凭证、按照现行增值税制度规定准予从销项税额中抵扣，但尚未经税务机关认证的进项税额；一般纳税人已申请稽核但尚未取得稽核相符结果的海关缴款书进项税额
	"应交税费——增值税留抵税额"明细账户，核算兼有销售服务、无形资产或者不动产的原增值税一般纳税人，截至纳入"营改增"试点之日前的增值税期末留抵税额，按照现行增值税制度规定不得从销售服务、无形资产或不动产的销项税额中抵扣的增值税留抵税额
	"应交税费——简易计税"明细账户，核算一般纳税人采用简易计税方法发生的增值税计提、扣减、预缴、缴纳等业务
	"应交税费——转让金融商品应交增值税"明细账户，核算增值税纳税人转让金融商品发生的增值税额
	"应交税费——代扣代交增值税"明细账户，核算纳税人购进在境内未设经营机构的境外单位或个人在境内的应税行为代扣代缴的增值税

项 目	一般纳税人	
典型业务核算	取得资产、接受劳务或服务	根据合法的扣税凭证注明的增值税记入"应交税费——应交增值税（进项税额） 借：材料采购/原材料/固定资产（动产）等 　　应交税费——应交增值税（进项税额） 　　贷：银行存款等 【注】购进货物时即能认定进项税额不能抵扣的，直接将增值税专用发票上注明的增值税税额计入货物或接受劳务的成本
	待认证进项税额	一般纳税人已取得增值税扣税凭证，按照现行增值税制度规定准予从销项税额中抵扣，但尚未经税务机关认证的进项税额；一般纳税人已申请稽核但尚未取得稽核相符结果的海关缴款书进项税额 借：原材料等 　　应交税费——待认证进项税额 　　贷：应付账款等 经认证准予抵扣时： 借：应交税费——应交增值税（进项税额） 　　贷：应交税费——待认证进项税额
	进项税额转出	企业购进的货物由于管理不善等原因造成非正常损失，以及将购进货物、加工修理修配劳务或服务、无形资产或不动产改变用途（如专用于简易计税项目、免税项目、集体福利或个人消费等），其进项税额不能再抵扣，应转入"应交税费——应交增值税（进项税额转出）"账户 借：待处理财产损溢 　　贷：原材料等 　　　　应交税费——应交增值税（进项税额转出）
	一般销售业务	企业销售货物、加工修理修配劳务、服务、无形资产或不动产时，按照不含税收入和增值税税税率计算确认"应交税费——应交增值税（销项税额） 借：银行存款等 　　贷：主营业务收入/其他业务收入 　　　　应交税费——应交增值税（销项税额） 【注】发生销售退回的，应根据税务机关开具的红字增值税专用发票做相反分录。会计上收入或利得确认时点早于增值税纳税义务发生时点的，应将相关销项税额记入"应交税费——待转销项税额"账户，待实际发生纳税义务时再转入"应交税费——应交增值税（销项税额）"账户
	视同销售业务	企业将自产或委托加工的货物用于集体福利或个人消费，将自产、委托加工或购买的货物作为投资、分配给股东或投资者、无偿赠送他人等，税法上做视同销售行为，计算确认增值税销项税额 用于集体福利、对外投资、发放股利时 借：应付职工薪酬（集体福利） 　　长期股权投资（对外投资） 　　应付股利（以实物支付股利） 　　贷：主营业务收入等（计税价格） 　　　　应交税费——应交增值税（销项税额） 对外捐赠时 借：营业外支出 　　贷：库存商品（成本价） 　　　　应交税费——应交增值税（销项税额）

续表

项　目		一般纳税人	
典型业务核算	税金缴纳核算	① 交纳当月应交增值税 借：应交税费——应交增值税 　　　（已交税金） 　　贷：银行存款	② 交纳以前期间未交增值税 借：应交税费——未交增值税 　　贷：银行存款
	月末转出当月多交增值税和未交增值税	① 当月应交未交增值税 借：应交税费——应交增值税 　　　（转出未交增值税） 　　贷：应交税费——未交 　　　增值税	② 当月多交增值税 借：应交税费——未交增值税 　　贷：应交税费——应交增值税 　　　（转出多交增值税）

小规模纳税人增值税核算中的主要知识点如表 2-10 所示。

表 2-10　　　　　　　　小规模纳税人增值税核算中的主要知识点

项　目	小规模纳税人
计量	简易计税办法，按照销售价款（不含税）3%或5%的征收率计算征收增值税，不得抵扣进项税额。 应交增值税＝不含税销售额×征收率
账户	设"应交税费——应交增值税"，不需设专栏
典型业务核算	① 购进货物或接受劳务核算 购进货物或接受劳务支付的增值税全部计入货物或劳务成本 ② 销售货物或提供劳务核算：简易办法计算应纳税额 借：银行存款等 　　贷：主营业务收入 　　　应交税费——应交增值税 ③ 税金缴纳核算 借：应交税费——应交增值税 　　贷：银行存款

2. 消费税的核算

消费税核算中的主要知识点如表 2-11 所示。

表 2-11　　　　　　　　　　消费税核算中的主要知识点

项　目	内　容
征税范围	14类应税消费品：烟、酒、高档化妆品、贵重首饰及珠宝玉石、鞭炮焰火、成品油、汽车轮胎、摩托车、小汽车、高尔夫球及球具、高档手表、游艇、木制一次性筷子和实木地板
确认	应交消费税应在消费税纳税义务发生时加以确认，具体与结算方式或行为发生方式有关
计量	从价计税：应纳税额＝销售额×比例税率 从量计税：应纳税额＝销售量（进口数量、委托加工数量）×定额税率 复合计税：应纳税额＝销售额×比例税率＋销售量（进口数量、委托加工数量）×定额税率
账户	"应交税费——应交消费税"明细账

续表

项 目	内 容	
典型业务核算	① 自产销售消费品计提消费税时 借：税金及附加 　　贷：应交税费——应交消费税	③ 委托加工（由受托方代收代缴）支付消费税时 借：应交税费——应交消费税（收回后用于连续生产应税消费品） 　　委托加工物资（收回后直接对外销售） 　　贷：银行存款
	② 自产自用计提消费税时 借：在建工程、管理费用、营业外支出等 　　贷：应交税费——应交消费税	④ 进口支付消费税时 借：库存商品等 　　贷：银行存款

3. 其他税种的核算

其他税种核算中的主要知识点如表 2-12 所示。

表 2-12　　　　　　　　　　　其他税种核算中的主要知识点

项 目	内 容
城市维护建设税	应交城市维护建设税税额＝实际缴纳的"二税"合计×适用税率 应交教育费附加＝实际缴纳的"二税"合计×计提比例 城市维护建设税和教育费附加应在纳税人确认增值税、消费税的同时加以确认 核算账户："应交税费——应交城市维护建设税、教育费附加""税金及附加"等
印花税	13 个应税项目：借款合同、购销合同、建筑安装工程承包合同、技术合同、加工承揽合同、建设工程勘察设计合同、货物运输合同、产权转移书据、财产租赁合同、财产保险合同、仓储保管合同、营业账簿、权利许可证照 计征方式：从价计征和从量计征 印花税由纳税人自行计算、贴花和注销，不形成税款债务，不需要通过"应交税费"账户核算

任务训练

一、理论知识题

（一）单项选择题

1. 企业按规定计算缴纳的下列税金中，应当计入相关资产成本的是（　　　）。

　　A. 车辆购置税　　　B. 城市维护建设税　　C. 城镇土地使用税　D. 车船税

2. 增值税小规模纳税人当期应交增值税的计算公式为（　　　）。

　　A. 应交增值税＝当期销项税额－当期进项税额

　　B. 应交增值税＝不含税销售额×征收率

　　C. 应交增值税＝含税销售额×征收率

　　D. 应交增值税＝不含税销售额×增值税税率

3. 消费税从价计征的计算公式表述正确的是（　　　）。

　　A. 应纳税额＝不含增值税含消费税的销售额×比例税率

　　B. 应纳税额＝销售量×定额税率

　　C. 应纳税额＝销售额×比例税率＋销售量×定额税率

D. 应纳税额＝不含增值税和消费税的销售额×比例税率

4. 下列各项与城市维护建设税法律规定不符的有（　　　）。

A. 纳税人滞纳增值税而加收的滞纳金不得作为城市维护建设税的计税依据

B. 进口货物由海关代征的增值税和消费税应作为城市维护建设税的计税依据

C. 出口产品退还增值税和消费税，但不退还城市维护建设税

D. 因减免税而退还增值税、消费税的，应同时退还城市维护建设税

5. 甲公司将货物卖给乙公司，双方订立了购销合同，其中丙公司为该合同的担保人，丁单位为鉴定人，戊先生为证人，则该合同印花税的纳税人有（　　　）。

A. 甲公司、乙公司、丙公司、丁单位、戊先生

B. 甲公司、乙公司、丙公司

C. 甲公司、乙公司、丁单位、戊先生

D. 甲公司、乙公司

（二）多项选择题

1. 企业缴纳的下列税金，不通过"应交税费"账户核算的有（　　　）。

A. 印花税　　　　B. 耕地占用税　　　　C. 车辆购置税　　　　D. 企业所得税

2. 增值税一般纳税人"应交税费——应交增值税"多栏式明细账户的下列项目属于借方专栏的有（　　　）。

A. 进项税额　　　　　　　　　　B. 已交税金

C. 出口抵减内销产品应纳税额　　D. 进项税额转出

3. 消费税应纳税额的计量方式有（　　　）。

A. 从量计征　　B. 从价计征　　C. 复合计征　　D. 简易征收

4. 下列税费构成城市维护建设税计算基数的有（　　　）。

A. 应交增值税　　B. 应交消费税　　C. 应交资源税　　D. 应交企业所得税

5. 企业核算印花税可能涉及的会计账户有（　　　）。

A. 税金及附加　　B. 固定资产清理　　C. 银行存款　　D. 应交税费

（三）判断题

1. 房地产企业销售商品房收入应缴纳增值税。（　　　）

2. 委托代销方式下委托方增值税纳税义务发生时间为收到代销清单的当天。（　　　）

3. 化妆品生产企业以自产高档化妆品发放给职工作为福利，既要缴纳增值税，也要缴纳消费税。（　　　）

4. 城市维护建设税是一种附加税，其减免税随增值税、消费税的减免而减免。（　　　）

5. 同一凭证由两方或两方以上当事人共同书立并各执一份的，各方均为印花税的纳税人。（　　　）

二、分项能力题

（一）单项选择题

1. 某一般纳税人企业委托外单位加工一批应税消费品，材料成本为100万元，加工费为12万元（不含税），应税劳务增值税税率为13%，受托方代收代缴消费税2万元。委托方收回该批材料后直接出售，则该批材料加工完毕入库成本为（　　　）万元。

A. 102　　　　B. 114　　　　C. 112　　　　D. 116.04

2. 甲公司为增值税一般纳税人，2020 年 6 月 10 日外购一栋办公楼，取得增值税专用发票注明的价款为 8 000 万元，增值税税额为 720 万元，支付产权登记费 12 万元，支付契税 320 万元。以上款项均以银行转账方式支付，则下列会计处理正确的有（   ）。

A. 借：固定资产 90 520 000
   贷：银行存款 90 520 000

B. 借：固定资产 83 320 000
   应交税费——应交增值税（进项税额）7 200 000
   贷：银行存款 90 520 000

C. 借：固定资产 83 320 000
   应交税费——应交增值税（进项税额）4 320 000
   ——待抵扣进项税额 2 880 000
   贷：银行存款 90 520 000

D. 借：固定资产 83 320 000
   应交税费——待抵扣进项税额 7 200 000
   贷：银行存款 90 520 000

3. 甲公司因台风造成原材料毁损一批，该批原材料取得时的成本为 20 万元，负担的增值税为 2.6 万元，该批原材料的计税价格为 22 万元。取得保险公司的赔偿款为 10 万元。则此项业务下列处理正确的是（   ）。

A. 应计入"应交税费——应交增值税（销项税额）"账户 2.86 万元

B. 应计入"待处理财产损溢"账户 20 万元

C. 应计入"营业外支出"账户 12.6 万元

D. 应计入"应交税费——应交增值税（进项税额）"账户 2.6 万元

4. 某市区一化妆品生产企业为增值税一般纳税人。2020 年 5 月发生与流转税有关的业务如下：进口原材料缴纳进口环节增值税税额 5 万元；内销化妆品缴纳增值税税额 17 万元、消费税税额 30 万元；出口化妆品，按规定退回增值税税额 4 万元。市区城市维护建设税适用税率为 7%，该企业 5 月应缴纳城市维护建设税（   ）万元。

A. 3.57 B. 3.29 C. 3.92 D. 3.36

5. 某增值税小规模纳税人，外购原材料一批，取得增值税普通发票注明的价款为 20 万元，增值税税额为 2.6 万元，同时，在购货过程中支付运费及增值税税额 1.09 万元。则该批原材料的入账金额为（   ）万元。

A. 20 B. 23.69 C. 21.09 D. 22.6

（二）多项选择题

1. 甲公司为小规模纳税人，5 月 2 日购进材料一批，取得的增值税专用发票上注明价款 10 000 元、增值税税额 1 300 元，价税合计款开出转账支票付讫；2 月 5 日销售玩具一批，售价 51 500 元，款项收讫。下列对于上述业务的账务处理正确的有（   ）。

A. 借：原材料 11 300
   贷：银行存款 11 300

B. 借：原材料 10 000
   应交税费——应交增值税（进项税额）1 300
   贷：银行存款 11 300

C. 借：银行存款   51 500

    贷：主营业务收入   50 000

        应交税费——应交增值税   1 500

D. 借：银行存款   51 500

    贷：主营业务收入   50 000

        应交税费——应交增值税（销项税额）   1 500

2. 甲电器生产企业为增值税一般纳税人，向某商场销售空调200台，每台不含税单价为2 000元，为了尽快收回货款，厂家向商场提出如下现金折扣条件"4/10，n/30"。商场在收到货物后的第9天支付了全部货款，计算现金折扣时不考虑增值税。对于上述业务的下列账务处理中正确的有（   ）。

A. 借：应收账款   452 000

    贷：主营业务收入   400 000

        应交税费——应交增值税（销项税额）   52 000

B. 借：银行存款   436 000

      财务费用   16 000

    贷：应收账款   452 000

C. 借：应收账款   433 920

    贷：主营业务收入   384 000

        应交税费——应交增值税（销项税额）   49 920

D. 借：银行存款   433 920

    贷：应收账款   433 920

3. 某汽车制造厂委托某企业加工一批产品，收回后用于连续生产应税消费品，并支付加工费10 000元、增值税税额1 300元，受托方代扣代缴消费税1 579元。则该汽车制造厂在提货和入库时正确的会计处理为（   ）。

A. 借：委托加工物资   12 879

    贷：银行存款   12 879

B. 借：委托加工物资   11 579

      应交税费——应交增值税（进项税额）   1 300

    贷：银行存款   12 879

C. 借：委托加工物资   10 000

      应交税费——应交消费税   1 579

           ——应交增值税（进项税额）   1 300

    贷：银行存款   12 879

D. 借：原材料   10 000

    贷：委托加工物资   10 000

4. 某进出口公司进口化妆品（消费税税率为15%）一批，海关核定的关税完税价格为100 000元，应纳进口关税税额为12 000元，款项已通过银行付讫。对于上述业务的下列账务处理中正确的有（   ）。

A. 进口环节应缴纳增值税税额17 129元

B. 进口环节应缴纳消费税税额19 765元

C. 进口化妆品的入账成本为131 765元

D. 借：库存商品 131 765

应交税费——应交增值税（进项税额） 17 129

贷：银行存款 148 894

5. 某增值税一般纳税人当月销项税额合计 100 万元，进项税额合计 80 万元，进项税额转出合计 5 万元，预交增值税 10 万元，则月末的账务处理正确的有（ ）。

A. 借：应交税费——应交增值税（已交税金） 150 000

贷：应交税费——应交增值税（转出未交增值税） 150 000

B. 借：应交税费——应交增值税（转出多交增值税） 100 000

贷：应交税费——未交增值税 100 000

C. 借：应交税费——应交增值税（转出未交增值税） 250 000

贷：应交税费——未交增值税 250 000

D. 借：应交税费——未交增值税 100 000

贷：应交税费——预交增值税 100 000

三、综合分析题

1. 资料：华夏集团公司 2020 年 5 月与税收相关的业务资料如下（假设本题业务处理时消费税逐笔计提，高档化妆品消费税税率为 15%）。

（1）购进原料一批，取得的增值税专用发票上注明货款 100 000 元、增值税税额 13 000 元，原料已验收入库，货款开具转账支票付讫。

（2）采取直接收款方式销售高档化妆品 3 000 套，不含税出厂价 220 元/套，增值税专用发票上注明货款 660 000 元、增值税税额 85 800 元，实际生产成本为 140 元/套，款项均已通过银行收讫。计提消费税 99 000 元。

（3）接受联营单位投入的原材料一批，增值税专用发票上注明货款 51 000 元、增值税税额 6 630 元，材料已验收入库，假定均享受注册资本份额。

（4）将一辆小轿车移交厂部办公室使用，该种型号的汽车不含税售价为 154 000 元，单位成本为 130 000 元，消费税税率为 9%。

（5）因改扩建工程需要，领用上月购入的生产用钢材一批。经查该批钢材购入的进价为 200 000 元、进项税额为 26 000 元。

（6）将一辆小轿车捐赠给希望小学，该种型号的汽车不含税售价为 90 000 元，单位成本为 70 000 元，消费税税率为 5%。

（7）将自产的小汽车用于对 A 公司投资，该厂这种型号的小汽车不含税售价为 150 000 元，单位成本为 100 000 元，双方协议投资作价 145 000 元，消费税税率为 5%。

2. 要求：根据上述资料计算应交增值税和消费税，并编制相关会计分录。

参考答案

一、理论知识题

（一）单项选择题

1. A　　　2. B　　　3. A　　　4. B　　　5. D

（二）多项选择题

1．ABC　　2．ABC　　3．ABC　　4．AB　　5．ABC

（三）判断题

1．√　　2．×　　3．√　　4．√　　5．√

二、分项能力题

（一）单项选择题

1．B　　2．B　　3．B　　4．B　　5．B

（二）多项选择题

1．AC　　2．AB　　3．CD　　4．ABCD　　5．CD

三、综合分析题

（1）根据增值税专用发票、货物验收入库单、付款凭证等，编制如下会计分录。

借：原材料　　　　　　　　　　　　　　　　　　　　　　　100 000
　　应交税费——应交增值税（进项税额）　　　　　　　　　13 000
　　　贷：银行存款　　　　　　　　　　　　　　　　　　　　113 000

（2）销售实现收入时，根据销货发票及进账单等凭证，编制如下会计分录。

借：银行存款　　　　　　　　　　　　　　　　　　　　　745 800
　　贷：主营业务收入　　　　　　　　　　　　　　　　　　660 000
　　　　应交税费——应交增值税（销项税额）　　　　　　　85 800

计提消费税，编制如下会计分录。

借：税金及附加　　　　　　　　　　　　　　　　　　　　99 000
　　贷：应交税费——应交消费税　　　　　　　　　　　　　99 000

（3）根据合同和相关验收凭证，编制如下会计分录。

借：原材料　　　　　　　　　　　　　　　　　　　　　　51 000
　　应交税费——应交增值税（进项税额）　　　　　　　　　6 630
　　　贷：实收资本　　　　　　　　　　　　　　　　　　　57 630

（4）增值税销项税额＝154 000×13%＝20 020（元）

消费税应纳税税额＝154 000×9%＝13 860（元）

根据货物出库单及计算增值税与消费税等自制原始凭证，编制如下会计分录。

借：固定资产——生产用固定资产　　　　　　　　　　　　163 880
　　贷：库存商品　　　　　　　　　　　　　　　　　　　130 000
　　　　应交税费——应交增值税（销项税额）　　　　　　　20 020
　　　　　　　　——应交消费税　　　　　　　　　　　　　13 860

（5）根据领料单，编制如下会计分录。

借：在建工程　　　　　　　　　　　　　　　　　　　　200 000
　　贷：原材料　　　　　　　　　　　　　　　　　　　　200 000

（6）增值税销项税额＝90 000×13%＝11 700（元）

消费税应纳税额＝90 000×5%＝4 500（元）

根据货物出库单及计算增值税与消费税等自制原始凭证，编制如下会计分录。

借：营业外支出   86 200

  贷：库存商品   70 000

    应交税费——应交增值税（销项税额）   11 700

    ——应交消费税   4 500

（7）增值税销项税额＝150 000×13%＝19 500（元）

消费税应纳税额＝150 000×5%＝7 500（元）

对外投资时，编制如下会计分录。

借：长期股权投资   169 500

  贷：库存商品   150 000

    应交税费——应交增值税（销项税额）   19 500

计提消费税，编制如下会计分录。

借：税金及附加   7 500

  贷：应交税费——应交消费税   7 500

项目综合实训

一、实训目标

熟悉往来核算岗位常见原始凭证；掌握往来核算岗位会计的账务处理技能。

二、实训要求

根据实训资料填制、审核原始凭证，编制记账凭证。

三、实训资料

1. 基本资料。

企业名称：海瓯有限责任公司

企业开户行：中国工商银行滨海市分行

基本户账号：1801001122001000888

纳税人识别号：280602002234678

注册资本：2 000 万元

注册地址：滨海市解放街 208 号，电话×××−2133666

企业类型：有限公司

主营业务：塑料制品生产与销售

企业法人：刘海瓯

海瓯有限责任公司为增值税一般纳税人企业，会计核算遵循《企业会计准则》。

2. 2019 年 11 月部分往来款项业务资料如下。

业务 1：收到货款。

ICBC 中国工商银行　　进账单（收款通知）3

2019 年 11 月 03 日

出票人	全　称	曙光文化有限责任公司	收款人	全　称	海瓯有限责任公司
	账　号	00213678698		账　号	18010011220010 0888
	开户银行	工商银行滨海莲城支行		开户银行	工行滨海分行

金额	人民币（大写）	壹拾万元整	千	百	十	万	千	百	十	元	角	分
					¥ 1	0	0	0	0	0	0	0

票据种类	转账支票	票据张数	1
票据号码		12546678	

中国工商银行
滨海分行
2019.11.03
转讫

复核　　　　记账

收款人开户行签章

业务 2：销售货物，办妥托收。

【凭证 2-1】

浙江增值税专用发票

3300133130　　此联不作报销、拍税凭证使用　　No 18700557

开票日期：2019 年 11 月 07 日

税总函〔2019〕102 号　杭州豪波印务有限公司

购货单位	名　称：灵玉有限责任公司 纳税人识别号：963608010011122486 地址、电话：东海市人民路 17 号 ××××-27708086 开户行及账号：工行东海分行 150200683322006688	密码区	（略）

货物或应税劳务名称	规格型号	单位	数量	单价	金额	税率	税额
A 型注塑品		件	40	500.00	20000.00	13%	2600.00

价税合计（大写）	贰万贰仟陆佰元整　¥22600.00

销货单位	名　称：海瓯有限责任公司 纳税人识别号：962806020022346788 地址、电话：滨海市解放街 208 号 ××××-2133666 开户行及账号：工行滨海分行　18010011220010 0888	备注	962806020022346788 发票专用章 海瓯有限责任公司

收款人　　　　　　复核　　　　　　开票人 许月宏　　　　销货单位（章）

【凭证 2-2】

托收凭证（回　单）

1 委托号码

委托日期 2019 年 11 月 07 日

付款人	全　称	灵玉有限责任公司	收款人	全　称	海瓯有限责任公司
	账　号	15020068332200668		账　号	18010011220010088
	开户银行	工行东海分行		开户银行	工行滨海分行

委收金额	人民币（大写）	贰万贰仟陆佰元整			千	百	十	万	千	百	十	元	角	分
							¥	2	2	6	0	0	0	0

此联银行给收款人的回单

款项内容	货款	委托收款凭据名称	增值税专用发票	附寄单证张数	2

中国工商银行
滨海分行
2019.11.07
转讫

备注			
	款项收妥日期：　年　月　日		收款人开户行盖章

单位主管　　　　　　会计　　　　　　　　　复核　　　　　　　　　记账

业务 3：支付包装押金。

【凭证 3-1】

中国工商银行

转账支票存根

01234567

12345676

附加信息 _____

_____

_____

出票日期 2019 年 11 月 12 日

收款人：滨海宏星电机有限公司
金　额：￥1000.00
用　途：包装物押金

单位主管　　　　　会计

【凭证 3-2】

收款收据

No 1100055

开票日期：2019 年 11 月 12 日

收款单位	滨海宏星电机有限公司	滨海宏星电机有限公司财务专用章	交款单位	海瓯有限责任公司											第三联 收据联
金额（大写）	人民币：壹仟元整				万	千	百	十	万	千	百	十	元 角 分	
								￥	1	0	0	0	0 0	
交款事由	包装物押金													

收款单位　　　　主管　　　　会计　　　　出纳 李小红

业务 4：购进货物。

浙江增值税专用发票

3300133130

No 18000564

开票日期：2019 年 11 月 16 日

购货单位	名　　称：海瓯有限责任公司	密码区	（略）
	纳税人识别号：9828060200022346787		
	地　址、电话：滨海市解放街 208 号××××-2133666		
	开户行及账号：工行滨海分行 1801001122001 00888		

货物或应税劳务名称	规格型号	单位	数量	单价	金额	税率	税额
聚乙烯颗粒		千克	6000	2.50	15000.00	13%	1950.00
价税合计（大写）		壹万陆仟玖佰伍拾元整				￥16950.00	

销货单位	名　　称：丽水市宏图集团公司	备注	丽水市宏图集团公司 983402211927365127 发票专用章
	纳税人识别号：9834022119273 65127		
	地　址、电话：丽水市长江路 32 号 0578-2815667		
	开户行及账号：工行河西分行　732001254892764		

收款人　　　　复核　　　　开票人 王小红　　　　销货单位（章）

税总函 [2019] 12 号 杭州豪波印务有限公司

第三联：发票联 购货方记账凭证

业务 5：报销差旅费。

差 旅 费 报 销 单

日期：2019 年 11 月 16 日

部门	供应科	出差人	张华		事由		到上海开会				
日期	起止地点	飞机	火车	汽车	市内交通费	住宿费	住勤费	餐费		合计	单据
11 月 4 日	滨海至上海		240		50	1200	250				9
11 月 8 日	上海至滨海		240		60						
	至										
	至										
合 计										￥2040.00	
报销金额	人民币（大写）贰仟零肆拾元整										
原借款	￥军 2000.00	报销额	￥2040.00		应退还			应找补		￥40.00	
财会审核意见	已审核 李祥 2019.11.16			审批人意见		同意报销 郭朝阳 2019.11.16					
主管		会计		出纳 王洪			报销人 张华				

业务 6：购进货物。开具商业承兑汇票付款。

【凭证 6-1】

浙 江 增 值 税 专 用 发 票

3200133130

发 票 联

No 18006405

开票日期：2019 年 11 月 17 日

税总函（2019）12 号 杭州百达实业公司

购货单位	名　称：	海瓯有限责任公司				密码区	（略）
	纳税人识别号：	280602002234678					
	地址、电话：	滨海市解放街 208 号××××-2133666					
	开户行及账号：	工行滨海分行 180100112200100888					

货物或应税劳务名称	规格型号	单位	数量	单价	金额	税率	税额
注塑机		台	4	5000.00	20000.00	13%	2600.00
价税合计（大写）		贰万贰仟陆佰元整			￥22600.00		

第三联：发票联 购货方记账凭证

销货单位	名　称：	南台实业有限公司	备注	9802342119212 73657 发票专用章
	纳税人识别号：	983402211927365127		
	地址、电话：	萧山长江路 32 号 0571-82815676		
	开户行及账号：	工行长江分行 200731259276448		

收款人	复核	开票人 杜苡红	销货单位（章）

【凭证6-2】

商业承兑汇票（卡片）   No 1286405

出票日期　　贰零壹玖年壹拾壹月零壹拾柒日　　**1**
（大写）

付款人	全　称	海瓯有限责任公司	收款人	全　称	南台实业有限公司
	账　号	18010011220010 0888		账　号	200731259276448
	开户银行	工行滨海分行		开户银行	工行长江分行

出票金额	人民币（大写）	贰万贰仟陆佰元整	千	百	十	万	千	百	十	元	角	分
					¥	2	2	6	0	0	0	0

汇票到期日（大写）	贰零贰零年零壹月零柒日	付款人开户行	行号	5675
交易合同号码	256678		地址	滨海市解放街148号

财务专用章

胡 军

出票人签章

此联承兑人留存

业务7：购入设备，开出银行承兑汇票。

【凭证7-1】

浙 江 增 值 税 专 用 发 票

330013330   发 票 联   No 18004826

开票日期：2019年11月21日

购货单位	名　　称：海瓯有限责任公司	密码区	（略）
	纳税人识别号：9828060200 22346787		
	地　址、电话：滨海市解放街208号××××-2133666		
	开户行及账号：工行滨海分行　18010011220010 0888		

货物或应税劳务名称	规格型号	单位	数量	单价	金额	税率	税额
清华同方电脑	超越200	台	2	4000.00	8000.00	13%	1040.00

价税合计（大写）	玖仟零肆拾元整	小写：¥9040.00

销货单位	名　　称：滨海科星电脑公司	备注	983402211927365127
	纳税人识别号：9834022119 27365127		发票专用章
	地　址、电话：滨海市长江路32号××××-2815667		
	开户行及账号：工行滨海分行　732001254892764		

收款人	复核	开票人 兰 英	销货单位（章）

税总函〔2019〕102号 杭州豪放印务有限公司

第三联：发票联 购货方记账凭证

【凭证7-2】

银行承兑汇票（存根）　**3**　　　　03585102

出票日期
（大写）　贰零壹玖年壹拾壹月零贰拾壹日

出票人全称	海瓯有限责任公司	收款人	全　称	滨海科星电脑公司
出票人账号	180100112200100888		账　号	732001254892764
付款行全称	工行滨海分行		开户银行	工行滨海分行

出票金额	人民币 （大写）　玖仟零肆拾元整	千	百	十	万	千	百	拾	元	角	分
					¥	9	0	4	0	0	0

汇票到期日 （大写）	贰零贰零年零贰月零贰拾壹日	备注：	承兑协议编号	×××××

此联出票人存查

【凭证7-3】

固定资产验收单
2019 年 11 月 23 日

名称	规格类型	来源	数量	购（造）价	使用年限	预计残值
台式计算机	超越200	购入	2	8000		
安装费	月折旧率	建造单位	交工日期			
验收部门及 经手人员	王洪廖			管理部门及 经手人员	李远方	
备注：不需安装						

业务8：确认坏账收入。

坏账收入审批表
2019 年 11 月 23 日

应付款单位	应付金额	无法支付原因
王三彩	3000.00	三年无法找到当事人
财务科意见：转作营业外收入		
经理意见：　同意财务科意见。 　　　　　　李 阳 　　　　　　2019.11.23		
记账：		制表：李 煜

业务 9：预付货款。

ICBC 🏦 中国工商银行

业务委托书 回执

浙 A03313102

委托人全称	海瓯有限责任公司
委托人账号	18010011 2200100888
收款人全称	东东塑料制品有限公司
收款人账号	110863845226304 中国工商银行 滨海分行 2019.11.25
金额	￥6000.00 转讫
委托日期	2019 年 11 月 25 日

此联为银行受理通知单。若委托人申请汇票或本票业务，应凭此联领取汇票或本票。

业务 10：银行承兑汇票到期收款。

托收凭证（收账通知）　　6 委托号码

委托日期　2019 年 11 月 27 日

付款人	全　称	白桦有限责任公司	收款人	全　称	海瓯有限责任公司										此联是收款人开户银行给收款人的收款通知
	账　号	150200683322006768		账　号	18010011 2200100888										
	开户银行	工行东海分行		开户银行	工行滨海分行										
委收金额	人民币（大写）	贰拾万元整			中国工商银行 滨海分行 2019.11.27 转讫	千	百	十	万	千	百	十	元	角	分	
							￥	2	0	0	0	0	0	0	0	0
款项内容	货款		委托收款凭据名称	银行承兑汇票	附寄单证张数										
备注		上列款项已由付款人开户行全额划回并收入你方账户内。													
		收款人开户行盖章　年　月　日		复核				记账							

业务 11：销售货物，收到商业汇票。

【凭证 11-1】

浙 江 增 值 税 专 用 发 票

3300133130　　此联不作报销、扣税凭证使用　　No 18700560

开票日期：2019 年 11 月 28 日

购货单位	名　称：中山市永泰科技发展有限公司 纳税人识别号：9833322654688780017 地　址、电话：中山市文一路 36 号 0760-82213695 开户行及账号：工商银行中山支行 465412783	密码区	（略）

货物或应税劳务名称	规格型号	单 位	数 量	单 价	金 额	税率	税 额
PAC		套	1400	50.00	70000.00	13%	9100.00

价税合计（大写）　柒万玖仟壹佰元整　　　　小写：￥79100.00

销货单位	名　称：海瓯有限责任公司 纳税人识别号：9828060200223346787 地　址、电话：滨海市解放街 208 号×××-2133666 开户行及账号：工行滨海分行　1801001122001008888	备注	银行汇票结算 28060200223346787 发票专用章

收款人　　　复核　　　开票人 王 英　　　销货单位（章）

【凭证 11-2】

银行承兑汇票

出票日期（大写）　贰零壹玖年壹拾壹月贰拾捌日　　2　03585102

出票人全称	中山市永泰科技发展有限公司	收款人	全　称	海瓯有限责任公司
出票人账号	465412783		账　号	1801001122001008888
付款行全称	工商银行中山支行		开户银行	工商银行滨海分行

出票金额	人民币（大写）柒万玖仟壹佰元整	千百十万千百拾元角分 ￥7 9 1 0 0 0 0

汇票到期日 2020 年 02 月 28 日	本汇票已经承兑，到期日由本行付款。	承兑协议编号 210089

本汇票请你行承兑，到期无条件付款

中山永泰有限责任公司财务专用章 王志签章印 2019 年 11 月 28 日

承兑行签章 承兑日期 2019 年 11 月 28 日 汇票专用章

账户（借）：
对方账户（贷）：
转账　　年 月 日
复核　　记账

57

业务12：确认坏账损失。

坏账申请书

2019 年 11 月 29 日

客户名称	华益公司	联系电话	2398763	负责人姓名	张楼
经营地址	大兴小街 5 号	业务发生时间	2015.8.5	业务到期时间	2016.9.5
欠款业务		货款		欠款金额	50000.00
催收经过		每月催收			
收回可能性	无	可能收回金额	0	确认坏账理由	企业破产

业务主管：　　　　　　　赊销经手人：　李煜　　　　　催收人：

业务13：收回押金。

ICBC ⓘ 中国工商银行　　　进账单（收款通知）3

2019 年 11 月 22 日

出票人	全　称	宏星电机有限公司	收款人	全　称	海瓯有限责任公司
	账　号	00213678768		账　号	1801001122000100888
	开户银行	工商银行镇海支行		开户银行	工行滨海分行

金额	人民币（大写）	壹仟元整	中国工商银行 滨海分行 2019.11.22 转讫	千 百 十 万 千 百 十 元 角 分 ￥ 1 0 0 0 0 0
	票据种类	转账支票	票据张数	1
	票据号码			

注：包装物押金

复核　　　　记账　　　　　　　　　收款人开户行签章

此联是收款人开户行交给收款人的收账通知

业务14：计提工资。

【凭证 14-1】

海瓯有限公司工资分配表

2019 年 11 月 30 日　　　　　　　　　　　　　　　　单位：元

所属部门	人员类别	应付工资				代扣款项						实付工资
		岗位工资	奖金	职务补贴	合计	养老保险8%	医疗保险2%	失业保险1%	住房公积金8%	预扣个人所得税	合计	
行政部门	管理人员	20 000	2 400	1 440	23 840	1 907.2	476.8	238.4	1 907.2	260	4 789.6	19 050.4
一车间	车间管理人员	3 000	400	240	3 640	291.2	72.8	36.4	291.2	40	731.6	2 908.4
	生产工人	13 500	1 600	960	16 060	1 284.8	321.2	160.6	1 284.8	100	3 151.4	12 908.6
二车间	车间管理员	4 800	600	360	5 760	460.8	115.2	57.6	460.8		1094.4	4 665.6
	生产工人	225 450	27 500	16 200	269 150	21 532	5 383	2 691.5	21 532	420	51558.5	21 7591.5
辅助车间	车间管理人员	1 600	200	120	1 920	153.6	38.4	19.2	153.6	20	384.8	1 535.2
	生产工人	15 030	1 800	1 080	17 910	1 432.8	358.2	179.1	1 432.8	150	3552.9	14 357.1
销售部门	销售人员	10 020	1 200	720	11 940	955.2	238.8	119.4	955.2	30	2 298.6	9 641.4
食堂医务室	福利人员	7 120	800	480	8 400	672	168	84	672		1 596	6 804
合计		300 520	36 500	21 600	358 620	28 689.6	7 172.4	3 586.2	28 689.6	1 020	6 9157.8	289 462.2

【凭证 14-2】

海瓯有限公司职工工资发放单

机构代码：009817　　　　2019 年 11 月 30 日　　　　受理银行：中国工商银行滨海分行

账号	姓名	金额
412766020335281	徐织梦	2 008.36
412766020335234	咸琳琳	1 441.8
412766020335426	姜林	2 354.64
412766020332318	宋亚芳	1 312.2
412766020054677	王佳佳	2 618.39
412766020385378	黄明秀	1 496.44
412766020336190	王小明	2 446.98
…	…	…
合计		289 462.20

业务 15：发放工资。

中国工商银行
转账支票存根
01234567
12345679

附加信息 ＿＿＿＿＿＿＿＿＿＿＿

＿＿＿＿＿＿＿＿＿＿＿＿＿＿＿＿

出票日期 2019 年 11 月 30 日

收款人：海瓯有限责任公司
金　额：￥289462.20
用　途：发放工资

单位主管　　　　会计

业务 16：计提工会经费和职工教育经费。

> **提示**
>
> 工会经费与职工教育经费分别按应付工资总额的 2%和 8%计提。

海瓯有限公司工会经费、教育经费提取计算表

2019 年 11 月 30 日　　　　　　　　　　　　　　　单位：元

所属部门	人员类别	职工人数	应付工资	工会经费 2%	教育经费 8%	小计
行政部门	管理人员	12	23 840	476.8	1 907.2	2 384
一车间	车间管理人员	2	3 640	72.8	291.2	364
	生产工人	8	16 060	321.2	1 284.8	1 606
二车间	车间管理人员	3	5 760	115.2	460.8	576
	生产工人	135	269 150	5 383	21 532	26 915
辅助车间	车间管理人员	1	1 920	38.4	153.6	192
	生产工人	9	17 910	358.2	1 432.8	1 791
销售部门	销售人员	6	11 940	238.8	955.2	1 194
食堂医务室	福利人员	4	8 400	168	672	840
合计		180	358 620	7 172.4	28 689.6	35 862

业务 17： 按提取工会经费总额的40%交市总工会，60%当天拨付企业工会委员会。

工会经费缴款书（回单）

缴款日期 2019 年 11 月 28 日　　　　　　　No 001521

缴款单位	全　称	海瓯有限责任公司	职工人数			78					
	账　号	18010011220010088	*至*月工资总额			358620.00					
	开户银行	工行滨海分行	拨交工会经费月			2019 年 6 月					

应交工会经费金额	人民币（大写）柒仟壹佰柒拾贰元肆角零分	十万	千	百	十	元	角	分
			¥7	1	7	2	4	0

请 按 下 列 比 例 办 理

收入工商银行 海瓯有限公司工会经费户									收入工商银行 滨海市总工会会经费集中户							
比例	账号	十万	千	百	十	元	角	分	比例	账号	十万	千	百	十	元	角	分
60%	1502006833220066688		¥4	3	0	3	4	4	40%	12227563514278458		¥2	8	6	8	9	6
备注																	

中国工商银行 滨海分行 2013.11.28

（付款单位开户行盖章）

业务 18： 计提企业承担的社会保险和住房公积金。

海瓯有限公司各项保险、公积金提取计算表

2019 年 11 月 30 日　　　　　　　　单位：元

所属部门	人员类别	职工人数	应付工资	按规定比例计算企业负担的"五险一金"						
				养老保险 18%	医疗保险 8%	失业保险 2%	生育保险 1%	工伤保险 0.5%	住房公积金 8%	小计
行政部门	管理人员	12	23 840	4 291.2	1 907.2	476.8	238.4	119.2	1 907.2	8 940
一车间	车间管理人员	2	3 640	655.2	291.2	72.8	36.4	18.2	291.2	1 365
	生产工人	8	16 060	2 890.8	1 284.8	321.2	160.6	80.3	1 284.8	6 022.5
二车间	车间管理人员	3	5 760	1 036.8	460.8	115.2	57.6	28.8	460.8	2 160
	生产工人	135	269 150	48 447	21 532	5 383.00	2 691.5	1 345.75	21 532.00	100 931.25
辅助车间	车间管理人员	1	1 920	345.6	153.6	38.4	19.2	9.6	153.6	720
	生产工人	9	17 910	3 223.8	1 432.8	358.2	179.1	89.55	1 432.8	6 716.25
销售部门	销售人员	6	11 940	2 149.2	955.2	238.8	119.4	59.7	955.2	4 477.5
食堂医务室	福利人员	4	8 400	1 512	672	168.00	84.00	42.00	672.00	3 150
合计		180	358 620	64 551.6	28 689.6	7 172.4	3 586.20	1 793.1	28 689.6	134 482.5

业务 19：缴纳社会保险与住房公积金。

【凭证 19-1】

中国工商银行电子缴税凭证（客户联）

转账日期：2019 年 11 月 30 日 　　　　　　凭证字号：8000269

纳税人全称及识别号：海瓯有限公司 360801001312333

付款人全称：海瓯有限公司

付款人账号：725488188 　　　　　征收机关名称：滨海市劳动保险事业处

付款人开户银行：中国工商银行 　　　收款国库（银行）名称：国家金库滨海市支库

小写（合计）金额：￥145241.10 　　　缴款书交易流水号：8000269

人民币大写（合计）金额：壹拾肆万伍仟贰佰肆拾壹元壹角零分　　税票号码：71100269

税（费）种名称	所属时期	实缴金额
养老保险费＿＿＿企业单位缴纳	20191101-20191130	64551.60
养老保险费＿＿＿企业职工缴纳	20191101-20191130	28689.60
医疗保险费＿＿＿企业单位缴纳	20191101-20191130	28689.60
医疗保险费＿＿＿企业职工缴纳	20191101-20191130	7172.40
失业保险费＿＿＿企业职工缴纳	20191101-20191130	7172.40
失业保险费＿＿＿企业单位缴纳	20191101-20191130	3586.20
工伤保险费＿＿＿企业单位缴纳	20191101-20191130	3586.20
生育保险费＿＿＿企业单位缴纳	20191101-20191130	1793.10

（中国工商银行滨海丽青支行 业务专用章）

【凭证 19-2】缴纳住房公积金。

滨海住房公积金汇（补）缴书　　No 0012578
2019 年 11 月 30 日

缴款单位	单位名称	海瓯有限责任公司	收款单位	单位名称	海瓯有限责任公司
	单位账号	1801001122200100888		公积金账号	5680010250000090111
	开户银行	工行滨海分行		开户银行	工行滨海分行

缴款类型	√汇缴　　补缴	补缴原因	
缴款人数	180　缴款时间	2019 年 11 月 1 日至 2019 年 11 月 30 日	月数　1
缴款方式	现金	√转账	

金额	人民币（大写）	伍万柒仟叁佰柒拾玖元贰角零分	千	百	十	万	千	百	十	元	角	分
					￥	5	7	3	7	9	2	0

（中国工商银行滨海分行 2019.11.30）

上次汇数		本次增加汇缴		本次减少汇缴		本次汇（补）缴	
人数	金额	人数	金额	人数	金额	人数	金额

上述款项已划转至市住房公积金管理中心住房公积金存款户内。　（银行盖章）

复核 李 平　　　　经办 王建强　　　　　2019 年 11 月 30 日

第一联：缴款单位开户行给缴款单位的回单

参考答案

业务1

借：银行存款		100 000
贷：应收账款——曙光文化有限责任公司		100 000

业务2

借：应收账款——灵玉有限责任公司	22 600
贷：主营业务收入	20 000
应交税费——应交增值税（销项税额）	2 600

业务3

借：其他应收款——存出包装物押金	1 000
贷：银行存款	1 000

业务4

借：在途物资	15 000
应交税费——应交增值税（进项税额）	1 950
贷：应付账款——丽水宏图集团公司	16 950

业务5

借：管理费用——差旅费	2 040
贷：其他应收款——张华	2 000
库存现金	40

业务6

借：在途物资	20 000
应交税费——应交增值税（进项税额）	2 600
贷：应付票据	22 600

业务7

借：固定资产	8 000
应交税费——应交增值税（进项税额）	1 040
贷：应付票据	9 040

业务8

借：应付账款——王三彩	3 000
贷：营业外收入	3 000

业务9

借：预付账款——东东塑料制品有限公司	6 000
贷：银行存款	6 000

业务10

借：银行存款	200 000
贷：应收票据	200 000

业务11

借：应收票据	79 100
贷：主营业务收入	70 000
应交税费——应交增值税（销项税额）	9 100

业务 12

借：坏账准备 50 000

贷：应收账款——华益公司 50 000

业务 13

借：银行存款 1 000

贷：其他应收款——宏星电机有限公司（包装物押金） 1 000

业务 14

借：生产成本—— 一车间 16 060

——二车间 269 150

——辅助车间 17 910

制造费用—— 一车间 3 640

——二车间 5 760

——辅助车间 1 920

管理费用 32 240

销售费用 11 940

贷：应付职工薪酬——工资、薪金 289 462.2

——社会保险费 39 448.2

——住房公积金 28 689.6

应交税费——应交个人所得税 1 020

业务 15

借：应付职工薪酬——工资、薪金 289 462.2

贷：银行存款 289 462.2

业务 16

借：生产成本—— 一车间 16 060

——二车间 269 150

——辅助车间 17 910

制造费用—— 一车间 3 640

——二车间 5 760

——辅助车间 1 920

管理费用 32 240

销售费用 11 940

贷：应付职工薪酬——工会经费 7 172.4

——职工教育经费 28 689.6

业务 17

借：应付职工薪酬——工会经费 7 172.4

贷：银行存款 7 172.4

业务 18

借：生产成本—— 一车间 6 022.5

—— 二车间 100 931.25

——辅助车间 6 716.25

制造费用—— 一车间		1 365
—— 二车间		2 160
——辅助车间		720
管理费用		12 090
销售费用		4 477.5
贷：应付职工薪酬——社会保险费		105 792.9
——住房公积金		28 689.6

业务 19

借：应付职工薪酬——社会保险费		145 241.1
——住房公积金		57 379.2
贷：银行存款		202 620.3

项目三 财产物资岗位会计

任务一 | 存货核算

基本内容框架

- 存货认知：存货的概念、分类、确认、计价
- 原材料核算：实际成本计价法和计划成本计价法
- 库存商品核算：数量进价金额核算法和售价金额核算法
- 包装物核算：包装物的概念、账户设置及典型业务核算
- 低值易耗品核算：低值易耗品的概念、账户设置及典型业务核算
- 委托加工物资核算：委托加工物资的概念、账户设置及典型业务核算
- 存货清查核算：存货的清查方法、账户设置及典型业务核算

主要知识点分析

一、存货的概念及分类

存货的概念及分类的主要知识点如表 3-1 所示。

表 3-1　　　　　　　　　　　存货的概念及分类的主要知识点

项　　目		内　　容
概念		存货是指企业在日常活动中持有以备出售的产成品或商品、处在生产过程中的在产品、在生产过程或提供劳务过程中耗用的材料等
分类	按经济用途分类	在正常经营过程中储存以备出售的存货、为了最终出售正处于生产过程中的存货、为了生产供销售的商品或提供劳务以备消耗的存货
	按存放地点分类	库存存货、在途存货、加工中存货

二、存货确认

存货确认的主要知识点如表 3-2 所示。

表 3-2　　　　　　　　　　　存货确认的主要知识点

确认条件	同时符合以下三个条件：①符合存货定义；②与该存货有关的经济利益很可能流入企业（以是否拥有法定所有权为标志）；③该存货的成本能够可靠地计量

三、存货的计价

存货计价是指对收入、发出和库存存货价值的计量，主要包括取得存货的计价、发出存货的计价和期末存货的计价。

1．取得存货的计价

基本原则：取得存货应按初始成本计价。初始成本包括存货达到可使用或可供出售状态以前发生的有关直接或间接支出。

取得存货计价的主要知识点如表3-3所示。

表3-3　　　　　　　　　　　取得存货计价的主要知识点

存货来源	存货成本构成内容
外购	原则：买价＋相关税费＋其他可归属于存货采购成本的费用 【提示1】①买价是指不含增值税的发票金额；②相关税费是指关税、消费税、资源税等价内税，以及不能抵扣的增值税进项税额；③其他可归属于采购成本的费用包括采购过程中发生的运输费、装卸费、仓储费、包装费、运输途中的合理损耗、入库前挑选整理费等 【提示2】增值税为价外税，对于小规模纳税人应计入存货成本；对于一般纳税人不得抵扣的增值税应计入存货成本 【提示3】商品流通企业存货的采购费用分两种情况处理：金额较小的，可在发生时直接计入销售费用；金额较大的，应计入存货成本
自制	原则：直接材料＋直接人工＋制造费用
委托加工	原则：委托加工发出材料的实际成本＋加工费＋相关税费＋其他费用（运输费、装卸费等） 【提示】①增值税的处理：增值税＝加工费×税率；不符合税法抵扣条件的增值税应计入委托加工物资成本；②消费税的处理：委托方收回后用于连续加工应税消费品的，其支付的消费税不计入委托加工物资成本（应借记"应交税费——应交消费税"）；收回后直接用于销售或连续生产非应税消费品的，其支付的消费税应计入委托加工物资成本（借记"委托加工物资"）
接受投资	投资合同或协议约定的价值（但合同或协议约定价值不公允的除外）
接受捐赠	捐赠方能提供凭据的，为凭据标明的金额加受赠方应支付的相关税费；捐赠方未提供凭据的，为市价或同类存货的市价估计的金额加受赠方应支付的相关税费
盘盈	同类存货的市场价格

【提示】常见不构成存货成本的相关税费处理：①非正常损耗，记入"营业外支出"或"管理费用"；②采购人员差旅费，记入"管理费用"；③入库后的挑选整理费和保管费，记入"管理费用"；④允许抵扣的增值税，记入"应交税费——应交增值税（进项税额）"；⑤受托方代收代缴的收回后连续加工应税消费品的消费税，记入"应交税费——应交消费税"

2．发出存货的计价

发出存货的计价是指对发出存货和库存存货成本的计量。其计价方法包括实际成本计价法和计划成本计价法两种。

（1）实际成本计价法下发出存货的计价

实际成本计价法下发出存货计价的主要知识点如表3-4所示。

表 3-4   实际成本计价法下发出存货计价的主要知识点

方　法	内　容	日　常　操　作	优　缺　点
先进先出法	以先入库的存货先发出的实物流转假设为前提，对发出存货和期末存货进行计价的方法	收到存货时，在明细账中逐笔登记每批存货的数量、单价和金额；发出存货时，按先进先出的原则确定单价，逐笔登记发出存货的金额和结存存货的金额	优点：可以随时结转发出存货成本，有利于加强存货管理 缺点：成本计算和登账工作量大；在物价持续上升时，会高估当期利润和库存存货价值，反之，会低估存货价值和当期利润
月末一次加权平均法	以全月进货数量加上月初存货数量为权数，月末一次计算加权平均单位成本，再计算本月发出存货成本和期末存货成本的一种方法	收到存货时，在明细账中逐笔登记每批存货的数量、单价和金额；发出存货时，只需在明细账中登记发出存货和结存存货的数量，月末根据存货的加权平均单位成本，一次计算结转发出存货的成本	优点：简化成本计算工作，采用加权平均单位成本，在价格上涨或下跌时对存货成本的分摊较为折中 缺点：不能随时提供发出和结存存货的金额，不利于存货的日常管理与控制
	【公式】加权平均单位成本＝（月初库存存货实际成本＋本月收入存货实际成本）/（月初库存存货数量＋本月收入存货数量） 月末库存存货成本＝月末库存存货数量×加权平均单位成本 本月发出存货成本＝本月发出存货数量×加权平均单位成本		
移动加权平均法	每次购进存货均应以当次进货数量加上原有库存存货的数量为权数，计算加权平均单位成本，并作为下次进货前计算各次发出存货成本依据的一种方法	收到存货时，在明细账中逐笔登记每批存货的数量、单价和金额，并计算存货的加权平均单位成本；每次发出存货时，按移动加权平均单位成本，逐笔登记发出存货和结存存货的金额	优点：能及时了解存货的结存情况，计算的平均单位成本以及发出和结存存货成本比较客观 缺点：每次进货都要计算一次平均单位成本，工作量较大，对收发货较频繁的企业不适用
	【公式】存货单位成本＝（原有库存存货成本＋本次进货成本）/（原有库存存货数量＋本次进货数量） 本次发出存货成本＝本次发出存货数量×本次发货前存货的单位成本 月末库存存货成本＝月末库存存货的数量×本月月末存货单位成本		
个别计价法	以存货实物流转与成本流转相一致为假设前提，通过逐一辨认每一批发出存货和期末存货所属的购进或生产批别，分别按其购入或生产时所确定的单位实际成本计算各批发出存货和期末存货实际成本的方法	收到存货时，在存货明细账中逐笔登记每批存货的数量、单价和金额；发出存货时，按个别认定原则确定单价，逐笔登记发出存货和结存存货的金额	优点：成本计算准确，符合实际情况 缺点：存货收发频繁情况下，其发出成本分辨的工作量较大
	【公式】每批存货发出成本＝该批存货发出数量×该批存货收入时的实际单位成本		

（2）计划成本计价法下发出存货的计价

计划成本计价法下发出存货计价的主要知识点如表 3-5 所示。

表 3-5   计划成本计价法下发出存货计价的主要知识点

项　目	内　容
日常操作	存货的收入、发出和结存均采用计划成本进行日常核算，同时设置"材料成本差异"账户反映实际成本与计划成本的差异，期末计算发出存货与结存存货应分摊的成本差异，将发出存货和结存存货由计划成本调整为实际成本

项　目	内　容
计算公式	本月材料成本差异率＝（月初结存材料的成本差异＋本月入库材料的成本差异）/（月初结存材料的计划成本＋本月入库材料的计划成本）×100% 本月发出材料应负担的成本差异＝本月发出材料的计划成本×本月材料成本差异率 发出材料的实际成本＝发出材料的计划成本±发出材料应分摊的成本差异 结存材料的实际成本＝结存材料的计划成本±结存材料应分摊的成本差异 【提示1】如果发出材料需要随时结转材料成本差异，可按上月材料成本差异率计算。 【提示2】上述公式中的"材料成本差异"账户余额，在借方表示超支差异，用"＋"；在贷方表示节约差异，用"－"

3.存货的期末计价

（1）成本与可变现净值孰低法的含义

我国企业会计准则规定，企业在期末应按成本与可变现净值孰低法对存货进行计量。

成本与可变现净值孰低法的含义的主要知识点如表3-6所示。

表3-6　　　　　　　　　　成本与可变现净值孰低法的含义的主要知识点

项　目			内　容
含义			成本与可变现净值孰低法是指期末存货按照成本与可变现净值之中的较低者计价的方法。其中，成本是指存货的实际成本；可变现净值是指货预计的未来净现金流量 【提示】可变现净值是会计计量属性之一，只有存货才会涉及可变现净值，其他长期资产一般使用"可收回金额"，并遵循资产减值准则
可变现净值计算	直接用于销售商品存货	有合同	可变现净值＝合同售价－估计销售费用及相关税费
		无合同	可变现净值＝市场售价－估计销售费用及相关税费
	需经加工的材料存货	有合同	可变现净值＝产成品合同售价－至产品完工估计要发生的加工成本－估计销售费用及相关税费
		无合同	可变现净值＝产成品市场售价－至产品完工估计要发生的加工成本－估计销售费用及相关税费

（2）存货跌价准备的核算

存货跌价准备核算中的主要知识点如表3-7所示。

表3-7　　　　　　　　　　存货跌价准备核算中的主要知识点

项　目	内　容
账户	"资产减值损失"（损益类账户）；"存货跌价准备"（资产类账户，存货的备抵调整账户）
计提	原则：存货成本高于其可变现净值时，应当计提存货跌价准备，计入当期损益 【提示1】当期应计提的金额＝存货跌价准备账户的期末应有余额－存货跌价准备账户已有余额 【提示2】按上述公式计算结果为正数时，表示应补提的金额；为负数时，表示应转回的金额
转回	当以前减记存货价值的影响因素消失时，原已计提的存货跌价准备应予转回，转回的限额为"存货跌价准备"账户贷方已有余额
结转	已计提跌价准备的存货，如果因出售、债务重组或非货币性资产交换而转出，应结转已计提的相对应的存货跌价准备

四、原材料核算

原材料是指企业在生产过程中经加工改变其形态或性质并构成产品主要实体的各种原料及主要材料、辅助材料、燃料、修理用备件、包装材料、外购半成品等。根据计价方法不同，原材料日常核算方法有两种：实际成本计价法和计划成本计价法。

（1）实际成本计价法下原材料的核算。实际成本计价法下原材料核算中的主要知识点如表3-8所示。

表3-8　　　　　　　　　　　实际成本计价法下原材料核算中的主要知识点

项　目			内　　容	
含义			原材料按实际成本计价是指每种材料的收、发、存核算均按实际成本计价。采用该方法从原材料收发凭证到明细分类账和总分类账，应全部按实际成本予以反映	
账户			"在途物资"（资产类账户）、"原材料"（资产类账户）	
典型业务核算	取得	外购	① 单货同到业务：购入并验收入库时 借：原材料 　　应交税费——应交增值税（进项税额） 　　贷：银行存款等 ② 单到货未到业务 ● 支付或承付货款时 借：在途物资 　　应交税费——应交增值税（进项税额） 　　贷：银行存款等 ● 验收入库时 借：原材料 　　贷：在途物资 ③ 货到单未到业务 收到材料时暂不做总分类核算，若到月末仍未收到结算凭证，按暂估价入账 借：原材料 　　贷：应付账款——暂估应付款 收到账单时，再按上述①处理（略） ④ 预付款购入业务 ● 预付货款时 借：预付账款 　　贷：银行存款 ● 收到货物验收入库时 借：原材料 　　应交税费——应交增值税（进项税额） 　　贷：预付账款 　　借或贷：银行存款	⑤ 购入材料短缺处理 A. 途中合理的损耗，计入入库材料的成本，不再另做账务处理 B. 供货单位少发，未付款的，填写拒付理由书拒付；已付款入账的 借：应付账款 　　贷：在途物资 　　　　应交税费——应交增值税 　　　　（进项税额转出） C. 尚待查明原因的 查明原因前 借：待处理财产损溢 　　贷：在途物资 　　　　应交税费——应交增值税 　　　　（进项税额转出） 查明原因后 借：其他应收款（过失人赔偿） 　　原材料（残料入库） 　　管理费用（一般经营损失） 　　营业外支出（非常损失） 　　贷：待处理财产损溢
		投入与捐赠	借：原材料 　　应交税费——应交增值税（进项税额） 　　贷：实收资本或股本等（接受投入） 　　　　营业外收入——捐赠利得（接受捐赠）	
	发出		借：生产成本（直接生产产品）、制造费用（车间一般耗用）、管理费用（行政耗用）、销售费用（销售部门耗用）、在建工程（工程耗用）、委托加工物资（对外委托加工）、其他业务成本（出售材料） 　　贷：原材料	

（2）计划成本计价法下原材料的核算。计划成本计价法下原材料核算中的主要知识点如表3-9所示。

表3-9　　　　　　　　　　　计划成本计价法下原材料核算中的主要知识点

项　目			内　容	
含义			原材料按计划成本计价是指每种材料的收、发、存核算均按预先确定的计划成本计价。采用该方法从原材料收发凭证到明细分类账和总分类账，应全部按计划成本予以反映	
账户			"材料采购"（资产类账户）、"原材料"（资产类账户）、"材料成本差异"（资产类账户，原材料的调整账户）	
典型业务核算	取得	外购	① 单货同到业务及单到货未到业务 ● 支付或承付货款时 借：材料采购 　　应交税费——应交增值税（进项税额） 　　　贷：银行存款等 ● 验收入库时 借：原材料（计划成本） 　　　贷：材料采购（计划成本） ● 结转材料成本差异时 借：材料成本差异（超支差） 　　　贷：材料采购 节约差，分录与上面分录相反 【提示】材料成本差异也可月末一次结转	② 货到单未到业务 收到材料时可暂不做总分类核算，若到月末仍未收到结算凭证，按暂估价 借：原材料 　　　贷：应付账款——暂估应付款 收到账单时，再按上述①处理（略） ③ 购入材料短缺处理：计划成本计价法下外购材料短缺的核算与按实际成本计价法下的核算大致相同，只是验收入库的部分应按计划成本计价，而短缺部分处理原则与实际成本计价完全相同
		自制	借：原材料（计划成本） 　　材料成本差异——原材料（超支差） 　　　贷：生产成本（实际成本） 　　　　　材料成本差异——原材料（节约差） 【提示】企业接受捐赠、接受投资原材料核算原理与自制材料相似	
	发出		按计划成本结转发出材料成本 借：生产成本（直接生产产品） 　　制造费用（车间一般耗用） 　　管理费用（行政耗用） 　　销售费用（销售部门耗用） 　　在建工程（工程耗用） 　　委托加工物资（对外委托加工） 　　其他业务成本（出售材料） 　　　贷：原材料	按发出材料应分摊的成本差异（超支差异） 借：生产成本（直接生产产品） 　　制造费用（车间一般耗用） 　　管理费用（行政耗用） 　　销售费用（销售部门耗用） 　　在建工程（工程耗用） 　　委托加工物资（对外委托加工） 　　其他业务成本（出售材料） 　　　贷：材料成本差异 【提示】节约差异做相反分录

五、库存商品

库存商品主要是指工业企业的产成品和流通企业外购或委托加工并验收入库准备销售的各种商品。这里着重介绍商品流通企业的数量进价金额核算法和售价金额核算法。

（1）数量进价金额核算法。数量进价金额核算法中的主要知识点如表3-10所示。

表3-10   数量进价金额核算法中的主要知识点

项　目		内　容	
含义		数量进价金额核算法是以实物数量和进价金额两种计量单位，反映商品进、销、存情况的一种方法，一般适用于批发企业库存商品核算	
账户		"在途物资"（资产类账户）、"库存商品"（资产类账户）	
典型业务核算	购进	与实际成本法下原材料购进业务原理相似	
典型业务核算	销售	销售收入确认 借：银行存款等 　　贷：主营业务收入（不含税售价） 　　　　应交税费——应交增值税（销项税额）	销售成本结转 借：主营业务成本 　　贷：库存商品（实际成本）
销售成本计算		方法：批发企业计算商品销售成本的方法有先进先出法、加权平均法、个别计价法和毛利率法。其中，毛利率法是根据本期销售净额乘以上期实际（或本期计划）毛利率匡算本期销售毛利，并据以计算发出存货和期末存货成本的一种方法。计算公式如下： 毛利率＝（销售毛利/销售净额）×100% 销售净额＝销售收入－销售退回与折让 本期销售成本＝本期销售净额×（1－毛利率） 期末存货成本＝期初存货成本＋本期购货成本－本期销售成本	
销售成本计算		【提示】批发企业经营的商品品种多，为简化平时结转商品销售成本的手续，在每个季度的前两个月可以采用毛利率法匡算商品销售成本，在季末最后月，再采用先进先出法、加权平均法等计算确定商品销售成本，以保证商品销售成本最终计算的准确性	

（2）售价金额核算法。售价金额核算法中的主要知识点如表3-11所示。

表3-11   售价金额核算法中的主要知识点

项　目		内　容	
含义		售价金额核算法是指平时商品的购入与销售均按售价记账，售价与进价的差额通过专设账户"商品进销差价"核算，期末计算进销差价率和本期已销商品应分摊的进销差价，并据以调整本期销售成本的一种方法，一般适用于商业零售企业的商品管理与核算	
账户		"库存商品"（资产类账户）、"商品进销差价"（资产类账户，库存商品的备抵调整账户）	
典型业务核算	购进	特点：库存商品售价计账，验收入库应确认商品进销差价	
典型业务核算	购进	① 单货同到业务 借：库存商品（售价） 　　应交税费——应交增值税（进项税额） 　　贷：银行存款等 　　　　商品进销差价	③ 单到货未到业务 单到付款时 借：在途物资 　　应交税费——应交增值税（进项税额） 　　贷：银行存款等 验收入库时 借：库存商品（售价） 　　贷：在途物资 　　　　商品进销差价
典型业务核算	购进	② 货到单未到业务 货到验收入库时，暂不作账务处理 单到付款时，做单货同到处理，同①	
典型业务核算	销售	① 销售收入确认 借：银行存款等 　　贷：主营业务收入（售价） 　　　　应交税费——应交增值税（销项税额）	② 结转销售成本与进销差价 借：主营业务成本（已销商品实际成本） 　　商品进销差价（已销商品分摊的进销差价） 　　贷：库存商品（售价）

续表

项　目	内　容
已销商品 进销差价 计算	售价金额核算法下，月末需要通过计算商品进销差价率，确认已销商品的进销差价，并据以调整商品销售成本。计算公式如下： 商品进销差价率＝（期初商品进销差价＋本期增加进销差价）/（期初库存商品售价＋本期购入商品售价）×100% 本期销售商品应分摊的进销差价＝本期商品销售收入×商品进销差价率 本期销售商品成本＝本期商品销售收入－本期销售商品应分摊进销差价 期末结存商品成本＝期初库存商品进价成本＋本期购进商品进价成本－本期销售商品成本

六、周转材料

周转材料是指企业能够多次使用、逐渐转移其价值但仍保持原有形态，又不确认为固定资产的材料，包括包装物和低值易耗品。

（1）包装物核算。包装物核算中的主要知识点如表 3–12 所示。

表 3-12　　　　　　　　　　　　包装物核算中的主要知识点

项　目		内　容	
含义及 种类		包装物是指为包装本企业产品而储备的各种包装容器。按其用途可分为：生产过程中用于包装产品作为产品组成部分的包装物；随同商品销售不单独计价的包装物；随同商品销售单独计价的包装物；出租或出借给购货单位使用的包装物。 【提示】各种包装材料，如纸、绳等应作"原料"核算；在企业生产经营过程中用于储存和保管商品和材料，不对外出售、出租或出借的包装物，应做"固定资产"或"低值易耗品"核算	
账户		"周转材料——包装物"（资产类账户）；包装物较多的企业可以单独设置"包装物"账户	
典型业务 核算	取得	购入、自制、委托加工收回等入库包装物的核算，无论是按实际成本计价还是按计划成本计价，均与原材料取得的核算原理相同	
	领用	① 生产领用：包装物成本直接计入产品生产成本 借：生产成本 　　贷：周转材料——包装物 　　借或贷：材料成本差异——包装物	② 随同商品销售不单独计价：包装物的成本做销售费用处理 借：销售费用 　　贷：周转材料——包装物 　　借或贷：材料成本差异——包装物
		③ 随同商品销售单独计价：包装物收入为其他业务收入，包装物成本为其他业务成本 借：银行存款等 　　贷：其他业务收入 　　　　应交税费——应交增值税（销项税额）	借：其他业务成本 　　贷：周转材料——包装物 　　借或贷：材料成本差异——包装物
		④ 出租：属于企业经营业务，租金所得为其他业务收入，包装物成本为其他业务成本 借：其他业务成本 　　贷：周转材料——包装物 　　借或贷：材料成本差异——包装物	⑤ 出借：仅为一种促销手段，包装物成本做销售费用 借：销售费用 　　贷：周转材料——包装物 　　借或贷：材料成本差异——包装物

（2）低值易耗品核算。低值易耗品核算中的主要知识点如表 3–13 所示。

表 3-13   低值易耗品核算中的主要知识点

项 目			内 容	
含义			低值易耗品是指不符合固定资产标准的各种用具物品	
账户			"周转材料——低值易耗品"（资产类账户）；低值易耗品较多的企业也可单独设置"低值易耗品"账户	
典型业务核算	取得		企业外购、自制、委托加工完成验收入库的低值易耗品的核算，无论按实际成本计价还是按计划成本计价，均与原材料取得的核算相同	
	领用摊销	一次摊销法	一次摊销法是指在领用低值易耗品时，就将其价值一次全部计入当期成本费用的摊销方法。适用于一次领用数量不多、价值较低、使用期限较短或容易破损的低值易耗品的摊销	
			领用时 借：管理费用等 贷：周转材料——低值易耗品	
		五五摊销法	五五摊销法是指在领用低值易耗品时，先摊销其原值的 50%，待报废时再摊销其余的 50% 的一种方法。适用于价值较大的低值易耗品的摊销	

			① 领用，并结转 50% 成本
			借：周转材料——低值易耗品（在用）
			    贷：周转材料——低值易耗品（在库）
			借：制造费用等
			    贷：周转材料——低值易耗品（摊销）
				② 报废时摊销 50%，同时结转低值易耗品摊销账户
				摊销分录领用时（略），转销分录如下。
				借：周转材料——低值易耗品（摊销）
				    贷：周转材料——低值易耗品（在用）

		【注意】若报废低值易耗品有残值，应作为当月低值易耗品摊销额的减少，冲减有关成本费用账户，借记"原材料"等账户，贷记"制造费用""管理费用"等账户		

七、委托加工物资核算

委托加工物资核算中的主要知识点如表 3-14 所示。

表 3-14   委托加工物资核算中的主要知识点

项 目	内 容	
含义	委托加工物资是指企业委托外单位加工的各种材料、商品等物资	
账户	"委托加工物资"（资产类账户）	
典型业务核算	原理：委托加工物资既可按实际成本核算，也可以按计划成本核算，其方法与库存商品相似	

	① 发给外单位加工物资时，按实际成本
	借：委托加工物资
	    贷：原材料等
		③ 支付委托方代收代缴的消费税
		借：委托加工物资（收回后直接销售的）
		    应交税费——应交消费税（收回后连续生产应税消费品的）
		    贷：银行存款等

	② 支付加工费、增值税及应负担的运杂费时
	借：委托加工物资
	    应交税费——应交增值税（进项税额）
	    贷：银行存款等
		④ 收到加工完成验收入库的物资和剩余物资时，按实际成本
		借：原材料等
		    贷：委托加工物资

八、存货清查核算

存货清查核算中的主要知识点如表 3-15 所示。

表 3-15　　　　　　　　　　　　　　　存货清查核算中的主要知识点

项　目	内　容		
含义	存货清查是指通过对存货的实地盘点，确定存货的实有数量，并与账面结存数核对，从而确定存货实存数与账面结存数是否相符的一种专门方法		
账户	"待处理财产损溢"（属过渡性账户）		
典型业务核算	步骤	第一步，批准前调整账实相符	第二步，批准后结转处理
	盘盈	借：原材料等 　　贷：待处理财产损溢	借：待处理财产损溢 　　贷：管理费用
	盘亏	借：待处理财产损溢 　　贷：原材料等	借：其他应收款（过失人赔偿） 　　管理费用（一般经营损失） 　　营业外支出（非常损失） 　　贷：待处理财产损溢

任务训练

一、理论知识题

（一）单项选择题

1. 存货的归属应以（　　　）为判断标准。

    A. 经济用途　　　　B. 存放地点　　　　C. 交货时间　　　　D. 法定产权

2. 存货发出的下列计价方法中，最不利于存货日常成本管理与控制的是（　　　）。

    A. 先进先出法　　　　　　　　　　B. 移动加权平均法

    C. 月末一次加权平均法　　　　　　D. 个别计价法

3. 存货采用先进先出法计价，在物价上涨情况下将会使企业的（　　　）。

    A. 期末存货虚增，当期利润虚减　　B. 期末存货虚增，当期利润虚增

    C. 期末存货虚减，当期利润虚增　　D. 期末存货虚减，当期利润虚减

4. 下列各项中，不应作为原材料核算和管理的有（　　　）。

    A. 原料及主要材料　B. 修理用备件　　C. 在建工程物资　D. 燃料

5. 商品流通企业售价金额核算法下，应专设的核算账户是（　　　）。

    A. 库存商品　　　B. 商品进销差价　　C. 材料成本差异　D. 在途物资

6. 随同商品销售单独计价包装物实际成本应结转到（　　　）账户。

    A. 制造费用　　　B. 管理费用　　　　C. 销售费用　　　D. 其他业务成本

7. 领用低值易耗品先摊销其原值的 50%，报废时再摊销其余 50% 的成本摊销方法称（　　　）。

    A. 一次摊销法　　B. 分次摊销法　　　C. 五五摊销法　　D. 报废核销法

8. 对已计入"待处理财产损溢"账户的存货盘亏及毁损事项进行会计处理时，应转入管理费用的是（　　　）。

    A. 自然灾害造成的存货净损失　　　B. 应由过失人赔偿的存货损失

    C. 管理不善造成的存货净损失　　　D. 应由保险公司赔偿的存货损失

（二）多项选择题

1. 下列税金应计入材料成本的有（　　　）。

    A. 支付的进口材料关税

B. 支付的购进材料的消费税

C. 委托加工收回后直接出售的材料，由受托方代收代缴的消费税

D. 一般纳税人购入材料增值税专用发票注明的增值税

2. 小规模纳税人委托其他单位加工属于应税消费品的材料，收回后用于连续生产应税消费品的，其发生的下列支出中，应计入委托加工物资成本的有（　　　　）。

A. 加工费　　　　　　　　　　　　B. 支付的增值税

C. 发出材料的实际成本　　　　　　D. 受托方代收代缴的消费税

3. 原材料采用计划成本计价法核算，应设置的账户有（　　　　）。

A. 原材料　　　　B. 在途物资　　　　C. 材料采购　　　　D. 材料成本差异

4. 下列各项中，应作为包装物核算的有（　　　　）。

A. 用于包装产品作为产品组成部分的包装物

B. 随同商品销售的包装物

C. 出租、出借给购货单位使用的包装物

D. 用于储存和保管商品、材料而不对外出售的包装物

5. 下列各项中，应记入"其他业务成本"账户的有（　　　　）。

A. 出租包装物摊销的成本　　　　　B. 出借包装物摊销的成本

C. 随同产品出售单独计价包装物的成本　D. 随同产品出售不单独计价包装物的成本

6. "五五摊销法"下"周转材料"账户下应设置的明细账户有（　　　　）。

A. 在库　　　　B. 在用　　　　C. 摊销　　　　D. 在途

7. 下列关于成本与可变现净值孰低法的表述正确的有（　　　　）。

A. 成本是指期末存货的实际成本

B. 可变现净值等于期末存货的估计售价

C. 存货的可变现净值等于预计的销售存货的现金流入

D. 当存货成本高于其可变现净值时，期末存货应按成本计量

8. 下列有关存货会计处理的表述正确的有（　　　　）。

A. 一般纳税人进口原材料缴纳的增值税不构成原材料的成本

B. 随商品销售单独计价的包装物成本应计入其他业务成本

C. 结转商品销售成本时，应将相关存货的跌价准备调整为主营业务成本

D. 资产负债表日，只要存货的可变现净值高于成本，就应将已计提的存货跌价准备予以转回

（三）判断题

1. 商品流通企业采购商品过程中发生的采购费用应计入当期损益，不计入存货成本。（　　）

2. 采用成本与可变现净值孰低法确定存货期末价值时，当存货的成本低于可变现净值时，期末存货应按成本计价。（　　）

3. 计算存货可变现净值时，如果持有存货的数量多于销售合同订购数量，超出部分的存货可变现净值应当以产成品或商品的合同价格为计算基础。（　　）

4. 材料采购人员的差旅费应计入采购材料的成本。（　　）

5. 对于企业外购材料验收入库时的短缺，如属途中合理损耗，只需提高库存材料的单位成本，无须另做账务处理。（　　）

6. 小规模纳税人委托其他单位加工的应税消费品，收回后用于连续生产应税消费品的，其由

受托方代收代缴的消费税，应计入委托加工消费品成本。　　　　　　　　　　（　　）

7. 管理用具物品可以多次参与生产周转而不改变其原有的实物形态，因此应列为固定资产管理和核算。　　　　　　　　　　　　　　　　　　　　　　　　　　　　　　（　　）

8. "商品进销差价"既是资产类账户，也是"库存商品"的备抵调整账户。　　（　　）

二、分项能力题

（一）单项选择题

1. 甲公司为增值税一般纳税人，2020年5月10日购进原材料200千克，取得增值税专用发票，注明价款6 000元、增值税税额780元；发生保险费350元、入库前挑选整理费130元；验收入库时发现数量短缺20千克，经查属于运输途中合理损耗。则甲公司该批原材料的实际单位成本为每公斤（　　）元。

  A. 36　　　　　　　　B. 35.28　　　　　　　　C. 33.33　　　　　　　　D. 32.4

2. 甲公司为增值税小规模纳税人，2020年8月7日购入材料一批，取得的增值税专用发票注明价款10 000元、增值税税额1 300元；材料入库前挑选整理费100元，材料已验收入库。则甲公司取得材料的入账价值为（　　）元。

  A. 11 400　　　　　　B. 11 300　　　　　　C. 10 000　　　　　　D. 10 100

3. 某企业期末存货采用成本与可变现净值孰低法计价，各存货成本与可变现净值按单项进行比较。2020年12月31日，甲、乙、丙三种存货的成本与可变现净值分别为：甲存货成本200万元，可变现净值160万元；乙存货成本240万元，可变现净值300万元；丙存货成本360万元，可变现净值300万元。假定该企业只有这三种存货，均未计提存货跌价准备，2020年12月31日应计提的存货跌价准备为（　　）万元。

  A. 0　　　　　　　　B. 100　　　　　　　　C. 40　　　　　　　　D. 60

4. 2020年12月31日，甲公司"原材料——A材料"余额为350万元，市场价格为280万元，预计销售发生的相关税费为10万元。假定该公司用A材料生产的W型机器的可变现净值高于成本，则2020年年末A材料的账面价值为（　　）万元。

  A. 350　　　　　　　B. 280　　　　　　　C. 270　　　　　　　D. 290

5. 甲公司2020年12月31日库存配件为100套，账面成本为12万元/套，市场价格为10万元/套。该批配件可用于加工A产品100件，将每套配件加工成A产品尚需投入17万元。A产品2020年12月31日市场价格为28.7万元/件，估计销售将发生的销售费用及相关税费为1.2万元/件。该配件未计提存货跌价准备，则甲公司2020年12月31日应计提的存货跌价准备为（　　）万元。

  A. 0　　　　　　　　B. 30　　　　　　　　C. 150　　　　　　　　D. 200

6. 某企业发出原材料采用先进先出法计价。2020年9月1日，甲材料结存200千克，实际成本为300元/千克；9月7日购入甲材料350千克，实际成本为310元/千克；9月21日购入甲材料400千克，实际成本为290元/千克；9月28日发出甲材料500千克。则9月甲材料发出成本为（　　）元。

  A. 145 000　　　　　　B. 150 000　　　　　　C. 153 000　　　　　　D. 155 000

7. 甲公司材料存货采用计划成本法核算。月初结存材料计划成本为130万元，材料成本差异为节约20万元；当月购入材料实际成本为110万元，计划成本为120万元，领用材料计划成本为100万元。则该企业当月领用材料的实际成本为（　　）万元。

  A. 88　　　　　　　　B. 96　　　　　　　　C. 100　　　　　　　　D. 112

8. 甲公司委托乙公司加工材料一批，甲公司发出原材料实际成本为 50 000 元；完工收回时支付加工费 2 000 元、增值税税额 260 元、消费税 8 000 元，甲公司收回材料后将直接用于对外销售。假定甲、乙公司均为增值税一般纳税人，甲公司收回该材料时取得增值税专用发票，则该委托加工材料收回后的入账价值是（　　）元。

    A. 52 000   B. 52 260   C. 60 000   D. 59 340

（二）多项选择题

1. 甲公司 2020 年 5 月 A 材料收入、发出和结存资料如下：5 月期初结存数量 300 件，单价为 10 元；5 月 2 日发出 200 件；5 月 5 日购进 200 件，单价为 12 元；5 月 7 日发出 200 件；5 月 10 日购进 300 件，单价为 11 元；5 月 27 日发出存货 300 件。下列处理正确的有（　　）。

    A. 先进先出法下，本月发出材料的总成本为 7 600 元，期末结存材料的成本为 1 100 元

    B. 先进先出法下，本月发出材料的总成本为 7 700 元，期末结存材料的成本为 1 000 元

    C. 月末一次加权平均法下，加权平均单位成本为 10.875 元

    D. 月末一次加权平均法下，本月发出材料的总成本为 7 612.5 元，期末结存材料的成本为 1 087.5 元

2. 甲公司 2020 年年末存货期末计价的有关资料如表 3–16 所示。

表 3-16　　　　　　　甲公司 2020 年年末存货期末计价的有关资料　　　　　　　单位：元

存　货	成　本	可变现净值
A 存货	24 000	23 800
B 存货	17 600	17 650
甲类存货小计	41 600	41 450
C 存货	44 000	42 800
D 存货	22 600	23 000
乙类存货小计	66 600	65 800
合　计	108 200	107 250

下列处理正确的有（　　）。

    A. 采用单项比较法下，应计提的存货跌价准备金额为 1 400 元

    B. 采用分类比较法下，应计提的存货跌价准备金额为 950 元

    C. 采用综合比较法下，应计提的存货跌价准备金额为 950 元

    D. 采用单项比较法下，计提存货跌价准备应编制的会计分录如下

      借：资产减值损失　　　　　　　　　　　　　　　　　　1 400

        贷：存货跌价准备——A　　　　　　　　　　　　　　　　　　200

              ——C　　　　　　　　　　　　　　　　　　1 200

3. 南方公司 2020 年 5 月初结存原材料的计划成本为 100 000 元；本月收入原材料计划成本为 200 000 元；本月发出原材料计划成本为 160 000 元，其中：生产产品领用 100 000 元，车间一般耗用 40 000 元，行政管理部门领用 20 000 元。已知"材料成本差异"月初借方余额为 2 000 元，本月收入原材料成本差异为节约差 5 000 元。南方公司下列处理正确的有（　　）。

    A. 计算材料成本差异率为 −1%

    B. 计算材料成本差异率为 1%

    C. 结转发出材料应分摊的成本差异，应编制如下会计分录

	借：材料成本差异	1 600
	贷：生产成本	1 000
	制造费用	400
	管理费用	200

D. 结转发出材料应分摊的成本差异，应编制如下会计分录

	借：生产成本	1 000
	制造费用	400
	管理费用	200
	贷：材料成本差异	1 600

4. 甲批发公司为增值税一般纳税人，该公司只经营甲类商品并采用毛利率法对发出商品计价，季度内各月的毛利率根据上季度实际毛利率确定，该公司 2020 年第一季度、第二季度甲类商品有关资料如下（假设以下售价均不含增值税）：第一季度累计销售收入 600 万元、销售成本 510 万，3 月月末库存商品实际成本为 400 万元；第二季度购进甲类商品成本为 880 万元；4 月实现商品销售收入 300 万元；5 月实现商品销售收入 500 万元；6 月月末按月一次加权平均法计算库存商品实际成本为 420 万元。则下列各项处理正确的有（　　　）。

A. 甲类商品第一季度实际毛利率为 15%
B. 甲类商品 4 月的商品销售成本为 255 万元
C. 甲类商品 5 月的商品销售成本为 425 万元
D. 甲类商品 6 月的商品销售成本为 180 万元

5. 某商场为增值税一般纳税人，库存商品采用售价金额法核算，该商场 2020 年 5 月期初库存日用百货的进价为 60 万元，售价为 80 万元，当月购入日用百货的进价为 540 万元，售价为 720 万元，当月实现销售收入 680 万元。则下列各项处理正确的有（　　　）。

A. 该商场 5 月商品的进销价率为 25%
B. 已销日用百货的实际成本为 510 万元
C. 期末库存日用百货的实际成本为 90 万元
D. 当月结转销售成本及进销差价会计分录为

	借：主营业务成本	5 100 000
	商品进销差价	1 700 000
	贷：库存商品	6 800 000

6. 大海公司管理部门 2020 年 5 月 1 日领用全新管理用具 100 件，单位成本为 20 元。该公司对该批用具采用五五摊销法核算。上述管理用具 5 月月末有 10 件做报废处理，残料入库作价 20 元。大海公司编制会计分录正确的有（　　　）。

A. 5 月 1 日发出用具时，摊销 50% 成本，编制如下会计分录

	借：周转材料——低值易耗品（在用）	2 000
	贷：周转材料——低值易耗品（在库）	2 000
	借：管理费用	1 000
	贷：周转材料——低值易耗品（摊销）	1 000

B. 5 月 31 日做报废处理时，编制如下会计分录

| | 借：管理费用 | 1 000 |
| | 贷：周转材料——低值易耗品（摊销） | 1 000 |

C. 5 月 31 日结转低值易耗品摊销账户，编制如下会计分录

借：周转材料——低值易耗品（摊销）   2 000

    贷：周转材料——低值易耗品（在用）   2 000

D. 5 月 31 日残料入库，编制如下会计分录

借：原材料   20

    贷：管理费用   20

7. 2020 年 5 月，甲公司仓库发出一批新包装物用于出租，实际成本为 10 000 元，出租期限为 1 个月，应收租金 452 元（含税）。收取押金 6 000 元存入银行。包装物采用一次摊销法核算。则甲公司下列处理正确的有（   ）。

A. 结转发出包装物成本，编制如下会计分录

借：其他业务成本   10 000

    贷：周转材料——包装物   10 000

B. 结转发出包装物成本，编制如下会计分录

借：销售费用   10 000

    贷：周转材料——包装物   10 000

C. 收取押金，编制如下会计分录

借：银行存款   6 000

    贷：其他应付款——存入保证金   6 000

D. 1 个月后按期如数收回出租包装物，编制如下会计分录

借：其他应付款——存入保证金   6 000

    贷：其他业务收入——包装物出租   400

        应交税费——应交增值税（销项税额）   52

        银行存款   5 548

8. 甲公司委托乙公司加工特制商品 10 750 件，资料如下：4 月 28 日，发出材料实际成本为 200 000 元；5 月 28 日，支付加工费 3 000 元、增值税税额 390 元，支付消费税税额 15 000 元；6 月 2 日，上述商品 10 750 件加工完毕收回全部用于直接销售；以银行存款支付往返运费 2 000 元、增值税税额 180 元。上述业务均能取得合规的扣税凭证，则甲公司对上述业务的如下账务处理正确的有（   ）。

A. 支付加工费及增值税，编制如下会计分录。

借：委托加工物资   3 000

    应交税费——应交增值税（进项税额）   390

    贷：银行存款   3 390

B. 支付往返运费及增值税，编制如下会计分录。

借：委托加工物资   2 000

    应交税费——应交增值税（进项税额）   180

    贷：银行存款   2 180

C. 支付消费税，编制如下会计分录。

借：委托加工物资   15 000

    贷：银行存款   15 000

D. 验收入库时，编制如下会计分录。

借：库存商品   220 000

    贷：委托加工物资   220 000

三、综合分析题

（一）

资料：长江机械有限责任公司为增值税一般纳税人，材料采用实际成本计价法核算。该公司2020年12月发生如下经济业务。

（1）3日，企业购入铝材一批，取得增值税专用发票，注明买价42 000元、增值税税额5 460元；取得承运部门开具的增值税专用发票，注明运输费1 000元、增值税税额90元。价税款以银行存款支付，材料验收入库。

（2）9日，企业从外地光大公司购入一批钢材3 000千克，取得增值税专用发票，注明买价60 000元、增值税税额7 800元，企业签发一张2个月到期的银行承兑汇票。取得增值税专用发票，注明运输费700元、增值税税额63元，款项以转账支票付讫。材料尚未运到。

（3）10日，上月购入的铝材一批，验收入库，实际成本为45 800元，货款已于上月支付。

（4）15日，接受外商捐赠材料一批，对方提供增值税专用发票，注明买价65 000元、增值税税额8 450元；企业以转账支票支付运杂费2 000元，取得增值税专用发票注明，增值税税额180元；材料已验收入库。

（5）19日，从光大公司购入的钢材到达验收入库，实收2 400千克，短缺600千克，经查属于光大公司少发（短缺部分不负担运杂费），双方确认不再补发。

（6）24日，企业接受投资者投入材料一批，投资协议确定的公允价值为50 000元，收到投资方开出的增值税专用发票，注明增值税税额6 500元。

（7）26日，收到光大公司退回的少发的钢材增值税红字发票及货款。

（8）29日，仓库交来收料单，收到光大公司发来的铝材4 000千克，发票账单尚未收到。

（9）31日，当月生产车间自制加工的材料完工验收入库，实际成本为2 680元。

（10）31日，收回委托加工的材料一批并已验收入库，实际成本共计600元。

（11）31日，根据当月领料单编制的发料凭证汇总表如表3-17所示。

（12）31日，本月29日收到的铝材的发票账单仍没有收到，暂估价20 000元入账。

（13）31日，发现盘亏原材料一批，经查属于自然灾害造成的毁损，已按管理权限报经批准。该批原材料的实际成本为100 000元，增值税税额为13 000元。

表3-17   发料凭证汇总表

2020年12月31日   单位：元

领用部门及用途		A材料	B材料	合　计
基本生产车间	甲产品	124 000	87 000	211 000
	乙产品	148 000	36 000	184 000
	小　计	272 000	123 000	395 000
供电车间		8 660	12 000	20 660
基本生产车间一般耗用	一车间	5 400		5 400
	二车间	6 000		6 000
	小　计	11 400		11 400
管理部门		2 100		2 100
销售部门		1 500	300	1 800
工程领用		500 000		500 000
合　计		807 060	135 300	942 360

要求：根据以上经济业务资料编制会计分录。

（二）

资料：万顺达股份有限公司为增值税一般纳税人，原材料采用计划成本核算，2020年2月初"原材料"账户借方余额为15 000元，"材料成本差异"账户贷方余额为600元，月末一次结转购入材料成本差异。10月发生下列经济业务。

（1）2日，上月甲公司发来的在途A材料到达并验收入库，实际成本为21 300元，计划成本为20 000元。货款已于上月预付，本月开出转账支票补付差价款5 000元。

（2）5日，向乙公司采购B材料，取得增值税专用发票，注明价款10 000元、增值税税额1 300元，对方代垫运杂费500元（未取得增值税专用发票）。全部款项以银行汇票支付，材料已运达验收入库，计划成本为9 000元。

（3）10日，向甲公司购入A材料，取得增值税专用发票，注明价款150 000元、增值税税额19 500元。企业签发并承兑一张票面价值为169 500元、1个月到期的商业汇票结算材料款项，该批材料已验收入库，计划成本为160 000元。

（4）12日，向丙公司购入C材料4 000千克，取得增值税专用发票，注明价款20 000元、增值税税额2 600元。货款已通过银行转账支付，材料尚未收到。

（5）18日，向丙公司采购的C材料运到，实际验收入库3 930千克，短缺70千克属于定额内合理损耗。C材料计划单位成本为4元/千克。

（6）20日，按照合同规定，向丁公司预付购料款50 000元，已开出转账支票支付。

（7）25日，向乙公司购入B材料，发票账单已收到，材料价款60 000元，增值税税额7 800元。材料已验收入库，计划成本为60 000元，货款尚未支付。

（8）28日，结转本月购入材料的成本差异。

（9）28日，根据发料凭证汇总表，本月发出材料计划成本130 000元，其中：生产产品领用120 000元，车间管理部门领用6 000元，厂部管理部门领用4 000元。

要求：

（1）根据上述资料编制会计分录；

（2）计算2月的材料成本差异率并分摊差异，编制会计分录。

（三）

资料：鑫鑫公司为一家综合商贸批发企业，为增值税一般纳税人。库存商品采用数量进价金额核算，2020年8月发生下列经济业务。

（1）2日，向本市甲公司购进A商品50件，每件进价为1 000元，取得增值税专用发票，注明价款50 000元、增值税税额6 500元。当日签发转账支票付款。

（2）6日，从外地采购B商品一批，增值税专用发票注明价款40 000元、增值税税额5 200元，供货方代垫运费1 200元及增值税税额108元，取得增值税专用发票。公司以银行存款支付货款，商品尚未验收入库。

（3）12日，向丙制笔企业购进钢笔2 000支，不含税单价为20元，商品已验收入库，价税款以银行存款支付，取得增值税专用发票。另以现金支付运杂费150元，未取得增值税专用发票。

（4）15日，向乙公司购进C商品8 000千克，单价为2元，增值税专用发票注明税额2 080元。收到银行转来的委托收款结算凭证付款通知联，商品未到，货款尚未支付。

（5）20日，销售A商品50件，每件不含税售价为1 200元，开具增值税专用发票。商品已发出，收到对方签发的1个月期、面值为69 600元的不带息商业承兑汇票一张。

（6）31日，汇总本月除上述A商品外的其他商品销售收入总额890 000元（不含税）。全部价税款项均收到存入银行。

（7）31日，采用毛利率法计算并结转当月销售成本，二季度实际毛利率为20%。

要求：根据上述资料编制会计分录。

（四）

资料：晶都商场设有百货、食品、服装等柜组，会计核算采用售价金额核算法。2020年10月有关商品流转业务如下。

（1）3日，购进服装一批，货款共计58 000元，其中价款50 000元、增值税税额6 500元，进货运费200元、增值税税额18元，随运费支付保险费400元及增值税税额24元。均取得增值税专用发票，全部款项以银行存款支付，商品尚未验收入库。

（2）5日，购进服装收到，由服装组验收入库，该批服装零售价为70 200元。

（3）8日，购进食品一批，货款共计33 900元，其中价款30 000元、增值税税额3 900元。商品已交食品柜组验收，全部款项以银行存款支付。该商品零售价46 800元。

（4）15日，购进小百货一批，商品已于当日收到并由百货组验收入库，该批商品零售价为17 605元。同日收到委托收款结算凭证付款通知联，货款共计13 560元，其中价款12 000元、增值税税额1 560元；供货方垫付商品进货运费500元、装卸费200元、增值税税额57元，取得增值税专用发票。

（5）20日，以银行存款支付15日购进小百货的全部货款及垫付的进货运费和装卸费。

（6）31日，销货日报表汇总表列示，本月小百货组实现销售收入63 280元（含税），货款在销售当日全部收到并送存银行，确认销售收入。计算增值税销项税额，同时按售价结转转商品销售成本。

（7）31日，已知小百货组期初商品进销差价余额为13 200元，期初库存商品余额为38 000元。计算并结转本月小百货组当月已销商品实现的进销差价。

要求：根据上述资料编制会计分录。

（五）

资料：万顺达股份有限公司对包装物和低值易耗品均采用实际成本计价法核算，包装物采用一次转销法；低值易耗品中，专用工具采用五五摊销法，其余采用一次转销法。2020年5月发生相关业务资料如下。

（1）向甲公司购入包装物一批，取得增值税专用发票，注明价款50 000元、增值税税额6 500元，款项以银行存款支付，包装物已验收入库。

（2）基本生产车间生产A产品领用包装物500个，实际成本为15 000元。

（3）出租给乙商贸公司包装物100个，出租期为1个月，租金为每个10元。包装物每个实际成本为30元。收取押金3 500元存入银行。

（4）销售部门为促进产品销售领用包装物一批，该批包装物随产品出售不单独计价，实际成本为2 500元。

（5）销售部门为销售产品领用包装物一批，实际成本为4 000元。该批包装物已随产品销售，单独计算不含税售价为5 000元，增值税税额为650元，款项收讫存入银行。

（6）出借给丙公司的包装物到期收回，原出借80个，现收回70个。没收押金850元，其中增值税税额为98元。原收取押金4 250元，现退回押金余额3 400元。

（7）以前出租给丁公司的包装物到期收回，原出租100个，现收回80个。原收取押金4 000

元，现抵扣租金 900 元和增值税税额 117 元；同时没收押金 175 元，退回押金余额 2 808 元。

（8）从外地购入一批专用工具，取得增值税专用发票，注明价款 3 000 元、增值税税额 390 元，运杂费 120 元（未取得合法扣税凭证），款项以银行存款支付，专用工具已验收入库。

（9）上月已付款的办公用具一批已到达验收入库，实际成本为 20 000 元。

（10）基本生产车间领用专用工具一批，实际成本为 36 000 元。

（11）管理部门领用办公用具一批，实际成本为 2 000 元。

（12）生产车间报废专用工具一批，原实际成本为 5 000 元，收回残料作价 200 元，作辅助材料入库。

要求：

（1）根据上述（1）至（7）资料编制包装物相关会计分录。

（2）根据上述（8）至（12）资料编制低值易耗品相关会计分录。

参考答案

一、理论知识题

（一）单项选择题

1. D　2. C　3. B　4. C　5. B　6. D　7. C　8. C

（二）多项选择题

1. ABC　2. ABC　3. ACD　4. ABC　5. AC　6. ABC　7. AC　8. ABC

（三）判断题

1. ×　2. √　3. ×　4. ×　5. √　6. ×　7. ×　8. √

二、分项能力题

（一）单项选择题

1. A　2. A　3. B　4. A　5. C　6. C　7. A　8. C

（二）多项选择题

1. ACD　2. ABCD　3. AC　4. ABCD

5. ABCD　6. ABCD　7. ACD　8. ABCD

三、综合分析题

（一）

（1）借：原材料——铝材　43 000

　　　应交税费——应交增值税（进项税额）　5 550

　　贷：银行存款　48 550

（2）借：在途物资——钢材　60 700

　　　应交税费——应交增值税（进项税额）　7 863

　　贷：应付票据　67 800

　　　银行存款　763

（3）借：原材料——铝材 45 800

　　　贷：在途物资——铝材 45 800

（4）借：原材料 67 000

　　　　应交税费——应交增值税（进项税额） 8 630

　　　贷：营业外收入 73 450

　　　　　银行存款 2 180

（5）借：原材料 48 700

　　　　应收账款 12 000

　　　贷：在途物资 60 700

（6）借：原材料 50 000

　　　　应交税费——应交增值税（进项税额） 6 500

　　　贷：实收资本 56 500

（7）借：银行存款 13 560

　　　贷：应交税费——应交增值税（进项税额转出） 1 560

　　　　　应收账款 12 000

（8）暂不做分录

（9）借：原材料 2 680

　　　贷：生产成本 2 680

（10）借：原材料 600

　　　　贷：委托加工物资 600

（11）借：生产成本——基本生产成本——甲产品 211 000

　　　　　　　　　　　　　　　——乙产品 184 000

　　　　生产成本——辅助生产成本——供电车间 20 660

　　　　制造费用——一车间 5 400

　　　　　　　　——二车间 6 000

　　　　管理费用 2 100

　　　　销售费用 18 000

　　　　在建工程 500 000

　　　贷：原材料——A材料 807 060

　　　　　　　　——B材料 135 300

（12）借：原材料 20 000

　　　　贷：应付账款——暂估应付款 20 000

（13）借：待处理财产损溢——待处理流动资产损溢 100 000

　　　　贷：原材料 100 000

　　　借：营业外支出 100 000

　　　　贷：待处理财产损溢——待处理流动资产损溢 100 000

（二）

（1）

① 借：原材料 20 000

　　贷：材料采购——A材料 20 000

借：预付账款	5 000	
贷：银行存款		5 000
② 借：材料采购——B 材料	10 500	
应交税费——应交增值税（进项税额）	1 300	
贷：其他货币资金——银行汇票		11 800
借：原材料	9 000	
贷：材料采购——B 材料		9 000
③ 借：材料采购——A 材料	150 000	
应交税费——应交增值税（进项税额）	19 500	
贷：应收票据		169 500
借：原材料	160 000	
贷：材料采购——A 材料		160 000
④ 借：材料采购——C 材料	20 000	
应交税费——应交增值税（进项税额）	2 600	
贷：银行存款		22 600
⑤ 借：原材料	15 720	
贷：材料采购——C 材料		15 720
⑥ 借：预付账款	50 000	
贷：银行存款		50 000
⑦ 借：材料采购——B 材料	60 000	
应交税费——应交增值税（进项税额）	7 800	
贷：应付账款		67 800
借：原材料	60 000	
贷：材料采购——B 材料		60 000
⑧ 借：材料采购	2 920	
贷：材料成本差异		2 920
⑨ 借：生产成本	120 000	
制造费用	6 000	
管理费用	4 000	
贷：原材料		130 000

（2）

材料成本差异率＝（－600－2 920）/（15 000＋264 720）＝－1.26%

借：材料成本差异	1 638	
贷：生产成本		1 512
制造费用		75.6
管理费用		50.4

（三）

（1）

借：库存商品	50 000	
应交税费——应交增值税（进项税额）	6 500	
贷：银行存款		56 500

（2）借：在途物资 41 200

应交税费——应交增值税（进项税额） 5 308

贷：银行存款 46 508

（3）借：库存商品 40 150

应交税费——应交增值税（进项税额） 5 200

贷：银行存款 45 200

库存现金 150

（4）借：在途物资 16 000

应交税费——应交增值税（进项税额） 2 080

贷：应付账款 18 080

（5）借：应收票据 67 800

贷：主营业务收入 60 000

应交税费——应交增值税（销项税额） 7 800

（6）借：银行存款 1 005 700

贷：主营业务收入 890 000

应交税费——应交增值税（销项税额） 115 700

（7）销售成本＝（890 000＋60 000）×（1－20%）＝760 000

借：主营业务成本 760 000

贷：库存商品 760 000

（四）

（1）借：在途物资 50 600

应交税费——应交增值税（进项税额） 6 542

贷：银行存款 57 142

（2）借：库存商品——服装组 70 200

贷：在途物资 50 600

商品进销差价——服装组 19 600

（3）借：库存商品——食品组 46 800

应交税费——应交增值税（进项税额） 3 900

贷：银行存款 33 900

商品进销差价——食品组 16 800

（4）借：库存商品——百货组 17 605

应交税费——应交增值税（进项税额） 1 617

贷：应付账款 14 317

商品进销差价——百货组 4 905

（5）借：应付账款 14 317

贷：银行存款 14 317

（6）借：银行存款 63 280

贷：主营业务收入——百货组 56 000

应交税费——应交增值税（销项税额） 7 280

借：主营业务成本 63 280

贷：库存商品——百货组 63 280

（7）百货差价率＝（13 200＋4 905）/（38 000＋17 605）＝32.56%

销售商品应分摊的进销差价＝56 000×32.56%＝18 233.6 元

借：商品进销差价——百货组 18 233.6

　　贷：主营业务成本——百货组 18 233.6

（五）

（1）借：周转材料——包装物 50 000

　　　应交税费——应交增值税（进项税额） 6 500

　　　贷：银行存款 56 500

（2）借：生产成本 15 000

　　　贷：周转材料——包装物 15 000

（3）借：银行存款 3 500

　　　贷：其他应付款——存入保证金 3 500

　　借：其他业务成本 3 000

　　　贷：周转材料——包装物 3 000

（4）借：销售费用 2 500

　　　贷：周转材料——包装物 2 500

（5）借：银行存款 5 650

　　　贷：其他业务收入 5 000

　　　　　应交税费——应交增值税（销项税额） 650

　　借：其他业务成本 4 000

　　　贷：周转材料——包装物 4 000

（6）借：其他应付款——存入保证金 4 250

　　　贷：其他业务收入 752

　　　　　应交税费——应交增值税（销项税额） 98

　　　　　银行存款 3 400

（7）借：其他应付款——存入保证金 4 000

　　　贷：其他业务收入 1 055（900＋175/1.13）

　　　　　应交税费——应交增值税（销项税额） 137（117＋175－155）

　　　　　银行存款 2 808

（8）借：周转材料——低值易耗品 3 120

　　　应交税费——应交增值税（进项税额） 390

　　　贷：银行存款 3 510

（9）借：周转材料——低值易耗品 20 000

　　　贷：在途物资 20 000

（10）借：周转材料——在用低值易耗品 36 000

　　　贷：周转材料——在库低值易耗品 36 000

　　借：制造费用 18 000

　　　贷：周转材料——低值易耗品摊销 18 000

（11）借：管理费用 2 000

　　　贷：周转材料——低值易耗品 2 000

（12）借：制造费用   2 500

   贷：周转材料——低值易耗品摊销   2 500

  借：周转材料——低值易耗品摊销   5 000

   贷：周转材料——在用低值易耗品   5 000

  借：原材料   200

   贷：制造费用   200

任务二 固定资产核算

基本内容框架

- **固定资产认知：固定资产概念、特征、分类、确认**
- **固定资产取得核算：账户设置及典型业务核算**
- **固定资产折旧核算：折旧的概念及影响因素、折旧计提范围、折旧额计算及核算方法**
- **固定资产后续支出核算：资本化后续支出和费用化后续支出核算**
- **固定资产处置核算：处置的内容、账户设置及典型业务核算**
- **固定资产清查和减值核算**

主要知识点分析

一、固定资产的概念和特征

固定资产是指为生产商品、提供劳务、出租或经营管理而持有，使用寿命超过一个会计年度，单位价值较高的有形资产。固定资产有三大特征：持有的目的是为了生产商品、提供劳务、出租或经营管理的需要；使用寿命一般超过一个会计年度；可以连续参加多次生产经营活动而不改变其实物形态。

二、固定资产的分类

固定资产以经济用途和使用情况综合为标志可分为七类：生产经营用固定资产、非生产经营用固定资产、租出固定资产、不需用固定资产、未使用固定资产、土地和融资租入固定资产。

三、固定资产取得的核算

固定资产取得核算中的主要知识点如表3-18所示。

表 3-18   固定资产取得核算中的主要知识点

项　目	内　容
确认条件	某项资产同时符合下列条件时可确认为固定资产：符合固定资产定义；与该固定资产有关的经济利益很可能流入企业；该固定资产的成本能够可靠计量 【注意】①备品备件和维修设备通常应确认为存货，如果其需要与相关固定资产组合发挥效用，应确认为固定资产；②固定资产的各组成部分如果具有不同的使用寿命或以不同的方式提供经济效益，从而适用不同的折旧率或折旧方法，应分别确认为单项固定资产
账户设置	"固定资产""在建工程""工程物资"

续表

项 目		内 容	
典型业务核算	外购	成本＝买价＋相关税费＋使固定资产达到预定可使用状态前所发生的可归属于该项资产的运输费、装卸费、安装费、专业人员服务费等 【注意】①相关税费包括关税、契税、车辆购置税、耕地占用税等。②增值税的处理：一般纳税人购入固定资产支付的增值税，符合条件可以作为进项税额抵扣，不计入固定资产成本。③购买固定资产的价款超过正常信用条件延期支付，实质上具有融资性质，该固定资产的成本应以购买价款的现值为基础确定	

	外购	① 购入不需要安装的固定资产
		验收交付使用时
		借：固定资产等
		    贷：银行存款等
			② 购入需要安装的固定资产
			• 购入待安装设备时
			借：在建工程等
			    贷：银行存款等
			• 支付安装设备款时
			借：在建工程
			    贷：银行存款等
			• 安装完毕交付使用时
			借：固定资产
			    贷：在建工程

典型业务核算	自行建造	成本＝工程用物资成本＋人工成本＋相关税费＋应予资本化的借款费用及应分摊的间接费用等 【注意】建造固定资产取得土地使用权支付的土地出让金，应确认为无形资产，不构成固定资产成本	

	自行建造	① 自营方式
		• 外购工程物资
		借：工程物资
		    应交税费——应交增值税（进项税额）
		    贷：银行存款等
		• 领用工程物资
		借：在建工程
		    贷：工程物资
		• 自产产品或外购原材料用于动产与不动产建造
		借：在建工程
		    贷：库存商品、原材料
		• 计提工程人员工资
		借：在建工程
		    贷：应付职工薪酬
		• 辅助生产部门劳务支出
		借：在建工程
		    贷：生产成本——辅助生产成本
		• 满足资本化条件的借款费用
		借：在建工程
		    贷：应付利息等
		• 工程达到预定可使用状态前试运行费用
		借：在建工程
		    贷：银行存款等
		• 工程试运行产生的收入
		借：银行存款等
		    贷：在建工程
			② 出包方式
			• 预付工程款
			借：预付账款
			    贷：银行存款
			• 工程发生的管理费、临时设施费、公证费、监理费、可行性研究费及应负担的税费等
			借：在建工程——待摊支出
			    贷：银行存款等
			• 结算工程款并补付剩余工程款
			借：在建工程
			    贷：银行存款
			        预付账款
			• 在建工程达到预定可使用状态，分配待摊支出
			待摊支出分配率＝累计发生的待摊支出/（建筑工程支出＋安装工程支出＋在安装设备支出）×100%
			• 某工程应分配的待摊支出＝某工程的建筑工程成本、安装工程成本和在安装设备成本合计×分配率
			借：在建工程——××工程
			    贷：在建工程——待摊支出
			工程达到预定可使用状态前试运行发生的费用或收入，及工程达到预定可使用状态的账务处理同自营方式

续表

项　目		内　容	
典型业务核算	自行建造	• 工程达到预定可使用状态 借：固定资产 　　贷：在建工程 【注意】工程达到预定可使用状态但尚未办理竣工决算的，按暂估价值转入固定资产并计提折旧，待决算后再按实际成本调整暂估价值，但不需调整已经计提的折旧	
	其他方式	① 接受投资。固定资产成本按合同或协议的公允价值确认，公允价值与合同约定价之间的差额计入资本公积 借：固定资产等 　　贷：实收资本 　　　　资本公积——资本溢价	② 接受捐赠。捐赠方提供凭证的，按凭证上标明的金额加上应支付的相关税费作为固定资产成本；捐赠方未提供有关凭证的，按市价或同类固定资产的市价，加应支付的相关税费作为固定资产成本 借：固定资产等 　　贷：营业外收入——捐赠利得

四、固定资产折旧的核算

（1）固定资产折旧的概念及影响因素中的主要知识点如表3-19所示。

表 3-19　　　　　　　固定资产折旧的概念及影响因素中的主要知识点

项　目	内　容
概念	固定资产折旧是指固定资产在使用过程中逐渐损耗的那部分价值
影响因素	①固定资产的原价；②预计净残值，即固定资产报废时可以收回的残余价值扣除预计清理费用后的净额；③预计使用年限

（2）固定资产折旧的计提范围及计提规则中的主要知识点如表3-20所示。

表 3-20　　　　　　　固定资产折旧的计提范围及计提规则中的主要知识点

项　目	内　容
范围	除下列情况外，企业应对所有的固定资产计提折旧：①已提足折旧仍继续使用的固定资产；②单独计价入账的土地。 【提示】①计提：未使用的、大修理停用的固定资产均需计提折旧，前者的折旧费计入管理费用，后者的折旧费仍计入相关资产成本或当期费用；②不计提：提前报废的固定资产不再补提折旧；改扩建过程中的固定资产转入在建工程核算期间，不提折旧；经营租入和融资租出固定资产不计提折旧
规则	当月增加，当月不提，从下月起计提；当月减少，当月计提，从下月起不再计提

（3）固定资产的折旧计算与核算中的主要知识点如表3-21所示。

表 3-21　　　　　　　固定资产的折旧计算与核算中的主要知识点

项　目			内　容
折旧方法	平均折旧法	年限平均法	年折旧率＝（1－预计净残值率）/预计使用年限×100% 月折旧率＝年折旧率/12 月折旧额＝固定资产原价×月折旧率，年折旧额 ＝（原值－预计净残值）/预计使用年限

续表

项 目			内 容
折旧方法	平均折旧法	工作量法	单位工作量折旧额＝固定资产原价×（1－预计净残值率）/预计总工作量
			某项固定资产月折旧额＝该项固定资产当月工作量×单位工作量折旧额
	加速折旧法	双倍余额递减法	年折旧率＝2/预计使用寿命（年）×100%
			月折旧率＝年折旧率/12
			折旧额＝每年年初固定资产账面净值×折旧率
			【特点】折旧率固定；前期折旧时，先不考虑净残值；最后两年，将固定资产账面净值扣除预计净残值后的余额平均摊销
		年数总和法	年折旧率＝尚可使用年限/预计使用年限的年数总和×100%
			月折旧率＝年折旧率/12
			折旧额＝（固定资产原价－预计净残值）×折旧率
账务处理	企业计提固定资产折旧，应根据用途计入相关资产成本或当期损益 借：制造费用（生产用） 　　管理费用（企业管理部门用或未使用） 　　销售费用（销售部门用） 　　其他业务成本（出租） 　　研发支出（企业研发无形资产时使用） 　贷：累计折旧 【提示】固定资产使用寿命、预计净残值和折旧方法的改变应当作为会计估计变更进行账务处理		

五、固定资产后续支出的核算

固定资产后续支出核算中的主要知识点如表 3-22 所示。

表 3-22　　　　　　　　　　固定资产后续支出核算中的主要知识点

项 目	内 容	
原则	后续支出符合固定资产确认条件的，应计入固定资产成本，同时将被替换部分的账面价值扣除；不符合资本化条件的，计入当期损益。【注意】扣除的部分是指账面价值，不是账面原价	
	定期检查大修理费用，有确凿证据表明符合固定资产资本化条件的部分，可以计入固定资产成本，不符合的应当费用化，计入当期损益	
资本化的	① 转入改扩建时 借：在建工程 　　累计折旧 　　固定资产减值准备 　贷：固定资产	③ 结转被替换部分的账面价值 借：营业外支出 　贷：在建工程
	② 发生改扩建支出时 借：在建工程 　贷：应付职工薪酬、原材料等	④ 达到预定可使用状态时 借：固定资产 　贷：在建工程
费用化的	① 固定资产日常修理费用应费用化，直接计入管理费用或销售费用；②固定资产更新改造支出不满足资本化条件的，应当直接计入当期损益	

【提示】经营租入固定资产改良支出，通过"长期待摊费用"账户核算，并在剩余租赁期与租赁资产尚可使用年限两者中较短的期间内，采用合理方法进行摊销

六、固定资产处置的核算

固定资产处置核算中的主要知识点如表 3-23 所示。

表 3-23 固定资产处置核算中的主要知识点

项　目	内　容	
终止确认条件	固定资产满足下列条件之一的，应当予以终止确认：①该固定资产处于处置状态；②该固定资产预期通过使用或处置不能产生经济利益	
账户设置	"固定资产清理""资产处置损益"	
出售、报废和毁损的核算	① 固定资产转入清理 借：固定资产清理 　　固定资产减值准备 　　累计折旧 　贷：固定资产	③ 取得变价收入、残值收入、保险赔款收入 借：银行存款 　　原材料 　　其他应收款 　贷：固定资产清理
	② 发生相关费用 借：固定资产清理 　贷：银行存款 　　　应交税费等	④ 清理完毕，结转固定资产清理净损益分两种情形处理： 第一种：报废和毁损净损益转入营业外收入或营业外支出 借：营业外支出 　贷：固定资产清理 或：借：固定资产清理 　　　贷：营业外收入 【提示】若属于筹建期间的清理损益，则计入管理费用 第二种：出售净损益，转处"资产处置损益" 借：固定资产清理 　贷：资产处置损益 或做相反处理

七、固定资产清查和减值

固定资产清查和减值中的主要知识点如表 3-24 所示。

表 3-24 固定资产清查和减值中的主要知识点

项　目		内　容	
固定资产清查核算	盘亏	账户设置	"待处理财产损溢"	
		账务处理	发生时 借：待处理财产损溢 　　累计折旧 　　固定资产减值准备 　贷：固定资产	批准处理时 借：营业外支出 　贷：待处理财产损溢
	盘盈	账户设置	"以前年度损益调整""利润分配——未分配利润"	
		账务处理	盘盈固定资产作为前期差错更正处理 借：固定资产 　贷：以前年度损益调整	

续表

项 目		内 容
固定资产减值核算	内涵	固定资产在资产负债表日，经测算其可收回金额低于账面价值的，企业应当将该固定资产的账面价值减记至可收回金额
	账户设置	"固定资产减值准备""资产减值损失"
	账务处理	借：资产减值损失 　　贷：固定资产减值准备
	【提示】①"账面价值"与"账面余额"的比较：资产的账面余额是指某账户借贷方相抵后的余额，不扣除备抵账户金额（如相关资产的折旧、摊销、减值准备金额）；资产的账面价值是指某账户的账面余额减去相关备抵账户后的金额；②固定资产减值损失一经确认，在以后会计期间不得转回	

任务训练

一、理论知识题

（一）单项选择题

1. 下列各项中，属于固定资产的有（　　）。
   A. 以经营租赁方式租入的房屋　　　　B. 以融资租赁方式租入的生产设备
   C. 周转使用的包装容器　　　　　　　D. 周转使用的各种管理用具物品

2. 下列各项中，不构成固定资产成本的是（　　）。
   A. 购入生产设备支付的运输费
   B. 自建固定资产购入的各类工程物资成本
   C. 一般纳税人购入生产设备支付的增值税
   D. 购入固定资产发生的专业人员服务费

3. 下列房屋应计提折旧的是（　　）。
   A. 未提足折旧提前处置的房屋　　　　B. 闲置不用的房屋
   C. 已提足折旧继续使用的房屋　　　　D. 经营租入的房屋

4. 下列关于融资租入固定资产计提折旧的说法正确的是（　　）。
   A. 由出租方计提折旧　　　　　　　　B. 由承租方计提折旧
   C. 租赁双方协商确定由一方计提折旧　D. 双方均需计提折旧

5. 下列关于年数总和法下年折旧率的计算公式正确的是（　　）。
   A. 年折旧率＝2/预计使用寿命（年）×100%
   B. 年折旧率＝尚可使用年限/预计使用年限的年数总和×100%
   C. 年折旧率＝（1－预计净残值率）/预计使用年限×100%
   D. 年折旧率＝固定资产原价×（1－预计净残值率）/预计年总工作量

6. 下列关于"累计折旧"账户的说法错误的是（　　）。
   A. 属于资产类账户　　　　　　　　　B. 借方登记折旧增加，贷方登记折旧减少
   C. "固定资产"账户的备抵调整账户　D. 期末余额在贷方表示累计折旧额

7. "固定资产清理"账户，借方登记（　　）。
   A. 转入清理固定资产净值、清理费用支出及转销的固定资产清理净收益

    B. 清理固定资产的变价收入

    C. 由保险公司或过失人承担的损失

    D. 转销固定资产清理的净损失

8. 下列关于固定资产的账面价值的计算公式正确的是（　　　　）。

    A. 固定资产账面价值＝"固定资产"账户期末余额

    B. 固定资产账面价值＝"固定资产"账户期末余额－"累计折旧"账户期末余额

    C. 固定资产账面价值＝"固定资产"账户期末余额－"累计折旧"账户期末余额－"固定资产减值准备"账户期末余额

    D. 固定资产账面价值＝"固定资产"账户期末余额－"固定资产减值准备"账户期末余额

（二）多项选择题

1. 下列各项目，应计入固定资产成本的有（　　　　）。

    A. 固定资产日常修理发生的人工费用

    B. 固定资产安装过程中领用的原材料

    C. 固定资产达到预定可使用状态后发生的专门借款利息

    D. 固定资产安装过程中支付的人工费用

2. 核算购入需要安装固定资产发生的安装费用支出可能涉及的账户有（　　　　）。

    A. 固定资产　　　　　B. 在建工程　　　　　C. 管理费用　　　　　D. 长期待摊费用

3. 下列业务需要通过"在建工程"账户核算的有（　　　　）。

    A. 不需安装的固定资产　　　　　　　　B. 需要安装的固定资产

    C. 房屋改扩建工程　　　　　　　　　　D. 费用化的固定资产后续支出

4. 下列项目会影响固定资产折旧的有（　　　　）。

    A. 固定资产原价　　　　　　　　　　　B. 预计净残值

    C. 固定资产减值准备　　　　　　　　　D. 固定资产的使用寿命

5. 下列固定资产不需计提折旧的有（　　　　）。

    A. 土地　　　　　　　　　　　　　　　B. 当月减少的固定资产

    C. 大修理停用的固定资产　　　　　　　D. 未提足折旧提前报废的固定资产

6. 下列各项目会引起固定资产账面价值发生变化的有（　　　　）。

    A. 计提固定资产减值准备　　　　　　　B. 计提固定资产折旧

    C. 固定资产改扩建　　　　　　　　　　D. 固定资产日常修理

7. 下列事项可能影响年度利润表中当年营业利润的有（　　　　）。

    A. 计提管理部门不需用固定资产的折旧费

    B. 计提固定资产减值损失

    C. 购买固定资产支付的运杂费

    D. 管理部门设备发生的修理支出

8. 下列关于固定资产处置的说法正确的有（　　　　）。

    A. 当某项固定资产处于处置状态时，应当终止确认该项固定资产

    B. 对固定资产出售、报废或者毁损进行账务处理时，应通过"固定资产清理"账户

    C. 出售固定资产清理净损失，应该计入"营业外支出"账户

    D. 对外投资的固定资产，不需要通过"固定资产清理"账户核算

（三）判断题

1. 以出包方式建造固定资产支付给建造商的预付款应在资产负债表流动资产项目列示。
（　　）

2. 已达到预定可使用状态，但尚未办理竣工结算的固定资产，应待办理竣工结算后再计提折旧。
（　　）

3. 按双倍余额递减法计提的折旧额在任何时期都大于按平均年限法计提的折旧额。（　　）

4. 季节性停用或大修理停用的固定资产属于使用中的固定资产，应照提折旧。（　　）

5. 固定资产减值损失一经确认在以后会计期间不得转回。（　　）

6. 固定资产折旧方法的选择只影响资产负债表的资产总额，不影响利润表的利润总额。（　　）

7. 盘盈的固定资产应通过"待处理财产损溢"账户核算。（　　）

8. 与固定资产有关的后续支出，无论金额大小，均应计入固定资产成本。（　　）

二、分项能力题

（一）单项选择题

1. 甲公司为增值税一般纳税人，2020 年 8 月 10 日购入一台不需安装的机器设备，取得增值税专用发票，注明价款 100 000 元、增值税税额 13 000 元，另支付运费 2 000 元、包装费 1 000 元、相关增值税税额 240 元，均取得增值税专用发票，款项均以银行存款支付。甲公司购入设备的入账价值为（　　）元。

  A. 120 000　　　　B. 103 000　　　　C. 102 000　　　　D. 101 000

2. 甲公司为增值税一般纳税人，2020 年 12 月 10 日购入一台需要安装的生产设备，取得的增值税专用发票上注明的价款为 100 万元、增值税税额 13 万元，运费及增值税税额为 1.09 万元。设备安装时，领用自产产品一批，其账面成本为 5 万元，公允价值（等于计税价格）为 8 万元，安装人员工资为 10 万元，设备操作人员培训费为 2 万元，则该固定资产的入账价值为（　　）万元。

  A. 116　　　　　B. 116.09　　　　C. 121.04　　　　D. 131.09

3. 某企业 2018 年 12 月 25 日购入一台设备，原值为 90 万元，预计使用年限为 5 年，预计净残值为 6 万元，按年数总和法计提折旧，则 2020 年应计提的折旧额为（　　）万元。

  A. 16.8　　　　　B. 21.6　　　　　C. 22.4　　　　　D. 24

4. 甲公司 2019 年 3 月购入并投入使用的不需要安装设备一台，原值为 860 万元，预计使用年限为 5 年，预计净残值为 2 万元，采用双倍余额递减法计提折旧，则 2020 年应计提的折旧额为（　　）万元。

  A. 240.8　　　　B. 344　　　　　C. 206.4　　　　D. 258

5. 2020 年 3 月甲公司出售一台生产设备，原价为 120 万元，已提折旧 30 万元，出售设备时发生各种费用 2 万元，出售设备所得价款为 113 万元（含增值税税额 13 万元）。假设该设备 2018 年 8 月购入，则设备出售净收益为（　　）万元。

  A. 27　　　　　　B. 8　　　　　　C. 25　　　　　　D. 10

6. 甲公司对 A 设备进行改良，该设备原价为 2 000 万元，已提折旧 600 万元，已提减值准备 300 万元，改良中发生各项资本化支出共计 500 万元。改良时被替换部分的账面价值为 150 万元。则改良后固定资产的入账价值为（　　）万元。

  A. 1 100　　　　B. 1 450　　　　C. 1 517.5　　　　D. 2 000

7. 2020 年 3 月 31 日，甲公司对经营租入的某固定资产进行改良。2020 年 4 月 26 日改良工程达到预定可使用状态，发生累计支出 120 万元，该经营租入固定资产剩余租赁期为 2 年，预计尚可使用年限为 6 年。假定改良支出采用直线法摊销，则 2020 年度甲公司应摊销的金额为（　　）万元。

  A. 15   B. 40   C. 17.5   D. 20

8. 2020 年 12 月 31 日，甲公司的某生产线存在可能发生的减值迹象。经计算，该生产线的可收回金额为 100 万元，账面原价为 200 万元，已提折旧 60 万元，以前年度未对该生产线计提减值准备。该固定资产 2020 年 12 月 31 日应计提的减值准备为（　　）万元。

  A. 40   B. 0   C. 100   D. 60

（二）多项选择题

1. 甲公司为增值税一般纳税人，2020 年 9 月购入需要安装的生产设备一台，取得增值税专用发票，注明货款 200 000 元、增值税税额 26 000 元，取得增值税专用发票，注明运输费 3 000 元、增值税 270 元，发生安装费 27 000 元、增值税税额 2 430 元，以上款项全部以转账支票付讫。设备安装完毕并交付使用。甲公司对上述业务的账务处理正确的有（　　）。

  A. 借：在建工程——安装工程   200 000
      应交税费——应交增值税（进项税额）   26 000
        贷：银行存款   226 000
  B. 借：在建工程——安装工程   3 000
      应交税费——应交增值税（进项税额）   270
        贷：银行存款   3 270
  C. 借：在建工程——安装工程   27 000
      应交税费——应交增值税（进项税额）   2 430
        贷：银行存款   29 430
  D. 借：固定资产   230 000
        贷：在建工程——安装工程   230 000

2. 甲公司以出包方式建造厂房一幢，按规定预先支付工程款 500 000 元，工程竣工结算补付工程款 100 000 元及增值税税额 54 000 元，取得增值税专用发票，工程验收并交付使用。下列关于出包工程的账务处理正确的有（　　）。

  A. 借：在建工程——建筑工程   500 000
      银行存款   500 000
  B. 借：预付账款   500 000
        贷：银行存款   500 000
  C. 借：在建工程——出包工程   600 000
      应交税费——应交增值税（进项税额）   54 000
        贷：预付账款   500 000
          银行存款   154 000
  D. 借：在建工程——出包工程   154 000
        贷：银行存款   154 000

3. 甲公司对某一已使用 10 年的生产车间进行扩建，该车间账面原价为 2 000 000 元，累计折旧为 950 000 元。改造过程发生改扩建支出 550 000 元，发生变价收入 50 000 元。所有款项均通过银行转账结算收讫和付清，改良工程已完成。则甲公司对上述改建工程业务的账务处理正确的有（　　）。

A. 借：在建工程——生产车间改造　　　　　　　　　　　1 050 000
　　　累计折旧　　　　　　　　　　　　　　　　　　　 950 000
　　　　贷：固定资产——生产经营用　　　　　　　　　　　　　2 000 000

B. 借：在建工程——生产车间改造　　　　　　　　　　　 550 000
　　　　贷：银行存款　　　　　　　　　　　　　　　　　　　　 550 000

C. 借：银行存款　　　　　　　　　　　　　　　　　　　　 50 000
　　　　贷：在建工程——生产车间改造　　　　　　　　　　　　　50 000

D. 借：固定资产——生产经营用　　　　　　　　　　　1 510 000
　　　　贷：在建工程——生产车间改造　　　　　　　　　　　 1 510 000

4. 某企业于 2020 年 9 月 5 日对厂房进行改扩建。改扩建前该生产线账面原值为 300 000 元，已提折旧 180 000 元，已提减值准备 10 000 元；领用工程用物资 20 000 元；领用生产用原材料 5 000 元，原材料进项税额为 650 元。该厂房于 2020 年 11 月 20 日完工交付使用。下列与固定资产改扩建相关的会计分录正确的有（　　）。

A. 借：累计折旧　　　　　　　　　　　　　　　　　　 180 000
　　　固定资产减值准备　　　　　　　　　　　　　　　 10 000
　　　在建工程　　　　　　　　　　　　　　　　　　　 110 000
　　　　贷：固定资产　　　　　　　　　　　　　　　　　　　　300 000

B. 借：在建工程　　　　　　　　　　　　　　　　　　　 20 000
　　　　贷：工程物资　　　　　　　　　　　　　　　　　　　　 20 000

C. 借：在建工程　　　　　　　　　　　　　　　　　　　　5 000
　　　　贷：原材料　　　　　　　　　　　　　　　　　　　　　　5 000

D. 借：固定资产　　　　　　　　　　　　　　　　　　　 135 000
　　　　贷：在建工程　　　　　　　　　　　　　　　　　　　　135 000

5. 甲公司有一台设备，因使用期满经批准报废。该设备原价为 186 700 元，累计已提折旧 177 080 元，已计提减值准备 2 500 元。在清理过程中，以银行存款支付清理费用 5 000 元，残料变卖收入 6 500 元。甲公司下列相关业务账务处理正确的有（　　）。

A. 借：固定资产清理　　　　　　　　　　　　　　　　　　7 120
　　　累计折旧　　　　　　　　　　　　　　　　　　　 177 080
　　　固定资产减值准备　　　　　　　　　　　　　　　　2 500
　　　　贷：固定资产　　　　　　　　　　　　　　　　　　　　186 700

B. 借：固定资产清理　　　　　　　　　　　　　　　　　　5 000
　　　　贷：银行存款　　　　　　　　　　　　　　　　　　　　　5 000

C. 借：银行存款　　　　　　　　　　　　　　　　　　　　6 500
　　　　贷：固定资产清理　　　　　　　　　　　　　　　　　　　6 500

D. 借：营业外支出　　　　　　　　　　　　　　　　　　　5 620
　　　　贷：固定资产清理　　　　　　　　　　　　　　　　　　　5 620

6. 2020 年 12 月 3 日甲公司出售一台不再使用的生产设备（2015 年购入），原值为 200 000 元，已提折旧 50 000 元；双方协商作价 180 800 元，价款收到存入银行。对于上述业务甲公司下列处理正确的有（　　）。

A. 借：累计折旧   50 000
　　固定资产清理   150 000
　　贷：固定资产   200 000
B. 借：银行存款   180 800
　　贷：固定资产清理   160 000
　　　　应交税费——应交增值税（销项税额）   20 800
C. 借：固定资产清理   10 000
　　贷：营业外收入   10 000
D. 借：固定资产清理   10 000
　　贷：资产处置损益   10 000

7. 2019年1月1日，甲公司决定将2016年12月31日建成的办公楼通风设备改为中央空调。原有通风设备的建造成本为800万元，采用直线法计提折旧，预计净残值率为5%，预计使用年限为10年。改良期限为2019年1月1日至6月30日，发生改良收支业务如下：拆除原通风设备取得变价收入80万元存入银行；改良工程新发生支出3 975万元，全部以银行存款支付；该改良工程达到预定可使用状态，预计使用年限可延长5年，改良后中央空调的折旧方法和预计净残值率不变，预计能给企业带来的可收回金额为4 800万元。对于上述业务甲公司下列处理正确的有（　　　　）。

A. 截至2018年12月31日该通风设备已提折旧额为152万元，2019年1月1日转入改良工程
　　借：在建工程   6 480 000
　　　　累计折旧   1 520 000
　　　　贷：固定资产   8 000 000
B. 拆除设备变价收入存入银行
　　借：银行存款   800 000
　　　　贷：在建工程   800 000
C. 2019年1月1日至2019年6月30日发生改良支出
　　借：在建工程   39 750 000
　　　　贷：银行存款   39 750 000
D. 2019年6月30日改良工程完工
　　借：固定资产   45 430 000
　　　　贷：在建工程   45 430 000

三、综合分析题

资料：甲公司为增值税一般纳税人。2020年该公司与固定资产有关的业务资料如下。

（1）8月1日为自营建造生产线，购入工程用物资，取得增值税专用发票，注明价款2 000万元、增值税税额260万元，工程物资已验收入库，发生保险费80万元、增值税税额4.8万元，全部款项通过银行转账付讫。8月10日，甲公司开工建造生产线，工程领用工程物资2 080万元；安装期间领用生产用原材料实际成本为120万元；发生安装人员工资50万元。12月31日，该生产线达到预定可使用状态，当月投入使用。

（2）10月9日接受A公司投入生产设备一台，A公司账面显示该设备原值为60 000元，累计折旧为8 000元；投资双方合同确认价值50 000元并作为注册资本的增加，公允价值为61 000

元，设备已交付使用（假定不考虑增值税）。

（3）11月5日自B公司购入一台不需安装的旧设备，取得B公司开具的增值税专用发票，以银行存款支付设备款60 000元，增值税税额为7 800元。B公司记录的该设备原价为80 000元，已提折旧10 000元。

（4）12月31日盘盈设备一台，同类设备市场价格为65 000元，估计六成新，盘盈设备的处理已获批准。

（5）12月31日盘亏设备一台，账面显示原值为80 000元，已提折旧20 000元，已提减值准备5 000元，经查明是由于操作人员造成的毁损，应由过失人赔偿20 000元，假定不考虑增值税因素。

要求：根据甲公司上述资料编制有关会计分录。

参考答案

一、理论知识题

（一）单项选择题

1. B   2. C   3. B   4. B   5. B   6. B   7. A   8. C

（二）多项选择题

1. BD   2. AB   3. BC   4. ABCD   5. AD   6. ABC   7. ABD   8. ABD

（三）判断题

1. √   2. ×   3. ×   4. √   5. √   6. ×   7. ×   8. ×

二、分项能力题

（一）单项选择题

1. B   2. A   3. C   4. A   5. B   6. B   7. B   8. A

（二）多项选择题

1. ABCD   2. BC   3. ABCD   4. ABCD   5. ABCD   6. ABD   7. ABCD

三、综合分析题

（1）借：工程物资		20 800 000
应交税费——应交增值税（进项税额）		2 648 000
贷：银行存款		23 448 000
借：在建工程		22 500 000
贷：工程物资		20 800 000
原材料		1 200 000
应付职工薪酬		500 000
借：固定资产		22 500 000
贷：在建工程		22 500 000

　（2）借：固定资产　　　　　　　　　　　　　　　　　　　　　61 000

　　　　　　贷：实收资本　　　　　　　　　　　　　　　　　　　　　　　50 000

　　　　　　　　资本公积——资本溢价　　　　　　　　　　　　　　　　　11 000

　（3）借：固定资产　　　　　　　　　　　　　　　　　　　　　60 000

　　　　　　应交税费——应交增值税（进项税额）　　　　　　　　7 800

　　　　　　贷：银行存款　　　　　　　　　　　　　　　　　　　　　　　67 800

　（4）借：固定资产　　　　　　　　　　　　　　　　　　　　　65 000

　　　　　　贷：以前年度损益调整　　　　　　　　　　　　　　　　　　　65 000

　（5）借：待处理财产损溢　　　　　　　　　　　　　　　　　　55 000

　　　　　　累计折旧　　　　　　　　　　　　　　　　　　　　　20 000

　　　　　　固定资产减值准备　　　　　　　　　　　　　　　　　5 000

　　　　　　贷：固定资产　　　　　　　　　　　　　　　　　　　　　　　80 000

　　　　借：其他应收款　　　　　　　　　　　　　　　　　　　　20 000

　　　　　　营业外支出　　　　　　　　　　　　　　　　　　　　35 000

　　　　　　贷：待处理财产损溢　　　　　　　　　　　　　　　　　　　　55 000

任务三 | 无形资产核算

👆 基本内容框架

- 无形资产认知：无形资产的概念、特征和确认条件
- 无形资产取得核算：账户设置及典型业务核算
- 无形资产摊销和减值核算
- 无形资产处置核算

📚 主要知识点分析

一、无形资产的概念、特征和确认

无形资产的概念、特征和确认中的主要知识点如表 3–25 所示。

表 3-25　　　　　　　　　　　　无形资产的概念、特征和确认中的主要知识点

项　目	内　容
概念	无形资产是指企业拥有或控制的没有实物形态的可辨认非货币性长期资产，包括专利权、非专利技术、商标权、著作权、特许权和土地使用权等
特征	无实物形态；具有可辨认性；为非货币性长期资产
确认条件	符合无形资产定义的某个项目，如果同时满足"与该资产有关的经济利益很可能流入企业；成本能够可靠地计量"这两个条件，即可确认为无形资产 【提示】商誉的存在无法与企业自身分离，不具可辨认性，不属于无形资产；客户关系、人力资源等，企业无法控制其带来的未来经济利益，不应确认为无形资产；企业内部产生的品牌、报刊名等，成本无法可靠计量，不应确认为无形资产

二、无形资产取得的核算

无形资产取得核算中的主要知识点如表 3-26 所示。

表 3-26　　　　　　　　　　　　　无形资产取得核算中的主要知识点

项　目		内　容
账户设置		"无形资产""研发支出"
典型业务核算	外购	成本＝买价＋相关税费＋直接归属于使该资产达到预定用途所发生的其他支出 【注意】使无形资产达到预定用途所发生的专业服务费、测试无形资产是否能够正常发挥作用的费用等应计入无形资产成本；为引入新产品进行宣传发生的广告费、管理费用及其他间接费用不计入无形资产成本 账务处理如下 借：无形资产 　　贷：银行存款等
	自行研发	① 核算程序 ② 账务处理 • 费用发生时 借：研发支出——费用化支出 　　　　　　——资本化支出 　　贷：银行存款等 【注意】费用化支出在每月结转到管理费用，资本化支出在达到预定使用状态再转入无形资产 • 结转费用化与资本化研发支出时 借：管理费用 　　无形资产 　　贷：研发支出——费用化支出 　　　　　　　　——资本化支出
	其他	其他方式取得无形资产的途径有：投资者投入、接受捐赠、非货币性资产交换、债务重组、企业合并等。其中，投资者投入的无形资产，应当按投资合同或协议约定的价值确定其实际成本；接受捐赠的无形资产，应按发票金额或公允价值确定其实际成本；通过非货币性资产交换、债务重组、企业合并方式取得的无形资产，应分别按《企业会计准则》第 7 号、第 12 号和第 20 号的相关规定确定其实际成本

三、无形资产摊销和减值的核算

无形资产摊销和减值核算中的主要知识点如表 3-27 所示。

表 3-27　　　　　　　　　　　无形资产摊销和减值核算中的主要知识点

项　目		内　容
无形资产摊销	范围	使用寿命有限的无形资产应进行摊销，使用寿命不确定的无形资产不摊销
	时间	自可供使用（即达到预定用途）当月开始，处置（即终止确认）当月停止

续表

项 目		内 容
无形资产摊销	方法	依据从资产中获取的未来经济利益的预期实现方式来选择，并一致运用于不同会计期间。无法可靠确定经济利益预期实现方式的，应采用直线法摊销
	金额	应摊销总金额＝成本－预计残值－累计无形资产减值准备
		使用寿命有限的无形资产，残值一般视为零，下列情况除外：①有第三方承诺在无形资产使用寿命结束时购买该无形资产；②可以根据活跃市场得到预计残值信息，并且该市场在无形资产使用寿命结束时很可能存在
	账务处理	借：管理费用（管理用） 　　制造费用（专门用于生产某种产品） 　　其他业务成本（出租） 　　贷：累计摊销
无形资产减值		使用寿命不确定的无形资产，在持有期间内不需进行成本摊销，但在每个会计期末应进行减值测试，估计其可收回金额。如果可收回金额小于其账面价值，应计提无形资产减值准备；如果可收回金额大于其账面价值，则不需进行账务处理。 【注意】无形资产减值属于永久性减值，一经确认，在以后会计期间不得转回。以前期间计提的无形资产减值准备，只有在资产处置、出售、对外投资等情况下，才能予以转出。 账务处理：借：资产减值损失 　　　　　　贷：无形资产减值准备

四、无形资产处置的核算

无形资产的处置是指由于无形资产对外出租、出售、对外投资及无形资产失效时，终止确认并转销其账面价值的行为。无形资产处置核算中的主要知识点如表3-28所示。

表3-28　　　　　　　　　　　无形资产处置核算中的主要知识点

项 目	内 容	
出租	按收入确认原则确认租金收入时 借：银行存款 　　贷：其他业务收入 　　　　应交税费——应交增值税（销项税额）	发生与出租业务相关费用时 借：其他业务成本 　　贷：银行存款、累计摊销等
出售	应将取得价款与无形资产账面价值的差额计入当期损益（资产处置损益） 借：银行存款 　　无形资产减值准备 　　累计摊销 　　贷：无形资产 　　　　应交税费——应交增值税 借或贷：资产处置损益	
报废	预计不能为企业带来经济利益的，应将无形资产的账面价值转销，计入当期损益（营业外支出）	

任务训练

一、理论知识题

（一）单项选择题

1. 下列各项目，不属于无形资产的是（　　）。
   A. 专利权　　　　　B. 非专利技术　　　C. 商标权　　　　　D. 商誉

2. 关于无形资产摊销的下列说法正确的是（　　）。
   A. 企业无形资产的摊销方法，应当反映与该项无形资产有关的经济利益的预期实现方式
   B. 使用寿命不确定的无形资产，应按系统合理的方法摊销
   C. 使用寿命不确定的无形资产，应按 10 年计算摊销金额
   D. 无形资产的摊销方法只有直线法

3. 下列关于"累计摊销"账户的描述错误的是（　　）。
   A. 属资产类账户
   B. 是"无形资产"账户的备抵调整账户
   C. 贷方登记企业计提的无形资产摊销额
   D. 期末余额在借方，反映企业期末无形资产的累计摊销额

4. 下列各项中，不会引起无形资产账面价值发生增减变动的有（　　）。
   A. 无形资产计提减值准备
   B. 摊销无形资产成本
   C. 企业内部研究开发项目开发阶段发生的资本化支出
   D. 企业内部研究开发项目研究阶段发生的支出

5. 下列各项中，关于无形资产的表述不正确的是（　　）。
   A. 使用寿命不确定的无形资产不应摊销
   B. 研究阶段和开发阶段的支出应全部计入无形资产成本
   C. 无形资产应当按照成本进行初始计量
   D. 出租无形资产的摊销额应计入其他业务成本

（二）多项选择题

1. 下列项目，不应列为无形资产的有（　　）。
   A. 企业自创的品牌　　　　　　　　B. 行政划拨的土地使用权
   C. 企业人力资源　　　　　　　　　D. 外购专利权

2. 关于无形资产的下列内容，说法中正确的有（　　）。
   A. 无形资产是指企业拥有或控制的没有实物形态的可辨认非货币性长期资产
   B. 合并中产生的商誉不作为无形资产
   C. 合并中产生的商誉应作为无形资产
   D. 无形资产属于非货币性资产

3. 关于无形资产的确认，应同时满足的条件有（　　）。
   A. 符合无形资产的定义
   B. 与该资产有关的经济利益很可能流入企业

C. 该无形资产的成本能够可靠地计量

D. 必须是企业外购的

4. 关于企业内部研究开发项目支出，下列说法中正确的是（　　）。

A. 企业内部研究开发项目开发阶段的全部支出，应确认为无形资产

B. 企业内部研究开发项目研究阶段的全部支出，应于发生时计入当期损益

C. 企业内部研究开发项目的支出，应区分研究阶段支出和开发阶段支出

D. 企业内部研究开发项目开发阶段的支出符合资本化条件的部分，应确认为无形资产

5. 对使用寿命有限的无形资产，下列说法中正确的有（　　）。

A. 摊销期限应当自可供使用当月起开始摊销，处置当月不再摊销

B. 摊销期限应当自无形资产可供使用的下个月起至不再作为无形资产确认时止

C. 摊销金额为其成本和扣除预计残值扣的金额，已计提减值准备的还应扣除已计提的无形资产减值准备

D. 无法可靠确定无形资产经济利益预期实现方式的，其成本应当采用直线法摊销

（三）判断题

1. 无形资产是指企业拥有或控制的没有实物形态的非货币性资产。　　　　　　　　（　　）

2. 外购无形资产成本包括购买价款、相关税费及直接归属于使该项资产达到预定用途所发生的其他支出，也包括为运行无形资产发生的培训费支出。　　　　　　　　　　　　（　　）

3. 无形资产减值损失一经确认，在以后持有期间不得转回。　　　　　　　　　　（　　）

4. 企业取得的使用寿命有限的无形资产均应按直线法摊销。　　　　　　　　　　（　　）

5. 无形资产出租和无形资产出售的收入会计上均应列为其他业务收入。　　　　　（　　）

二、分项能力题

（一）单项选择题

1. 甲公司以200万元的价格购入乙公司的某新产品专利权，发生相关税费20万元，为使该项无形资产达到预定用途支付专业服务费用10万元、测试费用5万元；该无形资产用于生产某新型产品，为推广该新产品发生广告宣传费用50万元。甲公司该项无形资产的入账价值为（　　）万元。

　　A. 235　　　　　　B. 200　　　　　　C. 220　　　　　　D. 285

2. 2020年6月1日，某企业开始研究开发一项新技术，当月共发生研发支出1 800万元，其中费用化金额1 200万元、符合资本化条件金额600万元。6月末，研发活动尚未完成。该企业2020年6月应计入当期利润总额的研发支出为（　　）万元。

　　A. 0　　　　　　　B. 1 200　　　　　C. 200　　　　　　D. 1 800

3. 甲公司于2018年1月1日购入一项专利权，实际支付款项200万元，按10年的预计使用年限采用直线法摊销。2019年年末，该无形资产的可收回金额为120万元，2020年1月1日，对无形资产的使用年限和摊销方法进行复核，该无形资产的尚可使用年限为5年，摊销方法仍采用直线法。该专利权2020年应摊销的金额为（　　）万元。

　　A. 24　　　　　　　B. 20　　　　　　C. 32　　　　　　D. 30

4. 甲公司以300万元不含税的价格对外转让一项专利权。该项专利权系甲公司以480万元的价格购入，购入时该专利权预计使用年限为10年。转让时该专利权已使用5年，假定不考虑除增值税以外的其他相关税费。该专利权未计提减值准备。甲公司转让该专利权所获得的收益为（　　）万元。

　　A. 5　　　　　　　B. 20　　　　　　C. 60　　　　　　D. 45

5. 2020 年 1 月 10 日，甲公司自行研发的某项非专利技术已经达到预定可使用状态，累计研究支出为 80 万元，累计开发支出为 250 万元（其中符合资本化条件的支出为 200 万元）；但使用寿命不能合理确定。2020 年 12 月 31 日，该项非专利技术的可收回金额为 180 万元。假定不考虑相关税费，甲公司应就该项非专利技术计提的减值准备为（　　　）万元。

A. 100　　　　　　B. 150　　　　　　C. 20　　　　　　D. 60

（二）多项选择题

1. 甲公司自行研究开发一项技术，共发生研发支出 450 万元，其中，研究阶段发生职工薪酬 100 万元，专用设备折旧费为 50 万元；开发阶段满足资本化条件支出为 300 万元，取得的增值税专用发票上注明的增值税税额为 39 万元；开发阶段结束，研究开发项目达到预定用途形成无形资产。不考虑其他因素，下列各项中，关于该企业研发支出会计处理正确的有（　　　）。

A. 研究阶段

借：研发支出——费用化支出　　　　　　　　　　　　　　　1 500 000

　　贷：应付职工薪酬　　　　　　　　　　　　　　　　　　1 000 000

　　　　累计折旧　　　　　　　　　　　　　　　　　　　　500 000

B. 开发阶段

借：研发支出——资本化支出　　　　　　　　　　　　　　　3 000 000

　　应交税费——应交增值税（进项税额）　　　　　　　　　390 000

　　贷：银行存款　　　　　　　　　　　　　　　　　　　　3 390 000

C. 最终达到预定用途

借：无形资产　　　　　　　　　　　　　　　　　　　　　　3 000 000

　　贷：研发支出——资本化支出　　　　　　　　　　　　　3 000 000

D. 每一会计期末或达到预定用途时

借：管理费用　　　　　　　　　　　　　　　　　　　　　　1 500 000

　　贷：研发支出——费用化支出　　　　　　　　　　　　　1 500 000

2. 下列关于无形资产成本确认的说法正确的有（　　　）。

A. 企业接受投资者投入无形资产，应按投资合同或协议约定的价值作为实际成本

B. 接受捐赠的无形资产，应按发票金额或公允价值作为实际成本

C. A 公司以银行存款购入某机构研制的产品专利一项，实际支付价款 50 000 元，即该无形资产的实际成本为 50 000 元

D. A 公司以其研发的一项非专利技术对甲公司进行投资，取得甲公司股权 100 000 元，双方协议约定该非专利技术价值 120 000 元，则甲公司取得该项非专利技术应编制会计分录如下。

借：无形资产——非专利技术　　　　　　　　　　　　　　　120 000

　　贷：股本　　　　　　　　　　　　　　　　　　　　　　100 000

　　　　资本公积　　　　　　　　　　　　　　　　　　　　20 000

3. 下列关于无形资产摊销的说法正确的有（　　　）。

A. 企业会计准则规定，使用寿命有限的无形资产成本应在其预计的使用寿命期内采用一定的方法进行摊销；使用寿命不确定的无形资产，在持有期限内不需要进行成本摊销

B. 对于使用寿命有限的无形资产应当自可供使用当月起开始摊销，处置当月不再摊销

C. 无形资产的摊销方法主要有直线法和生产总量法

D. 甲公司将其自行研发的非专利技术出租给某企业，该非专利技术成本为 60 万元，双方约定租赁期 10 年，甲公司每月摊销无形资产成本时应编制会计分录如下：

借：管理费用   6 000

   贷：累计摊销   6 000

4. 关于无形资产减值处理的下列说法正确的有（   ）。

A. 对使用寿命无限的无形资产，在持有期间的每个会计期末应进行减值测试，如果可收回金额小于其账面价值，应计提无形资产减值准备

B. 无形资产减值属于永久性减值，一经确认不得转回

C. 2020 年 12 月 31 日，甲公司对持有的无形资产进行检查，发现上年购入的一项非专利技术市价大幅度下跌，经测试该非专利技术可收回金额为 20 万元。该项非专利技术的账面余额为 28 万元，累计摊销为 2.5 万元。则甲公司 2020 年 12 月 31 日应计提无形资产减值 55 000 元

D. 甲公司的上述业务应编制会计分录如下

借：管理费用   55 000

   贷：无形资产减值准备   55 000

5. 下列关于无形资产处置业务处理正确的有（   ）。

A. 企业将拥有的无形资产的使用权让渡给他人并收取租金，属于与企业日常活动相关的其他经营活动，其成本摊销额应通过"其他业务成本"账户核算

B. 企业出售无形资产，应将所取得的价款与该无形资产账面价值的差额作为资产处置利得或损失，应做营业外收支核算

C. 已转让使用权的无形资产应停止计提摊销

D. 无形资产由于已被其他新技术所替代或超过法律保护期等原因，不能再为企业带来经济利益，应做报废处理，其账面价值应转入"营业外支出"账户

三、综合分析题

资料：甲公司与无形资产相关的经济业务如下。

（1）2019 年 4 月 5 日，以银行存款 2 180 万元购入一项土地使用权，其中增值税税额为 180 万元，取得增值税专用发票。该土地使用年限为 50 年。

（2）2019 年 6 月 8 日，公司研发部门准备研究开发一项专利技术。在研究阶段，公司为了研究成果的应用研究、评价，以银行存款支付相关费用 500 万元。

（3）2019 年 8 月 30 日，上述专利技术研究成功，转入开发阶段。企业将研究成果应用于该项专利技术的设计，直接发生的研发人员工资、材料费以及相关设备的折旧费分别为 700 万元、1 200 万元和 100 万元，同时以银行存款支付了其他相关费用 90 万元。以上开发支出均满足无形资产的确认条件。

（4）2019 年 9 月 10 日，上述专利技术的研究开发项目达到预定用途，形成无形资产。甲公司预计该专利技术的预计使用年限为 10 年。甲公司无法可靠确定与该专利技术有关的经济利益的预期实现方式。

（5）2019 年 4 月，甲公司利用上述外购土地使用权，自行开发建造厂房。厂房于 2020 年 10 月达到预定可使用状态，累计所发生的必要支出为 4 550 万元（不包括土地使用权）。该厂房预计使用寿命为 10 年，预计净残值为 30 万元。假定甲公司对其采用年数总和法计提折旧。

（6）2020 年 11 月，甲公司研发的专利技术预期不能为公司带来经济利益，经批准将其予以转销。

要求：根据资料回答下列问题：（答案金额单位用万元表示）

（1）编制 2019 年 4 月购入土地使用权的会计分录。

（2）计算 2019 年该土地使用权摊销金额及 2019 年 12 月 31 日该土地使用权的账面价值，并编制会计分录。

（3）编制 2019 年研制开发专利技术的有关会计分录。

（4）计算甲公司研制开发的专利技术至 2019 年年末累计摊销金额（假定没有计提减值准备）

（5）分析土地使用权是否应转入该厂房的造成本；计算甲公司自行开发建造厂房 2020 年计提的折旧额。

（6）编制甲公司该项专利技术 2020 年 11 月予以转销的会计分录。

参考答案

一、理论知识题

（一）单项选择题

1. D	2. A	3. D	4. D	5. B

（二）多项选择题

1. ABC	2. ABD	3. ABC	4. BCD	5. ACD

（三）判断题

1. ×	2. ×	3. √	4. ×	5. ×

二、分项能力题

（一）单项选择题

1. A	2. B	3. A	4. C	5. C

（二）多项选择题

1. ABCD	2. ABCD	3. ABC	4. ABC	5. AD

三、综合分析题

（1）2019 年 4 月购入土地使用权的会计分录如下。

借：无形资产　　　　　　　　　　　　　　　　　　　20 000 000
　　应交税费——应交增值税（进项税额）　　　　　　 1 800 000
　　　贷：银行存款　　　　　　　　　　　　　　　　21 800 000

（2）2019 年该土地使用权摊销金额＝2 000/50×9/12＝30（万元）

借：管理费用　　　　　　　　　　　　　　　　　　　　 300 000
　　　贷：累计摊销　　　　　　　　　　　　　　　　　 300 000

2019 年 12 月 31 日该土地使用权的账面价值＝2 000－30＝1 970（万元）

（3）2019年研制开发专利技术的有关会计分录如下。

6月8日，支付各项研究费用时。

借：研发支出——费用化支出 5 000 000
　　贷：银行存款 5 000 000

6月30日，结转研发支出。

借：管理费用 5 000 000
　　贷：研发支出——费用化支出 5 000 000

8月30日，发生各项研发费用。

借：研发支出——资本化支出 20 900 000
　　贷：原材料 7 000 000
　　　　应付职工薪酬 12 000 000
　　　　累计折旧 1 000 000
　　　　银行存款 900 000

9月10日，研发成功确认无形资产。

借：无形资产 20 900 000
　　贷：研发支出——资本化支出 20 900 000

（4）该专利技术至2019年末累计摊销金额＝2 090/（12×10）×4＝69.67（万元）。

（5）一般情况下，土地使用权不转入建筑物的建造成本，上述厂房的建造不应将土地使用权转入建造成本，而应自行摊销。

2020年厂房计提的折旧额＝（4 550－30）×10/55×2/12＝137（万元）

（6）截至2020年11月累计摊销＝2 090/10×14/12＝243.83（万元）

借：累计摊销 2 438 300
　　营业外支出 18 461 700
　　贷：无形资产 20 900 000

项目综合实训一　存货核算岗位实训

一、实训目标

熟悉存货岗位常见原始凭证；掌握存货岗位会计的账务处理技能。

二、实训要求

根据宏达股份有限公司2019年11月存货业务相关资料，完成以下操作。
1. 完成部分自制原始凭证的填制任务。
2. 完成每笔业务原始凭证的审核，并正确填制记账凭证。

三、实训资料

1. 基本资料。

企业名称：宏达股份有限公司

电话及地址：丽水市中山路东方大厦340号，0578-2623256

纳税人识别号：983325210425224547

开户银行及账号：中国工商银行中山支行，18010011220010999

法定代表人：孙红刚

企业类型：股份有限公司

经营范围：工业制品

注册资金：5 000 万元

财务主管：李祥；会计：赵强；出纳员：王洪。

仓库负责人：周军；记账员：王明；检验员：孙伟；保管员：李江。

车间主管：郭惠；领料员：陈英。

基本会计政策如下。

（1）企业原材料的日常收发按照实际成本计价核算。

（2）低值易耗品采用实际成本计价核算，包装物成本采用一次摊销法。

（3）产成品的收发按照实际成本计价核算。

（4）采用永续盘存法进行材料清查盘点。

2．2019 年 11 月发生与存货业务有关的部分资料如下。

业务 1：外购材料。

【凭证 1-1】

江 苏 增 值 税 专 用 发 票
发 票 联

3200133130　　　　　　　　　　　　　　　　　　　No 18005405

开票日期：2019 年 11 月 02 日

税总函（2019）02 号 淮南实业公司

购货单位	名　称：宏达股份有限公司 纳税人识别号：983325210425224547 地 址、电 话：丽水市中山路东方大厦 340 号，0578-2623256 开户行及账号：工行中山支行 18010011220010999		密码区	（略）		
货物或应税劳务名称	规格型号	单位	数量	单价	金额	税率	税额
甲材料		千克	5000	3.00	15000.00	13%	1950.00
乙材料		千克	4000	2.50	10000.00	13%	1300.00
价税合计（大写）	贰万捌仟贰佰伍拾元整				￥28250.00		
销货单位	名　称：江陵市前进实业有限公司 纳税人识别号：983402211927365127 地 址、电 话：江陵市长江路 32 号××××-2815667 开户行及账号：工行江陵分行 732001254892764		备注	江陵市前进实业有限公司 983402211927365127 发票专用章		

第三联：发票联 购货方记账凭证

收款人　　　　复核　　　　开票人 兰 英　　　　销货单位（章）

注：增值税专用发票抵扣联（略）

【凭证1-2】

ICBC 中国工商银行

银 行 汇 票 2

汇票号码
第 05876 号

出 票 期 壹 个 月	

出票日期
（大写）　　贰零壹玖年壹拾壹月零贰日

代理付款行：

行号：

收款人：江陵市前进实业有限公司　　账号：732001254892764

出票金额 人民币 （大写）	贰万捌仟贰佰伍拾元整											
		千	百	十	万	千	百	十	元	角	分	
实际结算金额 人民币 （大写）				¥	2	8	2	5	0	0	0	0

申请人：　宏达股份有限公司

出票行：工行中山支行　行号：675　　账号或住址：18010011220010 0999

备注：　购货款

凭票付款

出票行签章

2019 年 11 月 02 日

密押：	账户（借）............................
多余金额	对方账户（贷）............................

千	百	十	万	千	百	十	元	角	分	兑付日期	年	月	日
										复核		记账	

此联代理付款行付款后作联行往账借方凭证附件

【凭证1-3】

江陵市铁路局货票

发货日期：2019 年 11 月 02 日

车　　型			运价里程			
发　　站	江陵西站		到　站	丽水站	运　费	1350.00
发 货 人	江陵市前进实业有限公司		收货人	宏达股份有限公司	装卸费	250.00
货物名称	件数	重量（千克）			保管费	
甲 材 料	5	5000				
乙 材 料	4	4000			金额合计	¥1600.00

【凭证1-4】

江苏增值税专用发票

3200133130

发票联

No 18005405

开票日期：2019 年 11 月 02 日

购货单位	名　称：宏达股份有限公司					密码区	（略）		
	纳税人识别号：9833252104025224547								
	地址、电话：丽水市中山路东方大厦 340 号，0578-2623256								
	开户行及账号：工行中山支行 18010011220010099								

货物或应税劳务名称	规格型号	单位	数量	单价	金额	税率	税额
运输费					1350.00	9%	121.50
装卸费					250.00	6%	15.00
价税合计（大写）	壹仟柒佰叁拾陆元伍角零分					￥1736.50	

销货单位	名　称：江陵市铁路局		备注	983402211927365122 发票专用章
	纳税人识别号：983402211927365122			
	地址、电话：江陵市长江路32号×××-2815667			
	开户行及账号：工行江陵分行　732001254892764			

收款人　　　　　复核　　　　　开票人 王铁英　　　　　销货单位（章）

注：增值税专用发票抵扣联（略）

【凭证1-5】

中国工商银行

转账支票存根

01234567

12345679

附加信息

_____

_____

出票日期 2019 年 11 月 02 日

收款人：江陵市铁路局
金　额：￥1736.50
用　途：支付运杂费

单位主管　　　　会计

杭州磐佳安全印务有限公司，2019 年印制

【凭证1-6】完成运费分配表编制。

材料运杂费分配表

年　月　日

材料名称	分配标准（重量）	分配率	分配额	备注

【凭证1-7】完成收料单的填制。

收 料 单

材料账户：原材料　　　　　　　　　　　　　　　　　编　　号：1201
材料类别：原料及主要材料　　　　　　　　　　　　　收料仓库：1号仓库
供应单位：江陵市前进实业有限公司　　　年　月　日　发票号码：18000554

材料编号	材料名称	规格	计量单位	数量		实际成本			
				应收	实收	单价	发票金额	运费	合计
备注									

采购员：　　　　　　检验员：　　　　　　记账员：　　　　　　保管员：

业务2：周转材料入库。

【凭证2-1】

浙 江 增 值 税 专 用 发 票

3300133130　　　　　　　　发 票 联　　　　　　　No 18000544

开票日期：2019 年 11 月 05 日

购货单位	名　　　称：宏达股份有限公司 纳税人识别号：983325210425224547 地址、电话：丽水市中山路东方大厦 340 号，0578-2623256 开户行及账号：工行中山支行 18010011200100999	密码区	（略）

货物或应税劳务名称	规格型号	单 位	数量	单 价	金 额	税 率	税 额
安全服		套	50	120.00	6000.00	13%	780.00

价税合计（大写）	陆仟柒佰捌拾元整	￥6780.00

销货单位	名　　　称：丽水市劳保用品商场 纳税人识别号：973402211927365121 地址、电话：丽水市长江路 32 号 0578-2815667 开户行及账号：工行丽水支行　832001254892764	备注	973402211927365121 发票专用章

收款人　　　　　　复核　　　　　　开票人 李 湘　　　　　　销货单位（章）

注：增值税专用发票抵扣联（略）

第三联：发票联　购货方记账凭证

【凭证 2-2】

中国工商银行
转账支票存根
01234567
12345680

附加信息 _____

_____

_____

出票日期 2019 年 11 月 02 日

| 收款人：丽水市劳保用品商场 |
| 金　额：￥6780.00 |
| 用　途：购货款 |

单位主管　　　　会计

【凭证 2-3】 完成入库单填制。

周转材料（低值易耗品）入库单

第 0016 号

供货单位：　　　　　　　　　　　年　月　日　　　　　　　　　　仓库号：3

名称	规格与型号	单位	申请入库数	实际入库数	单价	金额	备注
合计							

仓库负责人：　　　　　　记账：　　　　　　　验收：　　　　　　　制单：

业务 3：托收承付购入货物。

【凭证 3-1】

河西市铁路局货票

发货日期：2019 年 11 月 07 日

车型		运价里程			
发站	河西北站	到站	丽水站	运费	900.00
发货人	河西市宏图物资公司	收货人	宏达股份有限公司	装卸费	150.00
货物名称	件数	重量（千克）		保管费	
乙材料	6	6000			
			业务专用章	合计	￥1050.00

【凭证 3-2】

中国财产保险公司河西分公司国内水路、铁路货物运输保险凭证 No. 06832

本公司依照国内水路、铁路货物运输保险条款及凭证所注明的其他条件，对下列货物承保运输险：

被保险人：宏达股份有限公司 投保人：河西市宏图物资公司

货物运单号码	货物名称	件数	中转地	目的地	运输工具启运日期	保险金额	保险费率‰		保险费
							综合险	基本险	
12009	乙材料	6		丽水市	火车 2019.11.07	15000.00	1		15.00

【凭证 3-3】

江苏增值税专用发票

3200133130 发票联 No 18000564

开票日期：2019 年 11 月 02 日

税总函〔2019〕12号 厦门印务实业公司

购货单位	名称：宏达股份有限公司 纳税人识别号：983325210425224547 地址、电话：丽水市中山路东方大厦 340 号，0578-2623256 开户行及账号：工行中山支行 180100112200100999			密码区	（略）		
货物或应税劳务名称	规格型号	单位	数量	单价	金额	税率	税额
乙材料		千克	6000	2.50	15000.00	13%	1950.00
价税合计（大写）	壹万陆仟玖佰伍拾元整			小写：￥16950.00			
销货单位	名称：河西市宏图物资公司 纳税人识别号：983402211927365127 地址、电话：河西市长江路 32 号××××-2815667 开户行及账号：工行河西分行 732001254892764			备注	河西市宏图物资公司 983402211927365127 发票专用章		

第三联：发票联 购货方记账凭证

收款人 复核 开票人 王小红 销货单位（章）

注：增值税专用发票抵扣联（略）

【凭证 3-4】

江苏增值税专用发票

3200133130 发票联 No 18005405

开票日期：2019 年 11 月 07 日

税总函〔2019〕02号 淮南实业公司

购货单位	名称：宏达股份有限公司 纳税人识别号：983325210425224547 地址、电话：丽水市中山路东方大厦 340 号，0578-2623256 开户行及账号：工行中山支行 180100112200100999			密码区	（略）		
货物或应税劳务名称	规格型号	单位	数量	单价	金额	税率	税额
运输费					900.00	9%	81.00
装卸费					150.00	6%	9.00
价税合计（大写）	壹仟壹佰肆拾元整				￥1140.00		
销货单位	名称：河西市铁路局 纳税人识别号：983402211927365111 地址、电话：河西市长江路 32 号××××-2815667 开户行及账号：工行江陵分行 732001254892766			备注	河西市铁路局 983402211927365111 发票专用章		

第三联：发票联 购货方记账凭证

收款人 复核

注：增值税专用发票抵扣联（略）

【凭证 3-5】

托收凭证（付款通知） 5

No: 3300090101　　　　委托日期　2019 年 11 月 07 日　　　　| 付款期限　年 月 日 |

业务类型	委托收款（□邮划，□电划）		托收承付（☑邮划，□电划）		
付款人	全称	宏达股份有限公司	收款人	全称	河西市宏图物资公司
	账号	18010011220010099		账号	732001254892764
	地址	省　市县　开户行		地址	省　市县　开户行
金额	人民币（大写）	壹万捌仟壹佰零伍元整		千百十万千百拾元角分 ￥1 8 1 0 5 0 0	
款项内容	货款及代垫运杂费	托收凭证名称		附寄单据张数	4
商品发运情况		货已发运	合同名称号码		

备注：

付款人开户银行收到日期
　　　　年　月　日
复核　　　记账

中国工商银行
2019.11.07
转
付款人开户银行签章
　　年月日

付款人注意：
1. 根据支付结算办法规定，上列托收款项，如超过承付期限未提出拒付，即视同全部承付。以此联代付款通知。
2. 如系全部或部分拒付，应在承付期限内另填拒绝承付理由书送银行办理。

【凭证 3-6】完成收料单填制任务。

收料单

材料账户：原材料　　　　　　　　　　　　　　　　　编　　号：1203
材料类别：原料及主要材料　　　　　　　　　　　　　收料仓库：1 号仓库
供应单位：河西市宏图物资公司　　2019 年 11 月 08 日　发票号码：18000564

材料编号	材料名称	规格	计量单位	数量		实际成本			
				应收	实收	单价	发票金额	运费	合计
备注									

采购员：　　　　检验员：孙伟　　　　记账员：　　　　保管员：李江

业务 4：完成领料单填制。

资料：11 日，一车间领用甲材料 4 000 千克，单位成本为 4 元，用于生产 PAC 配件；二车间领用乙材料 3 000 千克，单位成本为 3 元，用于生产 PAC 配件。

> **提示** 实际业务中，车间领料，只填写数量，待月末填制发料凭证汇总表一并反映金额。

【凭证4-1】

领　料　单

字第 1235 号

领料部门：　　　　　　　　　　　年　月　日

品　名	规格型号	单　位	数　量		单　价	金　额
			请　领	实　领		
用　途						

领料部门负责人 郭　惠　　　　　领料人 陈　英　　　　记账　　　　　发料人 李　江

【凭证4-2】

领　料　单

字第 1236 号

领料部门：　　　　　　　　　　　年　月　日

品　名	规格型号	单　位	数　量		单　价	金　额
			请　领	实　领		
用　途						

领料部门负责人 郭　惠　　　　　领料人 陈　英　　　　记账　　　　　发料人 李　江

业务 5：领用包装物。

领　料　单

字第 1237 号

领料部门：销售部　　　　　　　　2019 年 11 月 13 日

品　名	规格型号	单　位	数　量		单　价	金　额
			请　领	实　领		
包装箱		只	10	10	40.00	400.00
合计						400.00
用　途	销售商品时使用					

领料部门负责人 郭　惠　　　　　领料人 陈　英　　　　记账　　　　　发料人 李　江

业务 6：委托加工发料。

委托加工发料单

2019 年 11 月 14 日　　　　　　　　　　编号：032

材料编号	材料名称	规格	单位	数量	单价	金额
	杂木		立方米	2	900.00	1800.00
合同编号	加工后材料名称	规格	单位	数量	交货日期	
	木箱		个	30	2019.12.20	
委托厂家名称		账号	税务登记号	联系电话		收料人
丽水市华立木材加工厂						刘勇

领料部门负责人 郭　惠　　　　　领料人 陈　英　　　　记账　　　　　发料人 李　江

业务 7：支付委托加工费。

【凭证 7-1】

浙 江 增 值 税 专 用 发 票

发 票 联

3300133130

No 18000543

开票日期：2019 年 11 月 19 日

购货单位	名　　　称：宏达股份有限公司 纳税人识别号：983325210425224547 地　址、电话：丽水市中山路东方大厦 340 号，0578-2623256 开户行及账号：工行中山支行 1801001122001000999	密码区	（略）

货物或应税劳务名称	规格型号	单 位	数 量	单 价	金 额	税 率	税 额
加工劳务		个	30	30.00	900.00	13%	117.00

价税合计（大写）	壹仟零壹拾柒元整	￥1017.00

销货单位	名　　　称：丽水市华立木材加工厂 纳税人识别号：983402211927365127 地　址、电话：丽水市长江路 32 号 0578-2815667 开户行及账号：工行丽水支行　832001254892764	备注	丽水市华立木材加工厂 983402211927365127 发票专用章

收款人　　　　　　复核　　　　　　开票人 洪一湘　　　　　　销货单位（章）

【凭证 7-2】

中国工商银行

转账支票存根

01234567

12345680

附加信息

＿＿＿＿＿＿＿＿＿＿＿＿

＿＿＿＿＿＿＿＿＿＿＿＿

出票日期 2019 年 11 月 19 日

收款人：丽水市华立木材加工厂
金　额：￥1017.00
用　途：支付加工费

单位主管　　　　会计

业务8：收回委托加工物资。

委托加工验收入库单

2019 年 11 月 19 日　　　　　　　　　　　　　　编号：032

入库部门		采购部		验收部门		仓库1	
材料编号	名称	规格	单位	入库数	实收数	单价	金额
	木箱		个	30	30	90.00	2700.00
用途		包装 PAC 配件					
委托厂家名称		账号		税务登记号	联系电话		收料人
丽水市华立木材加工厂							刘勇

制单：　　　　　　主管：　　　　　　收料：　　　　　　检验：　　　　　　交库：

业务9：材料盘点盈亏处理。

材料盘点溢（缺）报告单

库号：2　　　　　　　　　　　　　　2019 年 11 月 30 日

名　称	规格型号	单位	单价	账面数	实有数	盘盈数		盘亏数		盈亏原因
						数 量	金 额	数 量	金 额	
甲材料		千克	3.00	2000	1500			500	1500.00	计量误差
审批意见	2019 年 11 月材料盘点工作已顺利结束。清查盘点结果发现由于计量误差盘亏的高级润滑油，经经理层会议决定列为管理费用。 　　　　　　　　　　　孙红刚 　　　　　　　　　　　2019.12.4									

制单：王　明　　　　　　　　　　审核：孙　伟

参考答案

业务1

借：原材料——甲材料	15 889
——乙材料	10 711
应交税费——应交增值税（进项税额）	3 386.5
贷：其他货币资金——银行汇票	28 250
银行存款	1 736.5

业务2

借：周转材料——低值易耗品（安全服）	6 000
应交税费——应交增值税（进项税额）	780
贷：银行存款	6 780

业务3

借：原材料——乙材料	16 065
应交税费——应交增值税（进项税额）	2 040
贷：银行存款	18 105

业务 4

借：生产成本——基本生产车间 25 000

　　贷：原材料——甲材料 16 000

　　　　　——乙材料 9 000

业务 5

借：销售费用 400

　　贷：周转材料——包装物 400

业务 6

借：委托加工物资 1 800

　　贷：原材料——杂木 1 800

业务 7

借：委托加工物资 900

　　应交税费——应交增值税（进项税额） 117

　　　贷：银行存款 1 017

业务 8

借：周转材料——包装箱 2 700

　　贷：委托加工物资 2 700

业务 9

借：待处理财产损溢——待处理流动资产损溢 1 695

　　贷：原材料——甲材料 1 500

　　　　应交税费——应交增值税（进项税额转出） 195

借：管理费用 1 695

　　贷：待处理财产损溢——待处理流动资产损溢 1 695

项目综合实训二　固定资产及无形资产核算岗位实训

一、实训目标

熟悉固定资产及无形资产核算常见原始凭证；掌握固定资产及无形资产核算岗位会计的账务处理技能。

二、实训要求

1. 根据实训资料业务 1～4 资料完成固定资产购入、安装及交付使用的相关原始凭证填制与审核，并据此编制相关记账凭证。

2. 根据实训资料业务 5 资料计算 2019 年 12 月月末应计提折旧额，并编制记账凭证。

三、实训资料

宏达股份有限公司基本资料见存货核算岗位实训。固定资产核算岗位会计人员：汪洋；检验员：赵安康；保管员：叶志明。

2019 年 11 月与固定资产相关原始凭证如下。

业务1：自建固定资产——购入工程物资。

【凭证1-1】

浙 江 增 值 税 专 用 发 票

发 票 联

3300133130

No 05000487

开票日期：2019 年 11 月 02 日

购货单位	名　　　　称：宏达股份有限公司 纳税人识别号：983325210425224547 地址、电话：丽水市中山路东方大厦 340 号，0578-2623256 开户行及账号：工行中山支行 18010011220010 0999	密码区	（略）

货物或应税劳务名称	规格型号	单 位	数 量	单 价	金 额	税 率	税 额
螺纹钢	Φ20	吨	15	3000.00	45000.00	13%	5850.00

价税合计（大写）	伍万零捌佰伍拾元整	￥50850.00

销货单位	名　　　　称：金华时达物资公司 纳税人识别号：983608010011122481 地　址、电话：金华市大众街 83 号 0579-63133895 开户行及账号：工行南海分行 18010011022000 2053	备注	金华时达物资公司 360801001112248 发票专用章 销货单位　（章）

收款人　　　　　复核　　　　　开票人 丁一杰

注：增值税专用发票抵扣联（略）

【凭证1-2】

中国工商银行

转账支票存根

01234567

12345681

附加信息

_____

出票日期 2019 年 11 月 02 日

收款人：金华时达物资公司
金　额：￥50850.00
用　途：支付工程物资款

单位主管　　　　会计

【凭证1-3】

收　料　单

材料账户：工程物资　　　　　　　　　　　　　　　　　　　　编号：001
材料类别：钢材　　　　　　　　　　　　　　　　　　　　　　收料仓库：3 号仓库
供应单位：金华时达物资公司　　　　2019 年 11 月 02 日　　发票号码：05000487

材料编号	材料名称	规格	计量单位	数量		实际价格				计划价格	
				应收	实收	单价	发票金额	运费	合计	单价	金额
001	螺纹钢	Φ20	吨	15	15	3000.00	45000.00	200.00	45200.00		
备注											

采购员　　　　　检验员 赵安康　　　　记账员　　　　保管员 叶志明

【凭证1-4】

浙江增值税专用发票

3300133130

发上票联

No 05000487

开票日期：2019 年 11 月 02 日

税总函（2019）108 号 上海利波印务有限公司

购货单位	名　　称：宏达股份有限公司							
	纳税人识别号：9833325210425224547					密码区		（略）
	地址、电话：丽水市中山路东方大厦 340 号，0578-2623256							
	开户行及账号：工行中山支行 1801001122001009999							

货物或应税劳务名称	规格型号	单位	数量	单价	金额	税率	税额
运输费					200.00	9%	18.00

现金付讫

价税合计（大写）　　贰佰壹拾捌元整　　　　　¥218.00

销货单位	名　　称：上海酷达物流集团公司		备注	螺纹钢 15 吨，从上海到丽水
	纳税人识别号：9817080500137256644			9817080500137256644 发票专用章
	地址、电话：上海市徐汇区春北街 83 号 0216-3133895			
	开户行及账号：工行徐汇分行 1801001102200022053			

第二联：发票联 购货方记账凭证

收款人　　　　　复核　　　　　开票人 雷怀同　　　　销货单位（章）

注：增值税专用发票抵扣联（略）

业务2：自建固定资产——工程领用物资。

领　料　单

字第 3701 号

领料部门：基建科　　　　　　　用途：四号综合楼工程　　　　2019 年 11 月 05 日

品　名	规格型号	单　位	数量		单　价	金　额
			请领	实领		
螺纹钢	Φ20	吨	15	15		45200.00
备　注						

负责人　　　　　领料人 张东林　　　　会计　　　　发料人 叶志明

业务3：自建固定资产——购入工程物资。

【凭证3-1】

浙 江 增 值 税 专 用 发 票

发 票 联

3300133130

No 0031145

开票日期：2019 年 11 月 02 日

税总函（2019）102 号 杭州蒙波印务有限公司

购货单位	名　称：宏达股份有限公司 纳税人识别号：983325210425224547 地址、电话：丽水市中山路东方大厦 340 号，0578-2623256 开户行及账号：工行中山支行 18010011200100999				密码区	（略）		
货物或应税劳务名称	规格型号	单位	数量	单价	金额	税率	税额
水泥		吨	50	320.00	16000.00	13%	2080.00
价税合计（大写）　壹万捌仟零捌拾零整					￥18 080.00		
销货单位	名　称：金华水泥有限责任公司 纳税人识别号：56160801001128243 地址、电话：金华市赤山路 112 号 0579-3325656 开户行及账号：工行金华分行 28010010210208805				备注	561608010011128243 发票专用章		

第二联：发票联　购货方记账凭证

收款人　　　　　　　复核　　　　　　　开票人 黄海东　　　　　　　销货单位（章）

注：增值税专用发票抵扣联（略）

【凭证3-2】

收 料 单

发料单位：金华水泥有限责任公司
收料部门：基建科　　　　　　　用途：四号综合楼工程

字第　3702　号
2019 年 11 月 11 日

品　名	规格型号	单　位	数　量		单　价	金　额
			采购数	实收数		
水泥		吨	50	50		18080.00
备　注	金华水泥有限责任公司直接发往工地					

负责人　　　　　　　会计　　　　　　　　　　收料人 张东林

【凭证 3-3】

中国工商银行信汇凭证（回单）1

委托日期　2019 年 11 月 11 日　　　　　　第 258 号

<table>
<tr><td rowspan="4">汇款人</td><td>全　称</td><td colspan="3">宏达股份有限公司</td><td rowspan="4">收款人</td><td>全　称</td><td colspan="3">金华水泥有限责任公司</td></tr>
<tr><td>账号或地址</td><td colspan="3">18010011220010 0999</td><td>账号或地址</td><td colspan="3">28010010021 0208805</td></tr>
<tr><td>汇出地点</td><td>浙江省 丽水</td><td>市县</td><td>汇出行名称　工商银行</td><td>汇入地点</td><td>浙江省 金华</td><td>市县</td><td>汇入行名称　工商银行</td></tr>
<tr><td colspan="8"></td></tr>
</table>

金额（大写）　人民币　壹万捌仟零捌拾元整

	百	十	万	千	百	十	元	角	分
¥		1	8	0	8	0	0	0

2019.11.11 丽水分行

汇款用途：购水泥

汇出行盖章

复核　　记账　　　　　　　　　　年　月　日

业务 4：外购固定资产。

【凭证 4-1】

浙江增值税专用发票
发票联

2500033310　　　　　　　　　　　　　No 0031145
　　　　　　　　　　　　　　　开票日期：2019 年 11 月 02 日

<table>
<tr><td rowspan="4">购货单位</td><td>名　称：宏达股份有限公司</td><td rowspan="4">密码区</td><td rowspan="4">（略）</td></tr>
<tr><td>纳税人识别号：98332521042522 4547</td></tr>
<tr><td>地址、电话：丽水市中山路东方大厦 340 号，0578-2623256</td></tr>
<tr><td>开户行及账号：工行中山支行 18010011220010 0999</td></tr>
</table>

货物或应税劳务名称	规格型号	单位	数量	单价	金额	税率	税额
东风运输汽车	5T	辆	2	120000.00	240000.00	13%	31200.00

价税合计（大写）　　贰拾柒万壹仟贰佰元整　　　¥271200.00

<table>
<tr><td rowspan="4">销货单位</td><td>名　称：金华市顺风汽车贸易公司</td><td rowspan="4">备注</td><td rowspan="4">金华市顺风汽车贸易公司
982806020022356701
发票专用章</td></tr>
<tr><td>纳税人识别号：982806020022356701</td></tr>
<tr><td>地址、电话：金华市人民路 98 号 0579-63133278</td></tr>
<tr><td>开户行及账号：工行南海分行 18010011202003 0046</td></tr>
</table>

收款人　　　　　　复核　　　　　　开票人 叶晓宁　　　　销货单位（章）

注：增值税专用发票抵扣联（略）

税总函 (2019) 102 号 杭州豪波印务有限公司

【凭证 4-2】

中国工商银行
转账支票存根
01234567
12345682

附加信息 _____

_____

出票日期 2019 年 11 月 19 日

收款人：	金华市顺风汽车贸易公司
金　额：	￥271200.00
用　途：	外购汽车款

单位主管　　　会计

（竖排文字：杭州融佳安全印务有限公司，2019 年印制）

业务 5：自建固定资产——支付工程进度款。

【凭证 5-1】

中国工商银行
转账支票存根
01234567
12345682

附加信息 _____

_____

出票日期 2019 年 11 月 19 日

收款人：	东阳第二建筑工程
金　额：	￥300000.00
用　途：	付工程进度款

单位主管　　　会计

（竖排文字：杭州融佳安全印务有限公司，2019 年印制）

【凭证 5-2】

东阳第二建筑工程公司
收款收据

No 1189455

开票日期：2019 年 11 月 22 日

交款单位	宏达股份有限公司	交款方式	转账		
人民币（大写）	叁拾万元整		万千百十万千百十元角分		￥30000000
交款事由	四号综合楼工程预付款				

收款单位（东阳第二建筑工程公司财务专用章）　主管　　会计　　出纳 王洪

第三联 会计联

业务6：固定资产清理。

固定资产报废单

2019 年 11 月 25 日

报废固定资产的名称___3号生产设备___ 规格_____ 用途_____	
报废固定资产的存放地点___一车间___ 保管或使用部门___一车间___	
开始使用日期20××年6月1日___ 原值18万元 已提折旧15万元 已进行大修理次数___3次___	
现在技术状况和报废原因___严重损坏、无法继续使用___	
申请报废部门：一车间 负责人： 程大海	
技术鉴定结论___经鉴定已无法继续使用，建议给予报废处理。___	
鉴定部门： 生产设备科 负责人：池明 鉴定人：池明、胡辉	
最后结论： 同意报废 孙红刚 2019.11.25	

业务7：固定资产清理。

【凭证7-1】

浙江增值税专用发票

发 票 联

2500033310

No 0031154

开票日期：2019 年 11 月 26 日

购货单位	名　称：宏达股份有限公司 纳税人识别号：983325210425224547 地址、电话：丽水市中山路东方大厦 340 号，0578-2623256 开户行及账号：工行中山支行 1801001122001009999	密码区	（略）			
货物或应税劳务名称	规格型号	单位	数量	单价	金额	税率	税额

货物或应税劳务名称	规格型号	单位	数量	单价	金额	税率	税额
拆卸服务				900.00	900.00	9%	81.00
价税合计（大写）　玖佰捌拾壹元整					￥981.00		

销货单位	名　称：丽水市设备安装公司 纳税人识别号：982806020022356701 地址、电话：丽水市人民路 98 号 0578-63133278 开户行及账号：工行南海分行 1801001120200366646	备注	982806020022356701 发票专用章

收款人　　　　　　复核　　　　　　开票人 叶春晓　　　　销货单位（章）

注：增值税专用发票抵扣联（略）

第二联：发票联 购货方记账凭证

【凭证7-2】

中国工商银行
转账支票存根
01234567
12345682

杭州融佳安全印务有限公司，2019年印制

附加信息
_____

出票日期 2019 年 11 月 26 日

收款人：丽水市设备安装公司
金　额：￥981.00
用　途：设备拆除服务

单位主管　　　　会计

业务8：固定资产清理。

【凭证8-1】

ICBC 中国工商银行　　　进账单（收款通知）**3**

2019 年 11 月 27 日

付款人	全　称	丽水市废旧物资回收公司	收款人	全　称	宏达股份有限公司										
	账　号	18010011200201 9731		账　号	18010011220010 0888										
	开户银行	工行丽水分行		开户银行	工行中山分行										

人民币（大写）叁仟元整	千	百	十	万	千	百	十	元	角	分
					￥	3	0	0	0	0

票据种类	转账支票	票据张数	1
票据号码			

中国工商银行
中山分行
2019.11.27
转讫
收款人开户行盖章

复核　　记账

此联是收款人开户行交给收款人的收账通知

【凭证8-2】

丽水市废旧物资回收公司 **3**
收 购 凭 证

出售单位：宏达股份有限公司　　　2019 年 11 月 27 日　　　No 02021413

物资名称	规格	单位	数量	单价	金额							
					十	万	千	百	十	元	角	分
旧设备		台	1	3 000.00		￥	3	0	0	0	0	0
合计						￥	3	0	0	0	0	0

丽水废旧物资回收公司

人民币（大写）　叁仟元整

单位主管：　　　会计：　　　付款：　　　复核：　　　开票：王德标

出售人留存

业务 9：固定资产清理。

固定资产清理核销单

2019 年 11 月 27 日　　　　　　　　　单位：元

固定资产名称	借方发生额	贷方发生额	应结转差额	
			借方	贷方
3 号生产设备	30 900	3 000	27 900	

制单：

业务 10：计提固定资产折旧。

固定资产折旧计算表

2019 年 11 月

使用部门	固定资产类别	月初固定资产原价	月折旧率	本月应提折旧额
一 车 间	厂　　房	5 000 000	0.3%	15 000
	机器设备	5 000 000	0.8%	40 000
	小　　计			55 000
管理部门	办公用房	6 200 000	0.3%	18 600
	办公设备	1 000 000	0.8%	8 000
	小　　计			26 600
销售部门	门市部	800 000	0.3%	2 400
	小　　计			2 400
	合　　计	18 000 000		84 000

会计　　　　　　复核　　　　　　记账　　　　　　制单

业务 11：购入无形资产。

【凭证 11-1】

中国工商银行

转账支票存根

01234567

12345682

附加信息

_____

_____

出票日期 2019 年 11 月 28 日

收款人：浙江大学

金　额：￥318000.00

用　途：付专利权转让费

单位主管　　　　会计

杭州融佳安全印务有限公司. 2019 年印制

【凭证 11-2】

<table>
<tr><td colspan="7" align="center">浙 江 增 值 税 专 用 发 票</td></tr>
<tr><td>2500033310</td><td colspan="4" align="center">发 票 联</td><td colspan="2">No 0031154
开票日期：2019 年 11 月 26 日</td></tr>
</table>

购货单位	名　　称：宏达股份有限公司 纳税人识别号：9833325210425224547 地址、电话：丽水市中山路东方大厦 340 号， 0578-2623256 开户行及账号：工行中山支行 18010011220010 0999					密码区	（略）		

货物或应税劳务名称	规格型号	单位	数量	单价	金额	税率	税额
MGT 专利权转让				300000.00	300000.00	6%	18000.00
价税合计（大写）　叁拾壹万捌仟元整					￥318000.00		

销货单位	名　　称：浙江大学科技开发公司 纳税人识别号：9828060200 22356777 地址、电话：杭州市人民路 98 号 0571-63133278 开户行及账号：工行杭州分行 33010011202003 6646	备注：9828060200 22356777 发票专用章

收款人　　　　　　复核　　　　　　开票人 王春晓　　　　　销货单位（章）

注：增值税专用发票抵扣联（略）

税总函（2019）102 号 杭州豪彼印务有限公司

第二联：发票联　购货方记账凭证

业务 12： 无形资产成本摊销。

无 形 资 产 摊 销 单

2019 年 11 月 30 日　　　　　　　　　　　　　　　单位：元

无形资产类别	账面价值	使用年限	月摊销额
1 号专利	500 000	120 个月	4 167
MGT 专利权	300 000	120 个月	2 500
合　　计			6 667

会计　　　　　　复核　　　　　　记账　　　　　　制单

参考答案

业务 1

借：工程物资——螺纹钢	45 200
应交税费——应交增值税（进项税额）	5 868
贷：银行存款	50 850
库存现金	218

业务 2

借：在建工程——四号综合楼工程	45 200
贷：工程物资——螺纹钢	45 200

业务 3
借：工程物资——水泥 16 000
  应交税费——应交增值税（进项税额） 2 080
   贷：银行存款 18 080

业务 4
借：固定资产——东风运输汽车 240 000
  应交税费——应交增值税（进项税额） 31 200
   贷：银行存款 271 200

业务 5
借：在建工程——四号综合楼工程 300 000
   贷：银行存款 300 000

业务 6
借：固定资产清理 30 000
  累计折旧 150 000
   贷：固定资产 180 000

业务 7
借：固定资产清理 900
  应交税费——应交增值税（进项税额） 81
   贷：库存现金 981

业务 8
借：银行存款 3 000
   贷：固定资产清理 3 000

业务 9
借：营业外支出 27 900
   贷：固定资产清理 27 900

业务 10
借：制造费用—— 一车间 55 000
  管理费用 26 600
  销售费用 2 400
   贷：累计折旧 84 000

业务 11
借：无形资产——专利权 300 000
  应交税费——应交增值税（进项税额） 18 000
   贷：银行存款 318 000

业务 12
借：管理费用 6 667
   贷：累计摊销 6 667

项目四
资金岗位会计

任务一 | 负债筹资核算

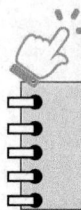

基本内容框架

- 短期借款核算：含义、种类、账户设置及典型业务核算
- 长期借款核算：含义、种类、账户设置及典型业务核算
- 一般公司债券核算：一般公司债券发行价格确定、账户设置及典型业务核算

主要知识点分析

一、短期借款的核算

短期借款核算中的主要知识点如表 4-1 所示。

表 4-1　　　　　　　　　　　短期借款核算中的主要知识点

项　目	内　　容		
概念	短期借款是指企业向银行或其他金融机构借入的期限在一年以内（含一年）的各种借款，主要包括临时借款、经营周转借款、票据贴现借款和结算借款		
账户	"短期借款"（负债类）		
典型业务核算	① 取得借款时 借：银行存款 　　贷：短期借款	② 计提利息时 借：财务费用 　　贷：银行存款（按月计算并支付，或到期一次还本付息且数额不大的） 　　　　应付利息（按月预提分季支付，或到期一次还本付息且数额较大的）	③ 归还本金时 借：短期借款 　　贷：银行存款 【注】通常最后一期利息在还本时同时支付，无须计提

二、长期借款的核算

长期借款核算中的主要知识点如表 4-2 所示。

表 4-2　　　　　　　　　　　长期借款核算中的主要知识点

项　目	内　　容
概念	长期借款是指企业向银行或其他金融机构借入的期限在 1 年以上（不含 1 年）的借款
账户	"长期借款"（负债类）

续表

项 目	内 容	
典型业务核算	① 取得借款时 借：银行存款（实得金额） 　贷：长期借款——本金 　　　　——利息调整	③ 归还本息时 借：长期借款——应计利息（到期一次还本付息） 　　　　——本金 　应付利息（分期付息） 　贷：银行存款 【注】长期借款到期时，"长期借款——利息调整"账户余额为零
	② 利息结算方法：分期支付或到期还本时一次支付。当企业取得长期借款的名义利率与实际利率不一致时，资产负债表日借款利息费用应按实际利率法计算确定，即按长期借款的摊余成本和实际利率计算各期利息费用 　　应计利息＝面值×票面利率 　　计入成本费用的利息费用＝期初摊余成本×实际利率 　　计提利息并分摊利息调整金额时，编制如下会计分录 借：财务费用、管理费用、在建工程、研发支出、制造费用等 　贷：长期借款——应计利息（到期还本付息） 　应付利息（分期付息） 　长期借款——利息调整（名义利率与实利率不一致时）	

三、一般公司债券的核算

一般公司债券核算中的主要知识点如表 4-3 所示。

表 4-3　　　　　　　　　　　　　一般公司债券核算中的主要知识点

项 目	内 容
概念	一般公司债券是指企业为了筹集长期资金依照法定程序对外发行的，约定在 1 年或长于 1 年的一个营业周期以上的期限内还本付息的有价证券
账户	"应付债券"（负债类），应按债权人设置明细账，并分别按"面值""利息调整""应计利息"进行明细核算
债券发行	① 债券发行价格＝债券面值按市场利率的折现值＋债券利息按市场利率的折现值。其中， 　债券面值按市场利率的折现值＝债券面值×复利现值系数 　分期付息情况下，债券利息按市场利率的折现值＝每个付息期的利息额×年金现值系数 　到期一次还本付息时，债券利息按市场利率的折现值＝利息总额×复利现值系数 ② 发行方式：平价发行即票面利率＝市场利率，发行价格＝面值；溢价发行即票面利率＞市场利率，发行价格＞面值；折价发行即票面利率＜市场利率，发行价格＜面值
典型业务核算	① 发行债券收到款项时 借：银行存款（实际取得金额） 　贷：应付债券——面值（债券面值） 　　　　——利息调整（差额）（溢价在贷方，折价在借方） ② 计提利息并摊销溢折价时，每期计入"在建工程"等账户的利息费用＝期初摊余成本×实际利率；每期确认的"应付利息"或"应付利息——应计利息"＝债券面值×票面利率 借：在建工程、制造费用、财务费用等 　应付债券——利息调整（溢价在借方、折价在贷方） 　贷：应付利息（分期付息） 　应付债券——应计利息（到期一次还本付息）

续表

项　目	内　　容
典型业务核算	③ 到期归还本金和利息 借：应付债券——面值 　　　　　　——应计利息（到期一次还本付息） 　　应付利息（分期付息） 　贷：银行存款

任务训练

一、理论知识题

（一）单项选择题

1. 核算短期借款利息不可能涉及的会计账户是（　　）。

　　A. 应付利息　　　　　B. 财务费用　　　　　C. 银行存款　　　　　D. 短期借款

2. 分期付息、到期一次还本长期借款利息计提时，应贷记（　　）账户。

　　A. "长期借款"　　　B. "预提费用"　　　C. "应付利息"　　　D. 财务费用"

3. 当债券的票面利率（　　）市场利率时，应溢价发行债券。

　　A. 小于　　　　　　　B. 等于　　　　　　　C. 大于　　　　　　　D. 以上均不对

4. 计提债券利息和摊销溢价时，应按（　　）借记"财务费用"等账户。

　　A. 应计利息　　　　　　　　　　　　　B. 溢价摊销额

　　C. 应计利息与溢价摊销额的差额　　　D. 应计利息与溢价摊销额之和

5. 就发行债券企业而言，债券溢价实质上是（　　）。

　　A. 为以后少付利息而付出的代价　　　B. 为以后多付利息而得到的补偿

　　C. 为以后少得利息而得到的补偿　　　D. 实际发生的债券发行费用

（二）多项选择题

1. 长期借款利息费用的下列会计处理表述正确的有（　　）。

　　A. 筹建期间的借款利息计入管理费用

　　B. 筹建期间的借款利息计入长期待摊费用

　　C. 日常生产经营活动的借款利息计入财务费用

　　D. 符合资本化条件的借款利息计入相关资产成本

2. "应付债券"账户的借方登记（　　）。

　　A. 债券溢价的摊销　　　　　　　　　　B. 债券折价的摊销

　　C. 计提分期付息债券的应计利息　　　　D. 归还债券本金和利息

3. 决定债券发行价格的因素有（　　）。

　　A. 债券面值　　　　　　　　　　　　　B. 债券票面利率

　　C. 债券期限　　　　　　　　　　　　　D. 债券发行时的市场利率

4. "应付债券"账户明细核算应设置的账户有（　　）。

　　A. 面值　　　　B. 利息调整　　　　C. 债券溢折价　　　　D. 应计利息

5. 应付债券的溢折价摊销金额，可能计入的账户有（　　）。

A. 应付债券——应计利息　　　　　B. 应付债券——利息调整

C. 在建工程　　　　　　　　　　　D. 财务费用

（三）判断题

1. "短期借款"账户的期末贷方余额反映企业尚未偿还的短期借款的本息。（　　）

2. 为建造固定资产而发生的长期借款利息，在固定资产交付使用后所发生的，直接计入当期损益。（　　）

3. 资产负债表日，企业应按应付债券的摊余成本和实际利率计算确定债券利息费用，按票面利率计算确定应付未付利息。（　　）

4. 无论是面值发行，还是溢价或折价发行，债券到期后其"应付债券——利息调整"账户余额均为零。（　　）

5. 公司债券的发行方式有三种，即平价发行、溢价发行和折价发行，溢价或折价实质上是发行债券企业在债券存续期内对利息费用的一种调整。（　　）

二、分项能力题

（一）单项选择题

1. 某公司 2019 年 1 月 1 日从银行借入资金 1 000 万元，借款期限为 2 年，年利率为 5%，利息从 2020 年开始每年年初支付，到期时归还本金及最后一年利息。2019 年 12 月 31 日该长期借款的账面价值为（　　）万元。

A. 1 050　　　　　B. 1 100　　　　　C. 1 000　　　　　D. 100

2. 某企业于 2019 年 7 月 1 日按面值发行 5 年期、到期一次还本付息的公司债券，该债券面值总额为 8 000 万元，票面年利率为 4%，自发行日起计息。假定票面利率与实际利率一致，不考虑相关税费，2020 年 12 月 31 日该应付债券的账面价值为（　　）万元。

A. 8 480　　　　　B. 8 000　　　　　C. 8 320　　　　　D. 8 160

3. 某股份有限公司于 2019 年 1 月 1 日折价发行 4 年期、到期一次还本付息公司债券，债券面值 500 万元，票面年利率为 10%，实际利率为 12%，发行价格为 480 万元。债券折价采用实际利率法摊销。该债券 2019 年度发生的利息费用为（　　）万元。

A. 7.6　　　　　B. 20　　　　　C. 57.6　　　　　D. 50

4. 某公司于 2019 年 1 月 1 日发行面值总额为 1 000 万元、期限为 5 年的债券。该债券票面利率为 6%，每年初付息、到期一次还本，发行价格总额为 1 043.27 万元，债券溢价采用实际利率法摊销，实际利率为 5%。2019 年 12 月 31 日该应付债券的摊余成本为（　　）万元。

A. 1 000　　　　　B. 1 060　　　　　C. 1 035.43　　　　　D. 1 095.43

5. 2020 年 1 月 1 日，某企业向银行借入资金 600 000 元，期限为 6 个月，年利率为 5%，借款利息分月计提，季末支付，本金到期一次偿还。下列各项中，2020 年 6 月 30 日，该企业支付借款利息的会计处理正确的是（　　）。

```
A. 借：财务费用                           5 000
     应付利息                             2 500
       贷：银行存款                              7 500
B. 借：财务费用                           7 500
       贷：银行存款                              7 500
C. 借：应付利息                           5 000
```

  贷：银行存款 5 000
  D. 借：财务费用 2 500
    应付利息 5 000
    贷：银行存款 7 500

（二）多项选择题

1. 甲公司 2020 年 1 月 1 日从农业银行借入 500 000 元临时借款，年利率为 6%，期限为 6 个月。合同约定借款利息按季支付。下列有关借款取得、利息计提及本金归还的账务处理正确的有（ ）。

  A. 取得借款存入银行时
    借：银行存款 500 000
     贷：短期借款——农业银行（临时借款） 500 000
  B. 1 月、2 月、4 月、5 月，每月月末计提利息时
    借：财务费用 2 500
     贷：应付利息 2 500
  C. 3 月，实际支付第一季度借款利息时
    借：应付利息 5 000
     财务费用 2 500
     贷：银行存款 7 500
  D. 6 月 30 日支付本金和第二季度利息时
    借：应付利息 5 000
     财务费用 2 500
     短期借款——农业银行（临时借款） 500 000
     贷：银行存款 507 500

2. 甲公司为建造厂房，于 2019 年 1 月 1 日向建设银行借入期限为 2 年、利率为 9%、按年付息、到期一次还本的借款 100 万元，款项已存入银行。当年 1 月 10 日工程正式开工，预付首期工程价款为 60 万元。该厂房于 2020 年 8 月底完工到达预定可使用状态。下列有关账务处理正确的有（ ）。

  A. 2019 年 1 月 1 日，取得借款时，编制如下会计分录
    借：银行存款 1 000 000
     贷：长期借款——建设银行 1 000 000
  B. 2019 年 12 月 31 日，应计提 2019 年借款利息 9 万元，编制如下会计分录
    借：在建工程 90 000
     贷：应付利息 90 000
  C. 2020 年 8 月，应计提当年 1—8 月借款利息 6 万元，编制如下会计分录
    借：在建工程 60 000
     贷：应付利息 60 000
  D. 2020 年 12 月 31 日，应计提 9—12 月利息 3 万元，编制如下会计分录
    借：财务费用 30 000
     贷：应付利息 30 000

3. 2018 年 1 月 1 日，甲公司经批准发行 3 年期面值为 5 000 000 元的公司债券。该债券每年

初付息、到期一次还本，票面年利率为 3%，发行价格为 4 861 265 元。发行债券筹集的资金已收到用于补充流动资金。利息调整采用实际利率法，经计算的实际利率为 4%。则甲公司有关发行债券、年末计提利息和到期偿还本金的下列账务处理正确的有（　　　）。

A.　2018 年 1 月 1 日，发行债券取得款项时，编制如下会计分录

借：银行存款　　　　　　　　　　　　　　　　　　　　4 861 265

应付债券——利息调整　　　　　　　　　　　　　138 735

贷：应付债券——面值　　　　　　　　　　　　　　5 000 000

B.　2018 年年末，应确认的利息费用＝4 861 265×4%＝194 450.6（元）

应摊销的利息调整金额＝194 450.6－5 000 000×3%＝44 450.6（元）

借：财务费用　　　　　　　　　　　　　　　　　　　194 450.60

贷：应付利息　　　　　　　　　　　　　　　　　　150 000.00

应付债券——利息调整　　　　　　　　　　　　44 450.60

2019 年年末，应确认的利息费用＝（4 861 265＋44 450.6）×4%＝196 228.62（元）

应摊销的利息调整金额＝196 228.62－5 000 000×3%＝46 228.62（元）

借：财务费用　　　　　　　　　　　　　　　　　　　196 228.62

贷：应付利息　　　　　　　　　　　　　　　　　　150 000.00

应付债券——利息调整　　　　　　　　　　　　46 228.62

2020 年年末，应摊销的利息调整金额＝138 735－44 450.6－46 228.62＝48 055.78（元）

应确认的利息费用＝5 000 000×3%＋48 055.78　＝198 055.78（元）

借：财务费用　　　　　　　　　　　　　　　　　　　198 055.78

贷：应付利息　　　　　　　　　　　　　　　　　　150 000.00

应付债券——利息调整　　　　　　　　　　　　48 055.78

C.　到期偿还本息时，编制如下会计分录

借：应付债券——面值　　　　　　　　　　　　　　　5 000 000

应付利息　　　　　　　　　　　　　　　　　　　150 000

贷：银行存款　　　　　　　　　　　　　　　　　　5 150 000

D.　到期偿还本息时，编制如下会计分录

借：应付债券——面值　　　　　　　　　　　　　　　5 000 000

贷：银行存款　　　　　　　　　　　　　　　　　　5 000 000

4.　下列关于企业发行一般公司债券的会计处理，正确的有（　　　）。

A.　无论是按面值发行，还是溢价发行或折价发行，均应按债券面值记入"应付债券"账户的"面值"明细账户

B.　实际收到的款项与面值的差额，应记入"利息调整"明细账户

C.　对于利息调整，企业应在债券存续期间内选用实际利率法或直线法进行摊销

D.　资产负债表日，企业应按应付债券的面值和实际利率计算确定当期的债券利息费用

三、综合分析题

甲公司 2017 年 7 月 1 日经批准发行 3 年期、年利率为 6%（不计复利）、到期一次还本付息、面值总额为 1 000 万元的公司债券。假定债券发行时的市场利率为 7%，发行债券所筹资金全部用于厂房建造，工程项目在发行债券前已经开工建造，于 2018 年 12 月 31 日达到预定可使用状态。已知期限 3 年、利率为 7% 的复利现值系数为 0.816 3，年金现值系数为 2.624 3。

要求：

① 计算甲公司该批债券的实际发行价格。

② 编制甲公司利息费用表。

③ 编制债券发行、利息计提及还本付息的相关会计分录。

参考答案

一、理论知识题

（一）单项选择题

1. D   2. C   3. C   4. C   5. B

（二）多项选择题

1. ACD   2. AD   3. ABCD   4. ABD   5. BCD

（三）判断题

1. ×   2. √   3. √   4. √   5. √

二、分项能力题

（一）单项选择题

1. C   2. A   3. C   4. C   5. B

（二）多项选择题

1. ABCD   2. ABCD   3. ABC   4. AB

三、综合分析题

（1）债券实际发行价格＝10 000 000×0.816 3＋10 000 000×6%×2.624 3

＝9 737 580（元）

（2）各年利息费用计算如表 4-4 所示。

表 4-4   利息费用计算表   单位：元

付息日期	应付利息	利息费用	摊销的折价	摊余成本
2017.07.01				9 737 580.00
2017.12.31	300 000.00	340 815.30	40 815.30	9 778 395.30
2018.12.31	600 000.00	684 487.67	84 487.67	9 862 882.97
2019.12.31	600 000.00	690 401.81	90 401.81	9 953 284.78
2020.06.30	300 000.00	346 715.22	46 715.22	10 000 000.00

（3）债券发行、利息计提及还本付息的相关会计分录如下。

2017 年 7 月 1 日，发行债券取得款项时，

借：银行存款   9 737 580

     应付债券——利息调整   262 420

         贷：应付债券——面值   10 000 000

2017 年 12 月 31 日，计提利息并摊销折价时，

借：在建工程　　　　　　　　　　　　　　　　　　340 815.3
　　贷：应付债券——利息调整　　　　　　　　　　　　　40 815.3
　　　　　　　　——应计利息　　　　　　　　　　　　　300 000

2018 年 12 月 31 日计提利息并摊销折价时，

借：在建工程　　　　　　　　　　　　　　　　　　684 487.67
　　贷：应付债券——利息调整　　　　　　　　　　　　　84 487.67
　　　　　　　　——应计利息　　　　　　　　　　　　　600 000

2019 年 12 月 31 日计提利息并摊销折价时，

借：财务费用　　　　　　　　　　　　　　　　　　690 401.81
　　贷：应付债券——利息调整　　　　　　　　　　　　　90 401.81
　　　　　　　　——应计利息　　　　　　　　　　　　　600 000

2020 年 6 月 30 日计提利息并摊销折价时，

借：财务费用　　　　　　　　　　　　　　　　　　346 715.22
　　贷：应付债券——利息调整　　　　　　　　　　　　　46 715.22
　　　　　　　　——应计利息　　　　　　　　　　　　　300 000

2020 年 6 月 30 日还本付息时，

借：应付债券——面值　　　　　　　　　　　　　10 000 000
　　　　　　——应计利息　　　　　　　　　　　　1 800 000
　　贷：银行存款　　　　　　　　　　　　　　　　11 800 000

任务二 | 权益筹资核算

基本内容框架

- 所有者权益认知：所有者权益的概念、特征及构成内容
- 实收资本（股本）核算：含义、种类、账户设置及典型业务核算
- 资本公积核算：含义、内容、账户设置及典型业务核算
- 留存收益核算 { 利润分配及未分配利润核算：账户设置及典型业务核算
　　　　　　　　盈余公积的核算：含义、账户设置及典型业务核算

主要知识点分析

一、对所有者权益的认知

所有者权益认知中的主要知识点如表 4-5 所示。

表 4-5　　　　　　　　　　所有者权益认知中的主要知识点

项　　目	内　　容
概念	所有者权益（或股东权益）是指企业资产扣除负债后由所有者享有的剩余权益

续表

项　目	内　容
特征	一般不要求直接偿还；投资者可以凭借对企业的所有权参与企业的经营管理；投资者以股利或利润的形式参与企业利润分配
构成内容	所有者权益按来源渠道不同分为投入资本和留存收益。投入资本分为所有者投入资本和直接计入所有者权益的利得和损失；留存收益是企业经营过程中实现的利润留存
列示	资产负债表中，所有者权益通常按实收资本（股本）、其他权益工具、资本公积、其他综合收益、盈余公积和未分配利润列示

二、实收资本（股本）的核算

实收资本（股本）核算中的主要知识点如表 4-6 所示。

表 4-6　　　　　　　　　　　　　实收资本（股本）核算中的主要知识点

项　目	内　容			
概念	实收资本是指投资者按照企业章程或合同、协议的约定实际投入企业的资本，在股份制企业中称为股本。根据我国《企业法人登记管理条例》的规定，除国家另有规定外，企业的注册资金与实收资本应保持一致			
账户设置	"实收资本"（所有者权益类）			
典型业务核算	实收资本增加	① 接受投资者投入 借：银行存款（实收金额） 　　固定资产等（合同协议价） 　　贷：实收资本（非股份有限公司）（注册资本中所占份额） 　　　　股本（股份有限公司）（每股面值×发行股份总额） 　　　　资本公积——资本（或股本）溢价（差额）	② 资本公积或盈余公积转增 【提示】应按原投资者各自的出资比例计算各投资者应增加的实收资本或股本的份额 借：资本公积或盈余公积 　　贷：实收资本（或股本）	
	实收资本减少	非股份有限公司	按法定程序批准减资，按减少注册资本金额减少实收资本 借：实收资本 　　贷：银行存款	
		股份有限公司	采用库存股方式收购本公司股票减资 【注】库存股是指由公司购回而没有注销，并由该公司持有的已发行股份，在"库存股"账户核算 借：股本（面值总额） 　　资本公积——股本溢价、盈余公积、利润分配——未分配利润（购回股票支付的价款高于面值总额的差额，依上述账户按序确认） 　　贷：库存股（注销库存股的账面余额） 　　　　资本公积——股本溢价（购回股票支付价款低于面值总额的差额） 　　　　银行存款（实际支付款）	

三、资本公积的核算

资本公积核算中的主要知识点如表 4-7 所示。

表 4-7   资本公积核算中的主要知识点

项　目	内　容
概念	资本公积是归企业投资者共享、非收益转化的资本金。从法律上讲，资本公积不是法定资本，但它可以按法定程序转增资本。从形成渠道上看，资本公积包括资本溢价（或股本溢价）和直接计入所有者权益的利得和损失。资本溢价（或股本溢价）是企业收到投资者超出其在企业注册资本（或股本）中所占份额的投资。直接计入所有者权益的利得和损失是指不应计入当期损益，会导致所有者权益发生增减变动，与所有者投入资本或向所有者分配利润无关的利得或损失
账户设置	"资本公积"（所有者权益类），本账户应设置"资本溢价（或股本溢价）""其他资本公积"等明细账户进行核算

典型业务核算	资本溢价形成	除股份有限公司外的企业，在创立时投资者认缴的出资额与注册资本一致，不会产生资本溢价，但有新的投资者加入时，新加入的投资者要付出大于原投资者的出资额，超出部分形成资本溢价
	股本溢价形成	股份有限公司发行股票，实际收到款超过股票面值总额的部分形成股本溢价 【提示】发行股票发生的手续费、佣金等发行费用，溢价发行股票的，可从溢价中抵扣，冲减资本公积（股本溢价）；股票发行无溢价或溢价金额不足以抵扣的，不足抵扣的部分应冲减盈余公积和未分配利润
	其他资本公积	其他资本公积是指除资本（或股本）溢价项目以外的资本公积，主要是直接计入所有者权益的利得和损失，包括权益法核算的长期股权投资产生的资本公积、投资性房地产转换产生的资本公积等
	资本公积转增资本	《中华人民共和国公司法》规定，资本公积的用途主要是转增资本，不得用于亏损弥补

四、留存收益的核算

留存收益核算中的主要知识点如表 4-8 所示。

表 4-8   留存收益核算中的主要知识点

项　目	内　容		
概念	留存收益是指企业通过其生产经营活动而创造的利润、尚未分配给股东的净收益，包括盈余公积和未分配利润		
利润分配	含义	利润分配是指企业根据国家有关规定和企业章程、协议等，对当年可供分配利润在投资主体和企业之间进行的划分	
	公式	可供分配利润＝当年实现的净利润＋年初未分配利润（或－年初未弥补亏损）＋其他转入	
	分配顺序	提取法定盈余公积，提取任意盈余公积，向投资者分配利润，剩余的利润形成未分配利润	
	① 结转本年利润。盈余时（亏损则反之） 借：本年利润 　贷：利润分配 　　　——未分配利润	② 提取法定盈余公积、宣告发放现金股利时 借：利润分配——提取法定盈余公积 　　　　——提取任意盈余公积 　　　　——应股股利 　贷：盈余公积——法定盈余公积 　　　　——任意盈余公积 　　　　——应付股利	③ 结转利润分配 借：利润分配——未分配利润 　贷：利润分配——提取法定盈余公积 　　　　——提取任意盈余公积 　　　　——应付股利

项　目		内　　容
盈余公积	含义	盈余公积是指企业按规定从净利润中提取的企业积累资金，包括法定盈余公积和任意盈余公积。公司制企业应按净利润的10%提取法定盈余公积。非公司制企业法定盈余公积的提取比例可超过净利润的10%，但累计额达到注册资本50%时可不再提取。公司制企业和非公司制企业经权力机构批准，均可提取任意盈余公积 【注】计提基数不包括年初未分配利润
	用途	盈余公积经批准可用于弥补亏损、转增资本、发放现金股利或利润等。用盈余公积转增资本后，其余额不得低于注册资本（转增前）的25%

提取盈余公积时	补亏时	转增资本
借：利润分配——提取法定盈余公积 　　　　——提取任意盈余公积 　贷：盈余公积——法定盈余公积 　　　　——任意盈余公积	借：盈余公积——法定盈余公积 　　　　——任意盈余公积 　贷：利润分配——盈余公积 　　　　　　　　补亏	借：盈余公积——法定盈余公积 　　　　——任意盈余公积 　贷：实收资本（或股本）

任务训练

一、理论知识题

（一）单项选择题

1. 下列各项，不属于所有者权益的是（　　）。
   A. 资本溢价
   B. 投资者投入资本
   C. 计提的盈余公积
   D. 应付高管人员的薪酬

2. 股份有限公司溢价发行股票所支付的手续费应首先（　　）。
   A. 从溢价收入中扣除
   B. 计入开办费
   C. 计入财务费用
   D. 发起人负担

3. 现行企业会计制度规定，企业盈余公积可依法定程序转增资本金，但转增后（　　）。
   A. 法定盈余公积金不受限制
   B. 法定盈余公积金不得高于注册资本的25%
   C. 法定盈余公积金不得低于注册资本的25%
   D. 任意盈余公积金必须为零

4. 我国公司制企业的法定盈余公积是按照当年实现的（　　）的10%提取的。
   A. 净利润
   B. 利润总额
   C. 未分配利润
   D. 营业收入

5. 下列各项中，不影响企业当期可供分配利润的是（　　）。
   A. 年初未分配利润
   B. 提取法定盈余公积
   C. 其他转入的可供分配利润
   D. 当年实现的净利润

（二）多项选择题

1. 下列项目中，属于资本公积核算内容的有（　　）。
   A. 企业收到投资者出资额超出其在注册资本或股本中所占份额的部分

  B. 直接计入所有者权益的利得

  C. 直接计入所有者权益的损失

  D. 企业收到投资者的出资额

2. 下列项目中，可能引起资本公积变动的有（ ）。

  A. 计入当期损益的利得

  B. 投资者实际交付的资金超过其按约定比例在注册资本中享有的份额

  C. 分配优先股股利

  D. 处置采用权益法核算的长期股权投资

3. 下列各项中，能够引起所有者权益总额变化的有（ ）。

  A. 本年利润转入利润分配   B. 增发新股

  C. 回购并注销库存股   D. 支付已宣告分派的现金股利

4. 下列各项中，会引起负债和所有者权益同时发生变动的有（ ）。

  A. 盈余公积转增资本   B. 交易性金融资产公允价值变动

  C. 转销确实无法支付的应付账款 D. 宣告分派现金股利

5. 下列各项中，不会引起留存收益总额发生增减变动的有（ ）。

  A. 结转利润分配   B. 资本公积转增资本

  C. 盈余公积弥补亏损   D. 税后利润弥补亏损

（三）判断题

1. 企业年末资产负债表中的未分配利润的金额一定等于"本年利润"账户的年末余额。

                         （ ）

2. 企业溢价发行股票发生的手续费、佣金应从溢价中抵扣，溢价金额不足抵扣的调整留存收益。   （ ）

3. 年度终了除"未分配利润"明细账外，"利润分配"的其他明细账户应当无余额。（ ）

4. 企业用当年实现的利润弥补亏损时，无须单独做出相应的会计处理。 （ ）

5. 企业增发新股会使所有者权益总额增加，回购库存股会使所有者权益总额减少。 （ ）

二、分项能力题

（一）单项选择题

1. 甲有限责任公司由两位投资者投资 200 万元设立，每人各出资 100 万元。一年后，为扩大经营规模，经批准该公司注册资本增加到 300 万元，并引入第三位投资者加入。按协议约定，新投资者需缴入现金 120 万元，同时享有该公司三分之一的股份。假定不考虑其他因素，甲公司接受第三位投资者时应确认的资本公积为（ ）万元。

  A. 200   B. 250   C. 110   D. 20

2. 甲股份有限公司委托 A 证券公司发行普通股 2 000 万股，每股面值为 1 元，每股发行价格为 5 元。根据合同约定，股票发行成功后，甲股份有限公司应按发行收入的 2% 向 A 证券公司支付发行费。假定不考虑其他因素，甲股份有限公司记入"资本公积"账户的金额为（ ）万元。

  A. 9 200   B. 8 250   C. 7 800   D. 200

3. 某企业年初未分配利润贷方余额为 200 万元，本年实现净利润 2 000 万元，按净利润的 10%提取法定盈余公积，提取任意盈余公积 100 万元，该企业年末可供分配利润为（ ）万元。

  A. 2 200   B. 1 900   C. 2 000   D. 2 100

4. 甲公司年初未分配利润贷方余额为 200 万元，本年利润总额为 800 万元，本年所得税费用为 300 万元，按净利润 10% 提取法定盈余公积，提取任意盈余公积 25 万元，向投资者分配利润 25 万元。该企业年末未分配利润为贷方余额（　　　）万元。

  A. 600　　　　　　B. 650　　　　　　C. 625　　　　　　D. 570

5. 某上市公司经股东大会批准以银行存款回购并注销本公司股票 1 000 万股，每股面值为 1 元，回购价为每股 1.5 元。该公司注销股份时"资本公积——股本溢价"账户余额为 2 000 万元，"盈余公积"账户余额为 800 万元，不考虑其他因素。该公司注销股份时的下列会计处理正确的是（　　　）。

  A. 借记"盈余公积"账户 500 万元

  B. 借记"库存股"账户 1 000 万元

  C. 借记"资本公积——股本溢价"账户 500 万元

  D. 借记 "股本"账户 1 500 万元

（二）多项选择题

1. 甲公司注册资本为 40 万元，由 A 和 B 分别出资 20 万元成立。经营两年后，为增加公司资本吸收 C 加入。经有关部门批准后，甲公司实施增资，将注册资本增加到 90 万元。经三方协商，完成下述投入后三方各拥有甲公司 30 万元实收资本，并各占甲公司 1/3 的股份，协议约定投入资产按评估值入账。各方出资情况如下：A 投入一台设备，该设备原价为 18 万元，已提折旧 9.5 万元，评估确认原价 18 万元，评估确认净值 12.6 万元。B 投入一批原材料，该批材料账面价值为 10.5 万元，评估确认价值 11 万元，税务部门认定应交增值税额为 1.43 万元，已开具增值税专用发票。C 投入银行存款 39 万元。根据以上资料，下列关于甲公司接受 A、B、C 三方投资的账务处理正确的有（　　　）。

  A. 接受 A 设备投入，编制如下会计分录

   借：固定资产   126 000

    贷：实收资本——A   100 000

     资本公积——资本溢价   26 000

  B. 接受 B 原材料投入，编制如下会计分录

   借：原材料   110 000

    应交税费——应交增值税（进项税额） 14 300

    贷：实收资本——B   100 000

     资本公积——资本溢价   24 300

  C. 接受 C 银行存款投入，编制如下会计分录

   借：银行存款   390 000

    贷：实收资本——C   300 000

     资本公积——资本溢价   90 000

  D. 接受 C 银行存款投入，编制如下会计分录

   借：银行存款   390 000

    贷：实收资本——C   390 000

2. 甲公司 2019 年 12 月 31 日的股本为 20 000 万股，每股面值为 1 元，资本公积（股本溢价）为 5 000 万元，盈余公积为 3 000 万元。经股东大会批准，甲公司以现金回购本公司股票 3 000 万股并予以注销。下列关于股票回购及注销的处理正确的有（　　　）。

A. 假定每股回购价为 0.8 元，回购并注销股票应编制如下会计分录

借：库存股 　　　　　　　　　　　　　　　　　　　2 400
　　贷：银行存款 　　　　　　　　　　　　　　　　　　2 400
借：股本 　　　　　　　　　　　　　　　　　　　　　3 000
　　贷：库存股 　　　　　　　　　　　　　　　　　　　2 400
　　　　资本公积——股本溢价 　　　　　　　　　　　　　600

B. 假定每股回购价为 2 元，回购并注销股票应编制如下会计分录

借：库存股 　　　　　　　　　　　　　　　　　　　6 000
　　贷：银行存款 　　　　　　　　　　　　　　　　　　6 000
借：股本 　　　　　　　　　　　　　　　　　　　　　3 000
　　资本公积——股本溢价 　　　　　　　　　　　　　3 000
　　贷：库存股 　　　　　　　　　　　　　　　　　　　6 000

C. 假定每股回购价为 3 元，回购并注销股票应编制如下会计分录

借：库存股 　　　　　　　　　　　　　　　　　　　9 000
　　贷：银行存款 　　　　　　　　　　　　　　　　　　9 000
借：股本 　　　　　　　　　　　　　　　　　　　　　3 000
　　资本公积——股本溢价 　　　　　　　　　　　　　5 000
　　盈余公积 　　　　　　　　　　　　　　　　　　　1 000
　　贷：库存股 　　　　　　　　　　　　　　　　　　　9 000

D. 股份有限公司收购本公司股票方式减资无须做账务处理，只做备查账即可

3. 南方公司 2019 年年初未分配利润为借方余额 16 万元（全部为 2018 年度发生的经营亏损）。2019 年实现利润总额 320 万元，该企业适用所得税税率为 25%，按净利润 10% 提取法定盈余公积。南方公司的下列处理正确的有（　　　　）。

A. 不考虑其他纳税调整事项，2019 年应缴纳的所得税为 76 万元
B. 2019 年实现净利润 244 万元
C. 2019 年可供分配利润为 228 万元
D. 2019 年应提取法定盈余公积 24.4 万元

4. 东盛公司 2019 年有关资料如下："未分配利润"年初贷方余额为 100 万元，2019 年实现净利润 200 万元，按法定要求提取法定盈余公积后，宣告派发现金股利 150 万元。东盛公司下列业务处理正确的有（　　　　）。

A. 2019 年年末结转净利润账户，编制如下会计分录

借：本年利润 　　　　　　　　　　　　　　　　　2 000 000
　　贷：利润分配——未分配利润 　　　　　　　　　2 000 000

B. 2019 年年末提取盈余公积，编制如下会计分录

借：利润分配——提取法定盈余公积 　　　　　　　　200 000
　　贷：盈余公积——法定盈余公积 　　　　　　　　　200 000

C. 2019 年年末宣告分派现金股利，编制如下会计分录

借：利润分配——应付现金股利 　　　　　　　　　1 500 000
　　贷：应付股利 　　　　　　　　　　　　　　　　1 500 000

D. 2019 年结转未分配利润账户，编制如下会计分录

借：利润分配——未分配利润 　　　　　　　　　　1 700 000

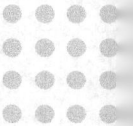

  贷：利润分配——提取法定盈余公积　　　　　　　　　　　　200 000
    ——应付现金股利　　　　　　　　　　　　　　　　1 500 000

三、综合分析题

（一）

资料：甲股份有限公司（以下简称甲公司）2012—2019年有关业务资料如下。

（1）2012年1月1日，甲公司股东权益总额35 400万元，其中，股本10 000万元，每股面值为1元，资本公积20 000万元（全部为股本溢价），盈余公积5 000万元，未分配利润400万元。2012年实现净利润350万元，股本与资本公积项目未发生变化。

（2）2013年3月5日，甲公司董事会提出如下预案：按2012年实现的净利润10%提取法定盈余公积；以2012年12月31日股本总额为基数，以资本公积（股本溢价）转增股本，每10股转增4股，计3 000万股。2013年5月6日，甲公司召开股东大会审议批准了董事会提出的预案，同时决定分派现金股利200万元。2013年6月6日，甲公司办妥了资本公积转增股本的全部手续。2013年甲公司发生净亏损2 340万元。

（3）2014—2019年，甲公司分别实现利润总额200万元、250万元、300万元、400万元、500万元和550万元。假定甲公司适用所得税税率为25%，无其他纳税调整事项。

（4）2020年4月8日，甲公司股东大会决定以法定盈余公积弥补2019年12月31日账面累计未弥补亏损。

假定2013年发生的亏损可用以后5年内实现的税前利润弥补，除上述事项外，不考虑其他因素。

要求：

（1）编制甲公司2013年3月提取法定盈余公积的会计分录。

（2）编制甲公司2013年5月宣告分派现金股利的会计分录。

（3）编制甲公司2013年6月资本公积转增股本的会计分录。

（4）编制甲公司2013年度结转当年净亏损的会计分录。

（5）计算甲公司2019年应交所得税并编制结转当年净利润的会计分录。

（6）计算甲公司2019年12月31日账面累计未弥补亏损。

（7）编制甲公司2020年5月以法定盈余公积弥补亏损的会计分录。

（二）

资料：甲公司为增值税一般纳税人，2018年1月1日由A、B、C三位股东共同出资设立，注册资本为500万元。出资协议约定A、B、C三位股东出资比例分别为50%、30%和20%。有关资料如下。

（1）2018年1月1日三位股东的出资方式及出资额如表4-9所示。

表4-9　　　　　　　　　　　三位股东的出资方式及出资额表　　　　　　　　　　单位：万元

出资者	货币资金	实物资产	无形资产	合　计
A	210		40（专利权）	250
B	60	90（设备）		150
C	60	40（轿车）		100
合计	330	130	40	500

各位股东的出资已全部到位，并经中国注册会计师验证，有关法律手续已办妥。

（2）2018 年甲公司实现净利润 400 万元，决定分配现金股利 100 万元，计划在 2019 年 3 月日支付。

（3）2019 年 12 月 31 日，甲公司注册资本增至 700 万元。吸收 D 股东加入，D 股东投入银行存款 43.5 万元、原材料 56.5 万元（增值税专用发票注明增值税 6.5 万元），取得增资后注册资本 14% 的股份；其余 100 万元增资额分别由 A、B、C 三位股东按原持股比例以银行存款出资。2019 年 12 月 31 日全部股东的出资额均已到位，有关法律手续已办妥。

要求：

（1）编制甲公司 2018 年 1 月 1 日收到投资者投入资本时的会计分录。

（2）编制甲公司 2018 年决定分配现金股利时的会计分录。

（3）计算甲公司 2019 年 12 月 31 日吸收 D 股东出资时产生的资本公积。

（4）编制甲公司 2019 年 12 月 31 日增资扩股后各股东的持股比例。

参考答案

一、理论知识题

（一）单项选择题

1. D　　　2. A　　　3. C　　　4. A　　　5. B

（二）多项选择题

1. ABC　　2. BD　　3. BC　　4. CD　　5. ABCD

（三）判断题

1. ×　　　2. √　　　3. √　　　4. √　　　5. √

二、分项能力题

（一）单项选择题

1. D　　　2. C　　　3. A　　　4. A　　　5. C

（二）多项选择题

1. ABC　　2. ABC　　3. ABCD　　4. ABCD

三、综合分析题

（一）

（1）借：利润分配——提取法定盈余公积　　　　　　　　　　　350 000

　　　　贷：盈余公积——法定盈余公积　　　　　　　　　　　　　　　350 000

　　　借：利润分配——未分配利润　　　　　　　　　　　　　　350 000

　　　　贷：利润分配——提取法定盈余公积　　　　　　　　　　　　　350 000

（2）借：利润分配——应付现金股利　　　　　　　　　　　　2 000 000

　　　　贷：应付股利　　　　　　　　　　　　　　　　　　　　　　2 000 000

借：利润分配——未分配利润 2 000 000

　　贷：利润分配——应付现金股利 2 000 000

（3）借：资本公积——股本溢价 200 000 000

　　　贷：股本 200 000 000

（4）借：利润分配——未分配利润 23 400 000

　　　贷：本年利润 23 400 000

（5）2013年甲公司发生净亏损2 340万元可用以后5年内实现的税前利润弥补，可税前弥补的总额＝200＋250＋300＋400＋500＝1 650万元，仍未弥补的690万元不得继续在2020年用税前利润弥补，则

2020年应交所得税＝550×25%＝137.5（万元）

　　　借：所得税费用 1 375 000

　　　　贷：应交税费——应交所得税 1 375 000

　　　借：本年利润 1 375 000

　　　　贷：所得税费用 1 375 000

　　　借：本年利润 1 375 000

　　　　贷：利润分配——未分配利润 1 375 000

（6）截至2019年账面累计未弥补亏损＝（400＋350−35−200）−2 340＋（200＋250＋300＋400＋500）＋137.5＝−37.5（万元）（亏损）

（7）借：盈余公积——法定盈余公积 375 000

　　　贷：利润分配——盈余公积补亏 375 000

　　　借：利润分配——盈余公积补亏 375 000

　　　贷：利润分配——未分配利润 375 000

（二）

（1）借：银行存款 3 300 000

　　　　固定资产 1 300 000

　　　　无形资产 400 000

　　　贷：实收资本——A 2 500 000

　　　　　　　——B 1 500 000

　　　　　　　——C 1 000 000

（2）借：利润分配——应付现金股利 1 000 000

　　　贷：应付股利——A 500 000

　　　　　　　——B 300 000

　　　　　　　——C 200 000

　　　借：利润分配——未分配利润 1 000 000

　　　贷：利润分配——应付现金股利 1 000 000

（3）2019年12月31日D股东出资时产生的资本公积＝（43.5＋56.5）−700×14%＝2（万元）。

借：银行存款 1 415 000

　　原材料 500 000

　　应交税费——应交增值税（进项税额） 85 000

　　贷：实收资本——A 500 000

——B	300 000
——C	200 000
——D	980 000
资本公积——股本溢价	20 000

（4）2019 年 12 月 31 日后各股东的持股比例为：

A＝（250＋50）/700＝43%

B＝（150＋30）/700＝26%

C＝（100＋20）/700＝17%

D＝98/700＝14%

任务三 | 金融资产核算

基本内容框架

- 金融工具认知：金融工具的概念与分类
- 金融资产认知：金融资产的认定与分类
- 金融资产核算：以摊余成本计量的金融资产、以公允价值计量且其变动计入其他综合收益的金融资产、以公允价值计量且其变动计入当期损益的金融资产

主要知识点分析

一、对金融工具的认知

金融工具认知中的主要知识点如表 4-10 所示。

表 4-10　　　　　　　　　　　　金融工具认知中的主要知识点

项　　目	内容
概念	金融工具是指形成一方金融资产并形成另一方金融负债或权益工具的合同，如现金、股票、债券等
特征	① 金融工具以合同为基础，非合同形成的资产和负债不属于金融工具，如应交企业所得税不属于金融工具
	② 金融工具通常需要通过支付现金或者其他金融资产进行结算，不通过现金结算的资产和负债不属于金融工具，如预付账款和预收账款不属于金融工具
分类	金融工具包括金融资产、金融负债和权益工具。对于承担合同权利一方形成金融资产，而对于承担合同义务一方形成金融负债或权益工具

二、对金融资产的认知

金融资产认知中的主要知识点如表 4-11 所示。

表 4-11　　　　　　　　　　　　　金融资产认知中的主要知识点

项　目	内　容		
概念	金融资产是指企业持有的现金、其他方权益工具以及符合下列条件之一的资产：①从其他方收取现金或其他金融资产的合同权利；②在潜在有利条件下，与其他方交换金融资产或金融负债的合同权利；③将来须用或可用企业自身权益工具进行结算的非衍生工具合同，且企业根据该合同将收到可变数量的自身权益工具；④将来须用或可用企业自身权益工具进行结算的衍生工具合同，但以固定数量的自身权益工具交换固定金额的现金或其他金融资产的衍生工具合同除外		
分类	分类依据	企业应当根据其管理金融资产的业务模式和金融资产的合同现金流量特征对金融资产进行分类	
		管理金融资产的业务模式，是指企业如何管理其金融资产以产生现金流量。具体有三种 ① 以收取合同现金流量为目标（即收取本金利息） ② 以收取合同现金流量和出售金融资产为目标（即收取本金利息＋出售） ③ 其他业务模式	
		合同现金流量的特征是指金融工具合同约定的反映相关金融资产经济特征的现金流量属性。金融资产的合同现金流量仅包括两种：①本金的支付（即收本）；②以未偿付本金金额为基础的利息的支付（即收息）。这一工作也叫 SPPI 测试	
	金融资产种类	金融资产同时符合下列条件的，应当分类为以摊余成本计量的金融资产 ① 企业管理该金融资产的业务模式以收取合同现金流量为目标（即收取本息） ② 该金融资产的合同条款规定，在特定日期产生的现金流量仅为对本金和以未偿付本金为基础的利息支付（即能通过 SPPI 测试）	
		金融资产同时符合下列条件的，应当分类为以公允价值计量且其变动计入其他综合收益的金融资产 ① 企业管理该金融资产的业务模式既以收取合同现金流量为目标又以出售该金融资产为目标（即收取本息＋出售） ② 该金融资产的合同条款规定，在特定日期产生的现金流量仅为对本金和以未偿付本金为基础的利息的支付（即能通过 SPPI 测试）	
		除分类为以摊余成本计量的金融资产和以公允价值计量且其变动计入其他综合收益的金融资产之外的金融资产，应分类为以公允价值计量且其变动计入当期损益的金融资产	

三、以摊余成本计量的金融资产的核算

以摊余成本计量的金融资产核算中的主要知识点（以债权投资为例）如表 4-12 所示。

表 4-12　　　　　　　　以摊余成本计量的金融资产核算中的主要知识点

项　目	内　容
账户	"债权投资"，属于资产类账户，核算企业持有的以摊余成本计量的债券投资的成本、应计利息等相关信息增减变动情况。下设"成本""利息调整""应计利息"三个明细账户，其中，"成本"记录债券投资的面值，"利息调整"记录债券投资初始投资成本与面值的差额，"应计利息"记录到期一次还本付息债券投资计提的利息 【提示】分期付息债券利息通过"应收利息"账户核算，不在"债权投资——应计利息"账户核算
初始计量（取得）	按公允价值进行初始计量，相关交易费用计入初始成本，实际支付的价款中包含已到付息期但尚未领取的债券利息，应当单独确认为应收项目 借：债权投资——成本（面值） 　　　　　　——利息调整（差额，或贷记） 　　应收利息/债权投资——应计利息（已到付息期但未领取的利息） 　　贷：银行存款等（实际支付金额）

续表

项 目	内 容	
初始计量（取得）	【提示】交易费用是指可以直接归属于购买、发行或处置该金融工具的增量费用。增量费用是指企业没有发生购买、发行或处置相关金融工具的情形就不会发生的费用，包括支付给代理机构、咨询公司、券商、证券交易所、政府相关部门等的手续费、佣金、相关税费以及其他必要支出。【提示】增量费用不包括债券溢价、折价、融资费用、内部管理成本和持有成本等与交易不直接相关的费用	
后续计量（持有期间）	企业应当采用实际利率法，按摊余成本对该类金融资产进行后续计量。企业按照摊余成本和实际利率计算确认的利息收入计入"投资收益"账户	
	计提利息，并分摊利息调整 借：应收利息/债权投资——应计利息（债券面值×票面利率） 　　贷：投资收益（期初摊余成本×实际利率） 　　　　债权投资——利息调整（差额，或借记） 分期付息债券，收到利息 借：银行存款 　　贷：应收利息	【提示】实际利率法是指按照金融资产的实际利率计算其摊余成本及各期利息收入的方法。实际利率是指将金融资产在预计存续期的估计未来现金流量折现为该金融资产摊余成本所使用的利率 【提示】摊余成本是指该金融资产的初始确认金额经下列调整后的结果：①扣除已偿还的本金；②加上或减去采用实际利率法将该初始确认金额与到期日金额之间的差额进行摊销形成的累计摊销额；③扣除计提的累计信用减值准备（指实际发生的减值）
	计提减值 借：信用减值损失 　　贷：债权投资减值准备	
终止确认（出售）	借：银行存款（实际收取金额） 　　债权投资减值准备（余额结平） 　　贷：债权投资——成本（余额结平） 　　　　——利息调整（余额结平） 　　　　——应计利息（余额结平） 　　投资收益（差额，或借记）	

四、以公允价值计量且其变动计入其他综合收益的金融资产的核算

（1）分类为以公允价值计量且其变动计入其他综合收益的金融资产核算中的主要知识点如表4-13所示。

表4-13　分类为以公允价值计量且其变动计入其他综合收益的金融资产核算中的主要知识点

项 目	内 容	
账户	"其他债权投资"，属于资产类账户，核算企业持有的分类为以公允价值计量且其变动计入其他综合收益的金融资产的成本、应计利息等相关信息增减变动情况。该账户下设"成本""利息调整""应计利息""公允价值变动"四个账户。 【提示】"公允价值变动"记录资产负债表日债券投资账面余额与公允价值之间的差额。除"公允价值变动"外，其他明细账户的相关内容与"债权投资"账户所述完全相同	
初始计量（取得）	按公允价值进行初始计量，相关交易费用计入初始成本，实际支付的价款中包含已到付息期但尚未领取的债券利息，应当单独确认为应收项目	【提示】此类金融资产的初始计量及持有期间计提利息处理与第一类"债权投资"原则完全相同。区别只是一级账户改为"其他债权投资"

项　目	内　容	
初始计量（取得）	借：其他债权投资——成本（面值） 　　　　　　——利息调整（差额，或贷记） 　　应收利息/债权投资——应计利息（已到付息期但未领取的利息） 　贷：银行存款等（实际支付金额）	【提示】此类金融资产的初始计量及持有期间计提利息处理与第一类"债权投资"原则完全相同。区别只是一级账户改为"其他债权投资"
后续计量（持有期间）	计提利息，并分摊利息调整 借：应收利息/债权投资——应计利息（债券面值×票面利率） 　贷：投资收益（期初摊余成本×实际利率） 　　　其他债权投资——利息调整（差额，或借记） 分期付息债券，收到利息 借：银行存款 　贷：应收利息	
	资产负债表日，按该类金融资产的公允价值高于其账面价值的差额 借：其他债权投资——公允价值变动 　贷：其他综合收益 反之，做相反分录	【提示】此两项内容是该类金融资产区别于其他金额资产独有的处理 【提示】公允价值变动不影响摊余成本
	计提减值 借：信用减值损失 　贷：其他综合收益——信用减值准备	
终止确认（出售）	借：银行存款（实际收取金额） 　贷：其他债权投资——成本（余额结平） 　　　　　　——利息调整（余额结平） 　　　　　　——应计利息（余额结平） 　　投资收益（差额，或借记）	将之前计入其他综合收益的累计利得或损失应当从其他综合收益转出计入当期损益 借：其他综合收益 　贷：投资收益 或做相反分录

（2）指定为以公允价值计量且其变动计入其他综合收益的金融资产核算中的主要知识点如表4-14所示。

表4-14　指定为以公允价值计量且其变动计入其他综合收益的金融资产核算中的主要知识点

项　目	内　容	
	【提示】此类金融资产通常产生于非交易性权益工具投资，即股票投资	
账户	"其他权益工具投资"，属于资产类账户，核算企业持有的指定为以公允价值计量且其变动计入其他综合收益的金融资产的成本增减变动情况。该账户下设"成本""公允价值变动"两个账户	
初始计量（取得）	按公允价值进行初始计量，相关交易费用计入初始成本，实际支付的价款中包含已宣告但尚未发放的现金股利，应当单独确认为应收项目 借：其他权益工具投资——成本（公允价值＋交易费用） 　　应收股利（已宣告但尚未发放的现金股利） 　贷：银行存款等（实际支付金额）	
后续计量（持有期间）	投资持有期间被投资单位宣告发放现金股利时，按应享有的份额 借：应收股利 　贷：投资收益	收到现金股利时 借：银行存款 　贷：应收股利

续表

项　目	内　容	
后续计量 （持有 期间）	资产负债表日，按该类金融资产的公允价值高于其账面价值的差额 借：其他权益工具投资——公允价值变动 　　贷：其他综合收益 公允价值下降，做相反分录	
	持有期间不计提损失准备 若有汇兑差额，计入其他综合收益	【提示】此项是此类金融资产独有的处理，与"其他债权投资"区别
终止确认 （出售）	借：银行存款（实际收取金额） 　　贷：其他债权投资——成本（余额结平） 　　　　　　　　　　——公允价值变动 　　　　投资收益（差额，或借记）	应当将之前计入其他综合收益的累计利得或损失从其他综合收益转出计入当期损益 借：其他综合收益 　　贷：投资收益 或做相反分录

五、以公允价值计量且其变动计入当期损益的金融资产的核算

以公允价值计量且其变动计入当期损益的金融资产核算中的主要知识点如表 4-15 所示。

表 4-15　　　　以公允价值计量且其变动计入当期损益的金融资产核算中的主要知识点

项目	内容	
账户	"交易性金融资产"，属于资产类账户，核算企业持有的以公允价值计量且其变动计入当期损益的金融资产增减变动情况。该账户下设"成本""公允价值变动"两个账户。"成本"记录购入时的公允价值，"公允价值变动"记录资产负债表日交易性金融资产账面余额与公允价值之间的差额	
初始 计量 （取得）	以公允价值进行初始计量，相关交易费用计入投资收益，购买价款中包含的已到付息期但尚未领取的债券利息或已宣告但尚未发放的现金股利计入应收款项 借：交易性金融资产——成本（公允价值）（倒挤） 　　应收股利或应收利息（已宣告但尚未发放的现金股利或已到付息期但尚未领取的利息） 　　投资收益（交易费用） 　　应交税费——应交增值税（进项税额） 　　贷：银行存款等（实际支付金额）	
后续 计量 （持有 期间）	被投资单位宣告发放现金股利（或确认利息）时，应按享有的金额 借：应收股利或应收利息 　　贷：投资收益	收到现金股利和应收利息时 借：银行存款 　　贷：应收股利或应收利息
	资产负债表日，交易性金融资产的公允价值高于其账面价值的差额 借：交易性金融资产——公允价值变动 　　贷：公允价值变动损益 公允价值下降，做相反分录	
终止 确认 （出售）	借：银行存款等（实际收取金额） 　　贷：交易性金融资产——成本（余额结平） 　　　　　　　　　　——公允价值变动（余额结平， 　　　　　　　　　　　　或借） 　　　　投资收益（差额，或借记）	【提示】处置交易性金融资产时，对以前期间确认的"公允价值变动损益"无须再做转"投资收益"处理

🌱 任务训练

一、理论知识题

（一）单项选择题

1. 下列各项金融资产中，应按公允价值进行初始计量且交易费用不计入初始入账价值的是（   ）。

    A. 以公允价值计量且其变动计入当期损益的金融资产

    B. 以摊余成本计量的金融资产

    C. 应收款项

    D. 以公允价值计量且其变动计入其他综合收益的金融资产

2. 未发生减值的债权投资如为一次还本付息债券投资，应于资产负债表日按票面利率计算确定的利息，借记"债权投资——应计利息"账户，按债权投资期初摊余成本和实际利率计算确定的利息收入，贷记"投资收益"账户，按其差额，借记或贷记的账户是（   ）。

    A. 公允价值变动损益   B. 债权投资——成本

    C. 债权投资——应计利息   D. 债权投资——利息调整

3. 资产负债表日，其他权益工具投资的公允价值发生暂时性下跌，在进行账务处理时，贷记"其他权益工具投资——公允价值变动"账户，应借记的账户是（   ）。

    A. 营业外支出   B. 信用减值损失   C. 其他综合收益   D. 投资收益

4. 企业取得交易性金融资产支付的总价款中，应计入交易性金融资产入账价值的是（   ）。

    A. 取得时已宣告但尚未发放的现金股利

    B. 支付代理机构的手续费

    C. 支付给咨询公司的佣金

    D. 支付的买价

5. 企业取得一项交易性金融资产，在持有期间，被投资单位宣告分派股票股利，下列做法正确的是（   ）。

    A. 按企业应分得的金额计入当期投资收益

    B. 按分得的金额计入资本公积

    C. 被资单位宣告分派股票股利，投资单位无须进行账务处理

    D. 企业应当在实际收到时才进行账务处理

（二）多项选择题

1. 企业将金融资产划分为以摊余成本计量的金融资产时，需要符合的条件有（   ）。

    A. 企业管理该金融资产的业务模式是以出售该金融资产为目标

    B. 企业管理该金融资产的业务模式是以收取合同现金流量为目标

    C. 企业管理该金融资产的业务模式既以收取合同现金流量为目标又以出售该金融资产为目标

    D. 该金融资产的合同条款规定，在特定日期产生的现金流量，仅为对本金和以未偿付本金金额为基础的利息的支付

2. 下列各项中，关于债权投资处置的说法正确的有（   ）。

A. 处置时要将原确认的信用减值损失冲减

B. 按照处置价款与处置时点账面价值之间的差额计入投资收益

C. 处置时点要结转持有期间计提的减值准备

D. 摊余成本与账面价值相等

3. 关于交易性金融资产的会计处理，下列各项表述正确的有（   ）。

A. 应当按照取得时的公允价值和相关的交易费用作为初始确认金额

B. 持有期间确认的利息或现金股利，应当确认为投资收益

C. 支付的价款中包含已宣告但尚未发放的现金股利或已到期但尚未领取的债券利息，应单独确认为应收项目

D. 资产负债表日，企业应将其公允价值变动计入当期损益

4. 下列各项资产中，取得时发生的交易费用应当计入初始入账价值的有（   ）。

A. 其他权益工具投资　　　　　　　　B. 交易性金融资产

C. 债权投资　　　　　　　　　　　　D. 其他债权投资

5. 处置金融资产时，下列会计处理方法不正确的有（   ）。

A. 处置其他债权投资时，原直接计入所有者权益的公允价值变动累计额不再调整

B. 企业收回或处置其他权益工具投资时，应将取得的价款与该金融资产账面价值之间的差额计入投资收益

C. 处置债权投资时，应将所取得价款与该投资账面价值之间的差额计入投资收益（或利息收入）

D. 处置以公允价值计量且其变动计入当期损益的金融资产时，不需要调整原公允价值变动累计额

（三）判断题

1. 如果企业管理其金融资产的业务模式既以收取合同现金流量为目标，又有出售的动机，同时该金融资产的合同现金流量为本金及利息，则通常是将该金融资产分类为以公允价值计量且其变动计入当期损益的金融资产。　　　　　　　　　　　　　　　（   ）

2. 债权投资在持有期间应当按照面值和票面利率计算确认利息收入，记入"投资收益"账户。　　　　　　　　　　　　　　　　　　　　　　　　　　　　　　（   ）

3. 企业购入的债券投资如果作为交易性金融资产核算，在持有期间应当按照面值乘以票面利率计算的利息确认投资收益。　　　　　　　　　　　　　　　　　（   ）

4. 处置交易性金融资产时，该金融资产的公允价值与处置时账面价值之间的差额应确认为投资收益。　　　　　　　　　　　　　　　　　　　　　　　　　（   ）

5. 企业取得以公允价值计量且其变动计入其他综合收益的金融资产时，所支付的对价中包含的已宣告但尚未领取的债券利息，应当单独确认为应收项目进行处理。　　　　（   ）

二、分项能力题

（一）单项选择题

1. 2020 年 4 月 1 日，甲股份有限公司购入面值为 1 000 万元的 3 年期债券并划分为以摊余成本计量的金融资产，实际支付的价款为 1 500 万元，其中包含已到付息期但尚未领取的债券利息 20 万元，另支付相关税费 10 万元。该项债权投资的初始入账金额为（   ）万元。

A. 1 510　　　　　B. 1 490　　　　　C. 1 500　　　　　D. 1 520

2. 2020年3月1日，甲公司从二级市场购入乙公司发行的股票100万股，直接指定为以公允价值计量且其变动计入当期损益的金融资产，乙公司的股票为每股价格10元，甲公司另支付交易费用1万元。乙公司于3月5日宣告按每股分配0.1元的比例分配现金股利，甲公司于3月10日收到现金股利10万。3月20日，甲公司以每股11元的价格将股票全部出售，另支付交易费用1万元，则2020年3月甲公司应确认的投资收益为（　　　）万元。

  A. 110   B. 109   C. 108   D. 98

3. 2020年1月10日，甲股份有限公司购入某上市公司股票200万股，直接指定为以公允价值计量且其变动计入当期损益的金融资产，每股购买价格为15元，另外支付手续费40万元。4月20日，收到该上市公司按每股2元发放的现金股利。12月31日该股票的市价为每股19元。2020年该交易性金融资产对甲公司营业利润的影响额为（　　　）万元。

  A. 1 180   B. 1 160   C. 1 280   D. −40

4. 甲公司于2020年2月20日从证券市场购入A公司股票50 000股，直接指定为以公允价值计量且其变动计入当期损益的金融资产，每股买价8元，另外支付印花税及佣金4 000元。A公司于2020年4月10日宣告发放现金股利，每股为0.30元。甲公司于2020年5月20日收到该现金股利15 000元并存入银行。至12月31日，该股票的市价为450 000元。甲公司2020年对该项金融资产应确认的投资收益为（　　　）元。

  A. 15 000   B. 11 000   C. 50 000   D. 61 000

5. 2020年1月1日，甲公司溢价购入乙公司当日发行的到期一次还本付息的3年期债券，作为债权投资核算，并于每年年末计提利息。2020年年末，甲公司按照票面利率确认当年的应计利息590万元，利息调整的摊销金额为10万元，不考虑相关税费及其他因素，2020年度甲公司对该债券投资应确认的收益为（　　　）万元。

  A. 600   B. 580   C. 10   D. 590

（二）多项选择题

1. 甲公司于2020年1月1日购入A公司当日发行的3年期公司债券，实际支付价款为52 802.1万元，债券面值为50 000万元，每半年付息一次，到期还本，票面年利率为6%，实际半年利率2%。甲公司根据其管理该债券的业务模式和该债券的合同现金流量特征，将该债券分类为债权投资核算。根据上述资料，甲公司进行的下列会计处理中，正确的有（　　　）。

  A. 2020年6月30日，利息调整摊销额为887.92万元

  B. 2020年12月31日，利息调整摊销额为452.84万元

  C. 2020年甲公司确认的投资收益金额为2 103.2万元

  D. 2020年12月31日，"债权投资——利息调整"的余额为1 905.3万元

2. 下列有关交易性金融资产会计处理的表述中，正确的有（　　　）。

  A. 交易性金融资产持有期间发生的公允价值变动应计入公允价值变动损益

  B. 交易性金融资产不应计提减值准备

  C. 取得交易性金融资产时发生的交易费用均应计入投资收益

  D. 处置交易性金融资产时，对于持有期间累计确认的公允价值变动损益应转入投资收益

3. 关于以公允价值计量且其变动计入当期损益的金融资产的会计处理，下列各项中正确的有（　　　）。

  A. 企业划分为以公允价值计量且其变动计入当期损益的金融资产的股票、债券、基金，应当按照取得时的公允价值和相关的交易费用作为初始确认金额

B. 企业在持有以公允价值计量且其变动计入当期损益的金融资产期间确认的利息或现金股利，应当确认为投资收益

C. 支付的价款中包含已宣告或已到期但尚未发放的现金股利或债券利息，应当单独确认为应收项目

D. 资产负债表日，企业应将以公允价值计量且其变动计入当期损益的金融资产的公允价值变动计入当期损益

4. 2019 年 10 月 10 日，甲公司自证券市场购入乙公司发行的股票 100 万股，共支付价款 860 万元，其中包括交易费用 4 万元，甲公司将其直接指定为以公允价值计量且其变动计入当期损益的金融资产。购入时，乙公司已宣告但尚未发放的现金股利为每股 0.16 元。2019 年年末该股票的公允价值为每股 7 元，2020 年 4 月 5 日乙公司宣告分红，每股红利为 0.5 元，于 5 月 1 日实际发放。2020 年 5 月 4 日甲公司出售该交易性金融资产，收到价款 960 万元。据此，下列会计核算指标中正确的有（　　　　）。

A. 交易性金融资产的入账成本为 840 万元

B. 交易性金融资产处置时的投资收益为 260 万元

C. 交易性金融资产交易费用 4 万元应做投资损失认定

D. 该交易性金融资产追加的 2019 年营业利润额为 310 万元

5. 2019 年 1 月 1 日，甲公司以 3 133.5 万元购入乙公司当日发行的面值总额为 3 000 万元的债券，甲公司根据其管理该债券的业务模式和该债券的合同现金流量特征，将该债券分类为债权投资核算。该债券期限为 3 年，票面年利率为 5%，实际年利率为 4%，每年年末付息一次，到期偿还本金。不考虑增值税等相关税费及其他因素，关于该债权投资的下列处理表述正确的有（　　　　）。

A. 2019 年 1 月 1 日购入债券时，编制如下会计分录

借：债权投资——面值　　　　　　　　　　　　　30 000 000

　　　　——利息调整　　　　　　　　　　　　　1 335 000

　贷：银行存款　　　　　　　　　　　　　　　　31 335 000

B. 2019 年 12 月 31 日应确认债权投资收益 125.34 万元，编制如下会计分录

借：应收利息　　　　　　　　　　　　　　　　　1 500 000

　贷：投资收益　　　　　　　　　　　　　　　　1 253 400

　　债权投资——利息调整　　　　　　　　　　　246 600

C. 2020 年 12 月 31 日确认债权投资收益 124.356 万元

D. 2021 年 12 月 31 日债权投资的账面余额为 3 000 万元

三、综合分析题

（一）

资料：甲公司为某市一家电器上市公司，每半年对外提供中期财务报告，2020 年发生如下与金融资产有关的业务。

（1）2020 年 1 月 1 日，以赚取差价为目的从二级市场购入乙公司一批债券，并将其划分为交易性金融资产。合计支付价款 2 060 万元，其中含已到付息期但尚未领取的 2019 年下半年利息 60 万元；另支付交易费用 40 万元，全部款项以银行存款支付。该债券面值为 2 000 万元，剩余期限为 3 年，票面利率为 6%，每半年付息一次。

2020 年 1 月 10 日，收到乙公司债券 2019 年下半年利息 60 万元。

2020 年 6 月 30 日，乙公司债券公允价值为 1 960 万元（不含利息）。

2020 年 7 月 10 日，收到乙公司债券 2019 年上半年利息。

2020 年 8 月 15 日，通过二级市场将该债券全部出售，实际收到价款 2 400 万元。

（2）2020 年 5 月 10 日从二级市场购入丙公司股票 100 万股，实际支付全部价款 607.6 万元（含交易费用 0.6 万元，已宣告但未发放现金股利 7 万元），取得丙公司有表决权股份的 3%。甲公司将其划分为交易性金融资产。

2020 年 6 月 10 日，收到丙公司发放的 2019 年现金股利 7 万元。

2020 年 6 月 30 日，丙公司股票收盘价为每股 6.2 万元。

2020 年 8 月 10 日，以每股 6.5 万元的价格将股票全部转让，同时支付证券交易税等交易费用 0.8 万元。

要求：假定不考虑其他因素（单位：万元）

（1）编制与乙公司债券有关业务的会计分录。

（2）编制与丙公司股票有关业务的会计分录。

（二）

资料：2016 年 1 月 1 日，甲公司支付价款 1 000 000 元（含交易费用）从深圳证券交易所购入 A 公司同日发行的 5 年期公司债券 12 500 份，债券面值总额为 1 250 000 元，票面年利率为 4.72%。该债券单利计息到期一次还本付息。合同约定：A 公司在遇到特定情况下可以将债券赎回，且不需要为提前赎回支付额外款项。甲公司在购买债券时，预计 A 公司不会提前赎回。甲公司有意图也有能力将该债券持有至到期。

要求：

（1）判断甲公司取得 A 公司债券时应划分的金融资产类别，说明理由。

（2）假定不考虑所得税、减值损失等因素，该债券的实际利率为 9.05%，计算甲公司债券持有期间各年度应收利息、投资收益及摊余成本，计算结果，填入表 4-16 中。

表 4-16　　　　　　　　　　　　　　　　计算结果

日　　期	应收利息	投资收益	利息调整摊销	摊余成本
2016.1.1				
2016.12.31				
2017.12.31				
2018.12.31				
2019.12.31				
2020.12.31				
合计				

（3）编制各年度相关会计分录。

参考答案

一、理论知识题

（一）单项选择题

1. A　　　　2. D　　　　3. C　　　　4. D　　　　5. C

（二）多项选择题

1. BD　　　　2. BCD　　　3. BCD　　　4. ACD　　　5. AB

（三）判断题

1. ×　　　　2. ×　　　　3. √　　　　4. √　　　　5. √

二、分项能力题

（一）单项选择题

1. B　　　　2. C　　　　3. B　　　　4. B　　　　5. B

（二）多项选择题

1. BCD　　　2. ABC　　　3. BCD　　　4. ABCD　　　5. ABCD

三、综合分析题

（一）

（1）2020 年 1 月 1 日购入乙公司债券时，

借：交易性金融资产——乙公司债券——成本　　　　　　　　20 000 000

　　应收利息——乙公司　　　　　　　　　　　　　　　　　600 000

　　投资收益　　　　　　　　　　　　　　　　　　　　　　400 000

　　贷：银行存款　　　　　　　　　　　　　　　　　　　　　　21 000 000

2020 年 1 月 10 日收到乙公司 2019 年下半年利息时，

借：银行存款　　　　　　　　　　　　　　　　　　　　　　600 000

　　贷：应收利息——乙公司　　　　　　　　　　　　　　　　　600 000

2020 年 6 月 30 日确认公允价值变动损益＝2 000－1 960＝40（万元），2020 年上半年利息收入＝2 000×6%/2＝60（万元）。

借：公允价值变动损益——乙公司债券　　　　　　　　　　　400 000

　　贷：交易性金融资产——乙公司债券——公允价值变动　　　　400 000

借：应收利息——乙公司　　　　　　　　　　　　　　　　　600 000

　　贷：投资收益　　　　　　　　　　　　　　　　　　　　　600 000

2020 年 7 月 10 日收到乙公司 2020 年上半年利息时，

借：银行存款　　　　　　　　　　　　　　　　　　　　　　600 000

　　贷：应收利息——乙公司　　　　　　　　　　　　　　　　　600 000

2020 年 8 月 15 日出售乙公司债券时，

借：银行存款　　　　　　　　　　　　　　　　　　　　　　24 000 000

　　交易性金融资产——乙公司债券——公允价值变动　　　　　400 000

　　贷：交易性金融资产——乙公司债券——成本　　　　　　　　20 000 000

　　　　投资收益　　　　　　　　　　　　　　　　　　　　　4 400 000

（2）2020 年 5 月 10 日购入丙公司股票时，

借：交易性金融资产——丙公司股票——成本　　　　　　　　6 000 000

　　应收股利——丙公司　　　　　　　　　　　　　　　　　70 000

　　投资收益　　　　　　　　　　　　　　　　　　　　　　6 000

  贷：银行存款   6 076 000

丙公司股票单位成本＝（6 076 000－70 000－6 000）/1 000 000＝6（元/股）

2020年6月10日收到丙公司发放的现金股利时，

  借：银行存款   70 000

    贷：应收股利——丙公司   70 000

2020年6月30日确认丙公司股票公允价值变动＝（6.2－6）×100＝20（万元）

  借：交易性金融资产——丙公司股票——公允价值变动 200 000

    贷：公允价值变动损益——丙公司股票   200 000

2020年8月10日出售丙公司股票时，

丙公司股票出售价格＝6.5×100＝650（万元）

出售丙公司股票取得价款＝650－0.8＝649.2（万元）

  借：银行存款   6 492 000

    贷：交易性金融资产——丙公司股票——成本   6 000 000

         ——公允价值变动   200 000

      投资收益   292 000

（二）

（1）合同约定：A公司在遇到特定情况下可以将债券赎回，且不需要为提前赎回支付额外款项。甲公司在购买债券时，预计A公司不会提前赎回。甲公司有意图也有能力将该债券持有至到期。说明甲公司管理金融资产的业务模式是持有收取合同现金流量，且现金流量特征仅为收取本金和利息，所以甲公司购入A公司债券应划分为以摊余成本计量的金融资产，做债权投资核算。

（2）甲公司债券持有期间各年度应收利息、投资收益及摊余成本等计算金额如表4-17所示。

表4-17   计算结果

日　　期	投资收益	应计利息	利息调整摊销（已摊折价）	摊余成本
2016.1.1				1 000 000
2016.12.31	90 500	59 000	31 500	1 090 500
2017.12.31	98 690.25	59 000	39 690.25	1 189 190.25
2018.12.31	107 621.72	59 000	48 621.72	1 296 811.97
2019.12.31	117 361.48	59 000	58 361.48	1 414 173.45
2020.12.31	130 826.55	59 000	71 826.55	1 545 000
合计	545 000	295 000	250 000	—

（3）2016年1月1日，购入A公司债券时，

  借：债权投资——A公司债券（成本）   1 250 000

    贷：银行存款   1 000 000

      债权投资——A公司债券（利息调整）   250 000

2016年12月31日，确认A公司债券实际利息收入、收到债券利息时，

  借：债权投资——A公司债券（应计利息）   59 000

       ——A公司债券（利息调整）   31 500

    贷：投资收益——A公司债券   90 500

2017年12月31日，确认A公司债券实际利息收入、收到债券利息时，

借：债权投资——A 公司债券（应计利息）　　　　　　　　　　　　59 000
　　　　　　——A 公司债券（利息调整）　　　　　　　　　　　　39 690.25
　　贷：投资收益——A 公司债券　　　　　　　　　　　　　　　　　　98 690.25

2018 年 12 月 31 日，确认 A 公司债券实际利息收入、收到债券利息时，
借：债权投资——A 公司债券（应计利息）　　　　　　　　　　　　59 000
　　　　　　——A 公司债券（利息调整）　　　　　　　　　　　　48 621.72
　　贷：投资收益——A 公司债券　　　　　　　　　　　　　　　　　107 621.72

2019 年 12 月 31 日，确认 A 公司债券实际利息收入、收到债券利息时，
借：债权投资——A 公司债券（应计利息）　　　　　　　　　　　　59 000
　　　　　　——A 公司债券（利息调整）　　　　　　　　　　　　58 361.48
　　贷：投资收益——A 公司债券　　　　　　　　　　　　　　　　　117 361.48

2020 年 12 月 31 日，确认 A 公司债券实际利息收入、收到债券利息和本金时，
借：债权投资——A 公司债券（应计利息）　　　　　　　　　　　　59 000
　　　　　　——A 公司债券（利息调整）　　　　　　　　　　　　71 826.55
　　贷：投资收益——A 公司债券　　　　　　　　　　　　　　　　　130 826.55
借：银行存款　　　　　　　　　　　　　　　　　　　　　　　　　1 545 000
　　贷：债权投资——A 公司债券（应计利息）　　　　　　　　　　　295 000
　　　　　　　——A 公司债券（成本）　　　　　　　　　　　　　1 250 000

任务四 ｜ 长期股权投资核算

基本内容框架

- **长期股权投资认知：含义与范围**
- **长期股权投资的初始计量：企业合并取得长期股权投资和非企业合并取得长期股权投资**
- **长期股权投资的后续计量：成本法与权益法**
- **长期股权投资处置核算**
- **长期股权投资减值核算**

主要知识点分析

一、对长期股权投资的认知

长期股权投资认知中的主要知识点如表 4-18 所示。

表 4-18　　　　　　　　　　　　长期股权投资认知中的主要知识点

项　目	内　容
概念	长期股权投资是指投资方对被投资单位实施控制、共同控制以及重大影响的权益性投资

续表

项　目	内　容	
长期股权投资核算范围	① 投资方能够对被投资单位实施控制的权益性投资，即对子公司投资 【提示】控制是指投资方拥有对被投资方的权力，通过参与被投资方的相关活动而享有可变回报，并且有能力运用对被投资方的权力影响其回报金额	母公司对子公司的投资在个别报表中采用成本法核算
	② 投资方与其他合营方一同对被投资方实施共同控制且对被投资方净资产享有权利的权益性投资，即对合营企业投资 【提示】共同控制是指按相关约定对某项安排所共有的控制，并且该安排的相关活动必须经过分享控制权的参与方一致同意后才能决策	合营方对合营企业的投资采用权益法核算
	③ 投资方对被投资方具有重大影响的股权投资，即对联营企业投资 【提示】重大影响是指投资方对被投资单位的财务财务和经营政策有参与决策的权力，但并不能够控制或与其他方共同控制这些政策的制定	对联营企业的投资采用权益法核算
	【提示】不具有控制、共同控制或重大影响的权益性投资，不属于长期股权投资核算范围，它属于金融资产，应按投资行为是否具有交易性分以下情况进行处理。①具有交易性的，划分为以公允价值计量且其变动计入当期损益的金融资产，在"交易性金融资产"核算。②不具有交易性的，可直接指定为以公允价值计量且其变动计入其他综合收益的金融资产，在"其他权益工具投资"核算；如果不直接指定，则划分为以公允价值计量且其变动计入当期损益的金融资产，在"交易性金融资产"核算	

二、长期股权投资的初始计量

长期股权投资初始计量中的主要知识点如表4-19所示。

表4-19　　　　　　　　　　长期股权投资初始计量中的主要知识点

项　目			内　容
企业合并形成的长期股权投资初始计量	同一控制下企业合并	原理基础	对于同一控制下的企业合并，从能够对参与合并各方在合并前及合并后均实施最终控制的一方来看，最终控制方在企业合并前及合并后能够控制的资产并没有发生变化。合并方通过企业合并形成的对被合并方的长期股权投资，其成本代表的是在被合并方账面所有者权益中享有的份额
		核算特点	① 合并方应以在合并日按照所取得的被合并方在最终控制方合并财务报表中的净资产的账面价值份额作为长期股权投资的初始投资成本。被合并方在合并日净资产账面价值为负数的，长期股权投资成本按零确定，同时在备查簿中予以登记。如果被合并方在被合并以前，是最终控制方通过非同一控制下的企业合并所控制的，则合并方长期股权投资的初始投资成本还应包含相关的商誉金额（不考虑持股比例）
			② 长期股权投资的初始投资成本与所支付合并对价的账面价值（或发行股份面值总额）的差额，应当调整资本公积（资本溢价或股本溢价）；资本公积不足冲减的，依次冲减盈余公积和未分配利润
			③ 相关费用的处理规定 A. 合并方为进行合并发生的各项直接费用如审计、法律服务、评估咨询等中介费用，于发生时计入当期损益（管理费用） B. 与发行权益工具作为合并对价直接相关的交易费用，应当冲减资本公积（股本溢价）；资本公积（股本溢价）不足冲减的，依次冲减盈余公积和未分配利润 C. 与发行债务性工具作为合并对价直接相关的交易费用，应当计入债务性工具的初始确认金额

项　目			内　容	
企业合并形成的长期股权投资初始计量	同一控制下企业合并	会计处理	借：长期股权投资（取得被合并方所有者权益账面价值的份额） 　　应收股利（支付对价中包含的已宣告但尚未发放的现金股利） 　　管理费用（审计、评估等费用） 　　资本公积——资本（股本）溢价（借方差额） 　　留存收益（依次冲减盈余公积和未分配利润） 　　贷：银行存款等（付出资产或承担债务的账面价值） 　　　　应交税费——应交增值税、消费税 　　　　股本（面值总额） 　　　　资本公积——资本（股本）溢价（贷方差额）	【提示】与非同一控制下企业合并的关键区别：同一控制下企业合并的会计处理中，除交易费用计入当期损益外，合并方不确认付出资产的处置损益
	非同一控制下企业合并	核算特点	① 长期股权投资的初始投资成本为合并方付出的合并成本，即合并方作为合并所付出的资产、发生或承担的负债、发行的权益性权益性工具或债务工具的公允价值之和	
			② 相关费用的处理规定：与同一控制下企业合并处理规定相同	
			③ 所支付的非现金资产在购买日的公允价值与其账面价值的差额按视同销售资产处理 A. 固定资产、无形资产，公允价值与账面价值的差额，计入资产处置损益借贷方 B. 长期股权投资或金融资产、公允价值与其账面价值的差额，计入投资收益 　　长期股权投资若为权益法核算：公允价值与账面价值的差额，记入投资收益；同时持有期间确认的其他综合收益和资本公积，要考虑结转到投资收益 　　其他债权投资：公允价值与账面价值的差额，记入投资收益；同时要将持有期间累计确认的其他综合收益转入投资收益 　　其他权益工具投资：公允价值与账面价值的差额，记入留存收益；同时要将持有期间累计确认的其他综合收益转入留存收益 　　交易性金融资产，公允价值与其账面价值的差额，记入投资收益；但不需要结转持有期间累计确认的公允价值变动损益 C. 存货，应当作为销售处理，以其公允价值确认收入，同时结转相应的成本 D. 投资性房地产，以其公允价值确认其他业务收入，同时结转其他业务成本	
		会计处理	① 以库存商品、原材料作为对价时 借：长期股权投资（购买日的合并成本） 　　应收股利（支付对价中包含的被合并方已宣告但未发放的现金股利） 　　贷：主营业务收入/其他业务收入（库存商品或原材料的公允价值） 　　　　应交税费——应交增值税（销项税额）	
			② 以固定资产或无形资产作为对价时 借：长期股权投资（购买日的合并成本） 　　应收股利（支付对价中包含的被合并方已宣告但未发放的现金股利） 　　累计折旧/累计摊销/固定资产减值准备/无形资产减值准备 　　贷：无形资产、固定资产清理等 　　　　资产处置损益（支付对价的公允价值与账面价值的差额，或借或贷）	
			③ 以发行权益性证券为合并对价时 借：长期股权投资（购买日的合并成本） 　　应收股利（支付对价中包含的被合并方已宣告但未发放的现金股利） 　　贷：股本（面值总额） 　　　　资本公积——股本溢价（发行证券公允价值与股本面值的差额）	

项　目	内　　容
非企业合并方式取得长期股权投资的核算	初始投资成本的计量原则：付出资产或承担负债的公允价值加上支付的直接相关费用 ① 支付现金的，为实际支付的全部购买价款，包括直接相关费用 ② 发行权益性证券的，为发行权益证券的公允价值，但发行证券支付的手续费等应从权益证券的溢价发行收入中扣除；溢价收入不足的，冲减盈余公积和未分配利润 ③ 投资者投入的，为投资合同约定的价值 ④ 通过非货币性资产交换、债务重组方式取得的，参照"非货币性资产交换""债务重组"相关规定处理

三、长期股权投资的后续计量

长期股权投资后续计量主要知识点如表4-20所示。

表4-20　　　　　　　　　　　　　　　长期股权投资后续计量主要知识点

项　目	成　本　法	权　益　法
含义	成本法是指长期股权投资按成本计价的方法。成本法下，除初始投资、追加投资以及处置投资外，投资方不调整长期股权投资的成本	权益法是指在长期股权投资初始投资成本确定后，在投资持有期间根据投资企业享有被投资单位所有者权益的份额的变动对长期股权投资的账面价值进行调整的方法
适用范围	适用于投资方对被投资单位具有控制权的长期股权投资。即对子公司投资	投资方对被投资单位具有共同控制或重大影响的长期股权投资，应当采用权益法核算。即对合营企业与联营企业投资
账户设置	总账"长期股权投资"	总账"长期股权投资"，同时，设置如下四个明细账 ① "投资成本"记录初始投资成本及其调整额 ② "损益调整"记录被投资单位实现的净利润或发生净亏损、分配的现金股利的份额 ③ "其他综合收益"记录被投资单位其他综合收益变动份额 ④ "其他权益变动"记录被投资单位除上述内容以外的所有者权益的变动份额
核算要点	① 初始投资或追加投资时，按前述初始计量所述要点处理 借：长期股权投资（初始投资成本） 　　贷：银行存款等	① 初始投资或追加投资成本确定及调整 投资方对取得投资的初始投资成本与应享有被投资单位可辨认净资产公允价值份额之间的差额，应区别情况处理 A. 当前者大于后者时，体现为商誉，不调整长期股权投资初始成本。即初始投资时 借：长期股权投资——投资成本（初始投资成本） 　　贷：银行存款等 B. 当前者小于后者时，应调增长期股权投资初始成本，做会计分录。即初始投资时 借：长期股权投资——投资成本（应享有可辨认净资产公允价值份额） 　　贷：银行存款等 　　　　营业外收入（初始投资成本与份额的差额）
	② 被投资单位期末实现净损益时，投资方不做账务处理	② 被投资单位期末实现净损益时 实现净收益时：借：长期股权投资——损益调整 　　　　　　　　　　贷：投资收益（应享有的份额）

续表

项　　目	成　本　法	权　益　法
核算要点	② 被投资单位期末实现净损益时，投资方不做账务处理	发生净亏损时，与上相反 【提示】权益法核算长期股权投资，在确认应享有或应分担被投资单位的净利润或净亏损时，在被投资单位账面净利润的基础上，应考虑以下因素的影响进行适当调整：①被投资单位采用的会计政策和会计期间与投资方不一致的，应按投资方的会计政策和会计期间对被投资单位的财务报表进行调整，在此基础上确认被投资单位的净损益；②以取得投资时被投资单位固定资产、无形资产的公允价值为基础计提的折旧额或摊销额，以及有关资产减值准备金额对被投资单位净利润的影响
	③ 被投资单位宣告分派现金股利 借：应收股利（应享有的份额） 　　贷：投资收益	③ 被投资单位宣告分派现金股利 借：应收股利（应享有的份额） 　　贷：长期股权投资——损益调整
	【提示】被投资单位宣告发放的股票股利，投资企业不必做账务处理，但应于除权日注明所增加的股数，以反映股份的变化情况	
	④ 被投资单位除净损益外，其他综合收益变动时，投资方不做账务处理	④ 被投资单位其他综合收益发生变动的，投资方应当按照归属于本企业的部分，相应调整长期股权投资的账面价值，同时增加或减少其他综合收益 借：长期股权投资——其他综合收益 　　贷：其他综合收益（应享有的份额） 或与上相反
	⑤ 被投资单位除前述以外原因的其他所有者权益变动时，投资方不做账务处理	⑤ 被投资单位除前述以外原因的其他所有者权益变动时 借：长期股权投资——其他权益变动 　　贷：资本公积——其他资本公积（应享有的份额） 或做相反会计分录
	⑥ 长期股权投资处置 借：银行存款（实际收到金额） 　　长期股权投资减值准备（账面余额） 　　贷：长期股权投资——投资成本、损益调整、其他综合收益、其他权益变动（账面余额） 　　　　借或贷：投资收益（差额） 【提示】权益法下，应同时将持有期间确认"长期股权投资——其他权益变动"而产生的资本公积转入处置损益，即： 借：资本公积——其他资本公积 　　贷：投资收益 　　或做相反分录	

任务训练

一、理论知识题

（一）单项选择题

1. A公司的下列各项权益性投资中，应作为长期股权投资核算的是（　　　　）。

A. 持有 B 公司 5% 的股权，不具有重大影响，合同现金流量仅要求未来股利分配及清算时的剩余收益权利

B. 持有 C 上市公司 1% 的股权，不具有重大影响，准备随时出售

C. 取得 D 公司 8% 的股权，能够对 D 公司的财务和经营政策施加重大影响

D. 持有 F 上市公司 100 万股股份，对 F 上市公司不具有控制、共同控制或重大影响，具有非交易性权益投资特点

2. 2020 年 5 月 1 日，甲公司购入乙公司于当日增发的普通股股票，下列关于甲公司对该股票投资确认的表述中，不正确的是（　　　）。

A. 假设甲公司占乙公司表决权资本的 12%，且为乙公司提供关键技术支持，甲公司应当将该投资确认为交易性金融资产

B. 假设甲公司占乙公司表决权资本的 10%，且计划短期内出售赚取差价收益，甲公司应当将该投资确认为交易性金融资产

C. 假设甲公司占乙公司表决权资本的 60%，能够控制乙公司，甲公司应当将该投资确认为长期股权投资

D. 假设甲公司占乙公司表决权资本的 40%，与乙公司的另一股东丁公司共同控制乙公司，甲公司应当将该投资确认为长期股权投资

3. 投资者投入的长期股权投资，如果合同或协议约定价值是公允的，应当按照（　　　）作为初始投资成本。

A. 投资合同或协议约定的价值　　　　B. 账面价值

C. 计税基础　　　　　　　　　　　　D. 市场价值

4. 非同一控制下的企业合并取得长期股权投资发生的下列项目中，应计入初始投资成本的是（　　　）。

A. 作为合并对价发行的权益性证券的公允价值

B. 企业合并中发行权益性证券发生的手续费、佣金等费用

C. 为进行企业合并而支付的审计费用

D. 为进行企业合并而支付的评估费用

5. 成本法下，被投资单位宣告分派现金股利时，投资企业应按享有的部分计入（　　　）账户。

A. 长期股权投资　　B. 投资收益　　　　C. 资本公积　　　　D. 营业外收入

6. 长期股权投资采用权益法核算时，下列各项中，影响"长期股权投资——其他综合收益"账户余额的是（　　　）。

A. 被投资单位实现净利润

B. 被投资单位因投资性房地产转换导致其他综合收益增加

C. 被投资单位宣告分配现金股利

D. 被投资单位宣告分配股票股利

7. 下列各项中，影响长期股权投资账面价值增减变动的是（　　　）。

A. 采用权益法核算的长期股权投资，持有期间被投资单位宣告分派股票股利

B. 采用权益法核算的长期股权投资，持有期间被投资单位宣告分派现金股利

C. 采用成本法核算的长期股权投资，持有期间被投资单位宣告分派股票股利

D. 采用成本法核算的长期股权投资，持有期间被投资单位宣告分派现金股利

8. 下列有关长期股权投资初始计量的表述中，正确的是（　　　）。

A. 以非现金资产为对价取得长期股权投资的，应确认非现金资产的转让损益

B. 以发行权益性证券的方式取得长期股权投资的，权益性证券发行费用应从发行溢价中扣除，溢价不足扣减的，应当冲减盈余公积和未分配利润

C. 以发行公司债券方式完成企业合并的，公司债券的发行费用应追加债券发行折价或冲减债券发行溢价，溢价不够冲抵时再调整留存收益

D. 长期股权投资初始投资成本等于入账价值

9. 权益法核算下的长期股权投资，当其初始投资成本小于应享有被投资单位可辨认净资产公允价值份额时，其差额应调增长期股权投资成本，同时贷记（　　　）账户。

A. 资本公积　　　　B. 营业外收入　　　　C. 长期股权投资　　　　D. 营业外支出

10. 下列各项中应确认投资收益的是（　　　）。

A. 长期股权投资减值损失　　　　　B. 长期股权投资处置净损益

C. 期末交易性金融资产公允价值变动　　　D. 支付与取得长期股权投资直接相关的费用

（二）多项选择题

1. 下列投资中，应作为长期股权投资核算的有（　　　）。

A. 对子公司的投资

B. 对联营企业、合营企业的投资

C. 在活跃市场中没有报价、公允价值无法可靠计量的不具有控制、共同控制和重大影响的权益性投资

D. 在活跃市场中有报价、公允价值能可靠计量的不具有控制、共同控制和重大影响的权益性投资

2. 下列关于同一控制下企业合并形成的长期股权投资会计处理表述中，正确的有（　　　）。

A. 合并方发生的评估咨询费用，应计入当期损益

B. 与发行债务工具作为合并对价直接相关的交易费用，应计入债务工具的初始确认金额

C. 与发行权益工具作为合并对价直接相关的交易费用，应计入当期损益

D. 合并成本与合并对价账面价值之间的差额，应计入其他综合收益

3. 在同一控制下的企业合并中，合并方取得的净资产账面价值的份额与支付的合并对价账面价值（或发行股份面值总额）的差额，可能调整（　　　）。

A. 利润分配——未分配利润　　　　B. 资本公积

C. 营业外收入　　　　　　　　　　D. 投资收益

4. 下列关于非同一控制下企业合并方式形成的长期股权投资的说法中，正确的有（　　　）。

A. 应以付出资产的账面价值作为初始投资成本

B. 以支付非货币性资产作为合并对价的，所支付的非货币性资产在购买日的公允价值与其账面价值的差额通常应作为资产处置损益，计入当期损益

C. 支付的对价中包含的被投资单位已宣告但尚未发放的现金股利，不构成长期股权投资成本

D. 取得投资后，被投资单位宣告发放现金股利时，投资单位确认为投资收益

5. 非企业合并方式下取得长期股权投资，下列各项中影响初始投资成本的有（　　　）。

A. 投资时支付的不含应收股利的价款

B. 为取得长期股权投资而发生的评估、审计、咨询费

C. 投资时支付的税金、手续费

D. 投资时支付款项中所含的已宣告而尚未领取的现金股利

6. 下列情形中，长期股权投资应采用成本法核算的有（　　　）。

A. 投资企业拥有被投资单位半数以上的表决权

B. 投资企业对被投资单位具有共同控制

C. 投资企业对被投资单位具有重大影响

D. 投资企业在被投资单位的董事会或类似机构占多数表决权

7. 企业采用权益法核算长期股权投资时，下列各项中，影响长期股权投资账面价值的有（　　　）。

A. 被投资单位发行一般公司债券　　　B. 被投资单位其他综合收益变动

C. 被投资单位以盈余公积转增资本　　　D. 被投资单位实现净利润

8. 采用权益法核算长期股权投资，下列各项中会影响投资企业长期股权投资账面价值的有（　　　）。

A. 被投资单位因其他权益工具投资公允价值的变动而确认其他综合收益

B. 被投资企业计提盈余公积

C. 被投资单位宣告分派股票股利

D. 计提长期股权投资减值准备

9. 投资企业的下列各项业务，不应采用成本法核算的有（　　　）。

A. 对子公司的长期股权投资

B. 对合营企业的长期股权投资

C. 对联营企业的长期股权投资

D. 对被投资单位不具有共同控制或重大影响，在活跃市场中没有报价、公允价值不能可靠计量的股权投资

10. 权益法核算长期股权投资应在"长期股权投资"账户下设置的明细账户有（　　　）。

A. 投资成本　　　B. 其他综合收益

C. 损益调整　　　D. 其他权益变动

（三）判断题

1. A公司购入B公司5%的股份，取得投资后A公司对B公司不具有重大影响，则A公司不应将其作为长期股权投资核算。　　　　　　　　　　　　　　　　　　　（　　　）

2. 投资企业对被投资单位具有共同控制，若被投资单位的股票在活跃市场上有报价，则该投资不能按长期股权投资进行核算。　　　　　　　　　　　　　　　　　　（　　　）

3. 同一控制下，投资企业以发行股票方式取得长期股权投资的，其发行费用应计入长期股权投资的初始投资成本。　　　　　　　　　　　　　　　　　　　　　（　　　）

4. 通过同一控制下的企业合并取得的长期股权投资，合并方应将长期股权投资入账价值与合并对价账面价值之间的差额，计入当期损益。　　　　　　　　　　　　　　　（　　　）

5. 在企业合并形成的长期股权投资中，合并方为企业合并发生的审计、法律服务、评估咨询等中介费用以及其他相关管理费用均不计入投资成本，而应计入发生当期的损益。　　（　　　）

6. 非同一控制下的企业合并，合并成本为购买方在购买日为取得对被购买方的控制权而付出的资产、发生或承担的负债以及发行权益性证券的账面价值。　　　　　　　　（　　　）

7. 增值税一般纳税企业以支付现金方式取得联营企业股权的，所支付的与该股权投资直接相

关的费用应计入当期损益。（　　）

8. 企业对子公司的长期股权投资应采用权益法核算。（　　）

9. 在成本法下，当被投资企业发生盈亏时，投资企业一般不做账务处理；当被投资企业宣告分派现金股利的时候，投资企业均应将分得的现金股利确认为投资收益。（　　）

10. 企业取得长期股权投资，实际支付价款中包含的已宣告但尚未发放的现金股利或利润，不构成长期股权投资的成本。（　　）

二、分项能力题

（一）单项选择题

1. 2019 年 3 月 20 日，甲公司合并乙公司，该项合并属于同一控制下的企业合并。合并中，甲公司发行本公司普通股 1000 万股（每股面值 1 元，市价为 2.1 元），作为对价取得乙公司 60%股权。合并日，乙公司在最终控制方合并报表中的净资产的账面价值为 3 200 万元，公允价值为 3 500 万元。假定合并前双方采用的会计政策及会计期间均相同。不考虑其他因素，甲公司对乙公司长期股权投资的初始投资成本为（　　）万元。

    A. 1 920   B. 2 100   C. 3 200   D. 3 500

2. 2020 年 3 月 20 日，甲公司以银行存款 1 000 万元及一项土地使用权取得其母公司控制的乙公司 80%的股权，并于当日起对乙公司实施控制。合并日，该土地使用权的账面价值为 3 200 万元，公允价值为 4 000 万元；乙公司在母公司合并报表中的净资产的账面价值为 6 000 万元，公允价值为 6 250 万元。假定甲公司与乙公司会计年度和采用的会计政策相同，不考虑其他因素，甲公司下列会计处理中正确的是（　　）。

    A. 确认长期股权投资 5 000 万元，不确认资本公积

    B. 确认长期股权投资 5 000 万元，确认资本公积 800 万元

    C. 确认长期股权投资 4 800 万元，确认资本公积 600 万元

    D. 确认长期股权投资 4 800 万元，冲减资本公积 200 万元

3. 2020 年 1 月 20 日，甲公司合并乙公司，该项合并属于同一控制下的企业合并。合并中，甲公司发行本公司普通股 1 000 万股（每股面值 1 元，市价为 2.1 元），作为对价取得乙公司 60%股权。合并日，乙公司的净资产账面价值为 3 200 万元，公允价值为 3 500 万元。假定合并前双方采用的会计政策及会计期间均相同。不考虑其他因素，甲公司在此项长期股权投资的初始计量时应确认的资本公积为（　　）万元。

    A. 920   B. 1 100   C. 2 500   D. 3 500

4. 甲公司出资 1 000 万元，取得了乙公司 80%的控股权，假如购买股权时乙公司的净资产账面价值为 1 500 万元，甲、乙公司合并前后不受同一方控制。则甲公司确认的长期股权投资初始投资成本为（　　）万元。

    A. 1 000   B. 1 500   C. 800   D. 1 200

5. 甲公司于 2020 年 6 月 30 日取得乙公司 80%股权。该项合并中，按照合并合同规定，甲公司需向乙公司原母公司支付账面价值为 3 200 万元、公允价值为 4 600 万元的非货币性资产，合并中发生法律咨询等中介费用 100 万元。购买日，乙公司可辨认净资产公允价值总额为 4 900 万元。参与合并各方在合并前不存在关联方关系。假定不考虑所得税及其他因素。该项合并对甲公司 2020 年利润总额的影响金额为（　　）万元。

    A. 1 300   B. 1 500   C. 1 600   D. 1 700

6. 2020 年 2 月 10 日，甲公司自公开市场中买入乙公司 20% 的股份，实际支付价款 16 000 万元，支付手续费等相关费用 400 万元，并于同日完成了相关手续。甲公司取得该部分股权后能够对乙公司施加重大影响。不考虑其他因素影响。甲公司长期股权投资的初始投资成本为（　　）万元。

    A. 16 000　　　　B. 16 400　　　　C. 15 600　　　　D. 17 000

7. 2020 年 3 月，A 公司通过增发 6 000 万股普通股（面值 1 元／股），从非关联方处取得 B 公司 20% 的股权，所增发股份的公允价值为 10 400 万元。为增发该部分股份，A 公司向证券承销机构等支付了 400 万元的佣金和手续费。相关手续于增发当日完成。假定 A 公司取得该部分股权后能够对 B 公司施加重大影响。B 公司 20% 的股权的公允价值与 A 公司增发股份的公允价值不存在重大差异。不考虑相关税费等其他因素影响。A 公司该项长期股权投资的初始入账成本为（　　）万元。

    A. 6 000　　　　B. 10 400　　　　C. 10 800　　　　D. 6 400

8. 2020 年 2 月 1 日，甲公司以增发 1 000 万股普通股和一台设备为对价，取得乙公司 25% 的股权。普通股面值为每股 1 元，公允价值为每股 10 元。甲公司为发行股份支付佣金和手续费 400 万元。甲公司付出该设备的账面价值为 1 000 万元，公允价值为 1 200 万元，当日乙公司可辨认净资产公允价值为 40 000 万元。投资后甲公司能够对乙公司施加重大影响，不考虑其他因素，甲公司该项长期股权投资的初始投资成本是（　　）万元。

    A. 10 000　　　　B. 11 600　　　　C. 11 000　　　　D. 11 200

9. 2020 年 1 月 20 日，甲公司合并乙公司，该项合并属于同一控制下的企业合并。合并中，甲公司以一项无形资产（账面价值为 1 000 万元，公允价值为 1 200 万元），作为对价取得乙公司 60% 股权。合并日，乙公司的净资产账面价值为 6 400 万元，公允价值为 7 000 万元。甲公司另支付直接相关费用 30 万元。2020 年 4 月 23 日，乙公司宣告分配现金股利 200 万元。2020 年度，乙公司实现净利润 800 万元。不考虑其他因素，该项投资对甲公司 2020 年度损益的影响金额为（　　）万元。

    A. 120　　　　B. 90　　　　C. 290　　　　D. 770

10. A 公司于 2020 年 1 月 1 日用货币资金 450 万元从证券市场上购入 B 公司发行在外股份的 20%，投资时 B 公司各项可辨认资产、负债的公允价值与其账面价值相同，可辨认净资产公允价值及账面价值的总额均为 2 200 万元，另支付相关税费 5 万元。A 公司取得投资后即派人参与 B 公司生产经营决策，但无法对 B 公司实施控制。A 公司 2020 年 1 月 1 日应确认的长期股权投资成本为（　　）万元。

    A. 450　　　　B. 455　　　　C. 440　　　　D. 445

（二）多项选择题

1. 2020 年 1 月 1 日，甲公司以一账面价值为 1 300 万元、公允价值为 1 400 万元的房产作为对价，自乙公司取得 A 公司 60% 的普通股股权，获得对 A 公司实际控股，另支付相关税费 10 万元。A 公司 2020 年 1 月 1 日所有者权益账面价值为 2 000 万元，可辨认净资产公允价值为 2 400 万元。假设乙公司为甲公司的母公司，不考虑其他因素，甲公司的下列处理正确的有（　　）。

    A. 甲公司取得对 A 公司股权的行为属于同一控制下企业合并的权益投资行为

    B. 甲公司为合并而发生的相关税费应计入管理费用

    C. 甲公司对 A 公司的长期股权投资后续计量应采用成本法核算

D. 甲公司对取得投资应编制如下会计分录（单位：万元）

借：长期股权投资——A公司　　　　　　　　　　　　　　1 200

　　资本公积——股本溢价　　　　　　　　　　　　　　　　100

贷：固定资产清理　　　　　　　　　　　　　　　　　　　1 300

2. 2020年6月8日，甲公司以一项固定资产（不动产）作为对价，取得乙公司80%的股权，并于当日起对乙公司实施控制。合并日，乙公司所有者权益账面价值为2 000万元，公允价值为3 000万元。甲公司所付出固定资产的账面价值为2 400万元，公允价值为3 200万元。合并中另外发生咨询费、手续费等相关费用50万元。假定合并前甲公司与乙公司不存在任何关联关系，不考虑其他因素，下列说法正确的有（　　　）。

A. 甲公司取得乙公司股权投资的行为属于非同一控制下的企业合并的权益投资行为

B. 甲公司应按所付对价的公允价值确认的长期股权投资入账价值3 200万元

C. 甲公司为进行合并而发生的咨询费、手续费等50万元应计入管理费用

D. 甲公司取得上述投资应编制如下会计分录（单位：万元）

借：长期股权投资——乙公司　　　　　　　　　　　　　3 200

贷：固定资产清理　　　　　　　　　　　　　　　　　　2 400

　　资产处置损益　　　　　　　　　　　　　　　　　　　800

3. 甲公司于2020年2月10日自公开市场买入乙公司20%的股份，实际支付价款2 000万元，支付手续费等相关费用25万元。购入时乙公司可辨认净资产的公允价值为11 000万元（假定乙公司各项可辨认资产、负债的公允价值与账面价值相等）。甲公司取得该股份后能够对乙公司施加重大影响。则甲公司的下列处理正确的有（　　　）。

A. 甲公司取得长期股权投资应以实际支付的全部价款为其初始投资成本

B. 甲公司购买过程中支付的相关手续费等应计入初始投资成本

C. 甲公司购买过程中支付的相关手续费等应计入管理费用

D. 甲公司对乙公司的股权投资应采用权益法核算，编制如下会计分录。（单位：万元）

借：长期股权投资——乙公司——投资成本　　　　　　　2 200

贷：银行存款　　　　　　　　　　　　　　　　　　　　2 025

　　营业外收入　　　　　　　　　　　　　　　　　　　　175

4. 甲公司2020年3月通过增发3 000万股本企业普通股为对价，取得A公司20%的股权。每股股票面值为1元，该3 000万股普通股的公允价值为5 200万元。为增发该部分股票，甲公司支付了200万元的佣金和手续费。取得A公司该部分股权后，甲公司能够对A公司施加重大影响。则关于甲公司的下列处理正确的有（　　　）。

A. 甲公司长期股权投资的初始成本为发行股票的公允价值

B. 甲公司长期股权投资的初始成本应为发行股票所支付的全部价款

C. 甲公司为发行股票支付的手续费等应抵扣股票发行的溢价收入，不计入管理费用

D. 甲公司对A公司的股权投资应采用权益法核算，编制如下会计分录（单位：万元）

借：长期股权投资——A公司——成本　　　　　　　　　5 200

贷：股本　　　　　　　　　　　　　　　　　　　　　　3 000

　　资本公积——股本溢价　　　　　　　　　　　　　　2 000

　　银行存款　　　　　　　　　　　　　　　　　　　　　200

三、综合分析题

资料：2019年1月3日，甲公司支付价款4 000万元（包括相关税费）购入乙公司股票500

万股，取得乙公司有表决权股份的 25%，对乙公司的财务和经营决策具有重大影响。当日，乙公司可辨认净资产账面价值为 20 000 万元，其与其公允价值不存在差异。2019 年乙公司实现净利润 3 000 万元。2020 年 2 月 1 日，乙公司宣告分派上年度股利，每股分派现金股利 0.20 元。2020 年 3 月 18 日，甲公司收到乙公司分派的现金股利。2020 年 8 月 3 日，甲公司出售所持有的全部乙公司的股票，共取得价款 5 100 万元（不考虑长期股权投资减值及相关税费）。

要求：

（1）甲公司对乙公司的长期股权投资应采用什么核算方法？

（2）编制甲公司与长期股权投资业务有关的会计分录。

参考答案

一、理论知识题

（一）单项选择题

1. C	2. A	3. A	4. A	5. B
6. B	7. B	8. B	9. B	10. B

（二）多项选择题

1. AB	2. AB	3. AB	4. BCD	5. ABC
6. AD	7. BD	8. AD	9. BCD	10. ABCD

（三）判断题

1. √	2. ×	3. ×	4. ×	5. √
6. ×	7. ×	8. ×	9. √	10. √

二、分项能力题

（一）单项选择题

1. A	2. C	3. A	4. A	5. A
6. B	7. B	8. D	9. B	10. B

（二）多项选择题

1. ABCD	2. ABCD	3. ABD	4. ACD

三、综合分析题（单位：万元）

（1）甲公司对乙公司的长期股权投资应采用权益法核算。因为甲公司取得乙公司有表决权股份 25% 后能对乙公司的财务和经营决策具有重大影响。

（2）相关会计分录编制如下。

2019 年 1 月 3 日，取得长期股权投资时，甲公司享有乙公司辨认净资产公允价值份额为 5 000 万元，大于取得投资时的初始投资成本，无须对初始投资成本进行调整

借：长期股权投资——乙公司——投资成本　　　　　　　　　　40 000 000

　　贷：银行存款　　　　　　　　　　　　　　　　　　　　　　　40 000 000

2019 年年末，根据乙公司实现净利润 3 000 万元，甲公司确认享有份额＝3 000×25%＝750（万元）

借：长期股权投资——乙公司——损益调整　　　　　　　　　　7 500 000

　　贷：投资收益　　　　　　　　　　　　　　　　　　　　　　7 500 000

2020 年 2 月 1 日，乙公司宣告分派上年度股利，甲公司确认享有份额＝500×0.2＝100（万元）

借：应收股利——乙公司　　　　　　　　　　　　　　　　　1 000 000

　　贷：长期股权投资——损益调整　　　　　　　　　　　　　1 000 000

2020 年 3 月 18 日，甲公司收到乙公司分派的现金股利

借：银行存款　　　　　　　　　　　　　　　　　　　　　　1 000 000

　　贷：应收股利——乙公司　　　　　　　　　　　　　　　　1 000 000

2020 年 8 月 3 日，甲公司出售所持有的全部乙公司的股票

借：银行存款　　　　　　　　　　　　　　　　　　　　　　51 000 000

　　贷：长期股权投资——乙公司——投资成本　　　　　　　　40 000 000

　　　　　　　　　　　　　　　——损益调整　　　　　　　　6 500 000

　　　　投资收益　　　　　　　　　　　　　　　　　　　　4 500 000

项目综合实训

一、实训目标

了解负债筹资、权益筹资及金融资产、长期股权投资业务的基本原始凭证；掌握资金岗位会计的账务处理技能。

二、实训要求

根据水花股份有限公司 2013 年相关业务资料，填制、审核原始凭证，编制记账凭证。

三、实训资料

1. 基本资料。

企业名称：水花电器股份公司

企业开户行：中国工商银行丽水分行

基本户账号：0571801609011983333

纳税人识别号：230101809913698（一般纳税人）

注册资本：1 000 万元

注册地址：丽水市东城区中山大厦 36 号

主营业务：电器产品生产销售

企业法人：李水花

2. 2013 年发生与负债筹资及权益筹资相关的业务资料如下。

业务 1：发行公司债券。

2013 年 1 月 1 日，水花电器股份公司经批准发行债券，每年 6 月 30 日和 12 月 31 日计提利息，每年 7 月 1 日和 12 月 31 日付息，到期归还本金和最后一次利息。该债券实际利率为年利率 5%，债券溢折价采用实际利率法摊销。

【凭证 1-1】

代理发行企业债券协议书（摘要）

甲方：水花电器股份公司（发行债券单位）

乙方：兴业证券股份有限公司（代理发行债券单位）

甲方为解决因自有资金不足的困难，保证企业生产经营的正常进行，经中国证券监督管理委员会批准，发行企业债券 100 000 张，面值为 100 元，期限为 2 年，年利率为 4%，委托乙方采用代销方式代理发行，为明确责任，经双方协商，达成如下协议。

一、甲方为企业债券的债务人，承担债券的全部风险和经济、法律责任，债券的设计、印刷等费用全由甲方负责，乙方协商办理。

二、乙方为甲方债券发行的代理人，负责债券的保管、发行、兑付、销毁工作，但不承担债券到期不能按时兑付本息的经济责任和法律责任。

……

五、发行债券募集的资金，甲方只能按中国证券监督管理委员会批准的项目用于生产线的建设，不能挪作他用。

六、本协议一式五份，甲乙双方各执一份，担保方一份，报送中国证券监督管理委员会两份。协议至中国证券监督管理委员会批准后生效。

发行债券单位	代理发行单位	发行担保单位
法人代表章 李水花	法人代表章 洪 达	法人代表章 杨 寰

【凭证 1-2】

ICBC 中国工商银行　　进账单（收款通知）3

2019 年 01 月 01 日

出票人	全　称	兴业证券股份有限公司	收款人	全　称	水花电器股份公司
	账　号	0921100809100100222		账　号	0571801609011983333
	开户银行	中国工商银行浙江支行		开户银行	中国工商银行丽水分行

金额	人民币（大写）	玖佰捌拾壹万贰仟元整	千	百	十	万	千	百	十	元	角	分
			¥	9	8	1	2	0	0	0	0	0

中国工商银行浙江支行
2019.01.01
转讫

票据种类	转账支票	票据张数	1
票据号码			

收款人开户行签章

复核　　记账

此联是收款人开户行交给收款人的收账通知

业务2：取得借款。

【凭证2-1】

借款借据（收账通知）　6

日期 2019 年 2 月 1 日

借款单位全称	水花电器股份公司			存款户账号	0571801609011983333											
贷款种类	短期借款	利率	年（率）7.2%	贷款户账号	285788210100123671											
贷款金额（大写）	贰佰万元整				亿	千	百	十	万	千	百	十	元	角	分
					￥	2	0	0	0	0	0	0	0	0	0
系 统 合 同 号	1508 号														
备注：信用贷款，期限 3 个月，于 2019 年 5 月 1 日到期。				上列贷款已转入你单位的存款账户 贷款专用章 银行公章											

此联代存款账户收账通知

【凭证2-2】

借款合同（摘要）

甲方：水花电器股份公司

乙方：中国工商银行丽水分行

根据国家规定，借款方经贷款方审查同意发放。为明确双方责任，恪守信用，特签订本合同，并共同遵守。

第一条　借款方向贷款方借款人民币（大写）金额贰佰万元整，期限 3 个月，年利率 7.2%。

第二条　自支用贷款之日起，按月计算利息，利息按季支付，到期归还本金。

·····················

第九条　本合同经双方签字盖章后生效，贷款本息全部清偿后失效。合同正本一式两份，借、贷双方各执一份；副本一份，报送银行监督管理委员会。

甲方盖章：　李水花

2019 年 2 月 1 日

乙方盖章：　王普明

2019 年 2 月 1 日

业务3：计提 2—4 月短期借款利息（3月与4月利息计算略）。

借款利息计算表

2019 年 2 月 28 日

金额单位：元

所属期间	累计借款余额	年利率	计提金额
2019.2.1—2019.2.28	2 000 000	7.2%	12 000

会计主管	复核	制单　王 洪

业务 4： 归还短期借款本金和利息。

【凭证 4-1】

中国工商银行

转账支票存根

01234567

12345656

附加信息

_____

_____

出票日期 2019 年 05 月 01 日

收款人：	中国工商银行丽水分行
金　额：	￥2036000.00
用　途：	归还借款本金和利息

单位主管　　　　会计

杭州融佳安全印务有限公司．2019 年印刷

【凭证 4-2】

ICBC 中国工商银行　　进账单（回单）1

2019 年 05 月 02 日

出票人	全　称	水花电器股份公司	收款人	全　称	中国工商银行丽水分行									
	账　号	0571801609011983333		账　号	285788210100123671									
	开户银行	工行丽水分行		开户银行	工行丽水分行									
金额	人民币（大写）	贰佰叁拾陆万元整				千	百	十	万	千	百	十	元	角	分
					￥	2	3	6	0	0	0	0	0	0
票据种类	转账支票	票据张数	1											
票据号码														

中国工商银行

丽水分行

2019.05.02

转讫

复核　　　记账　　　　　　　收款人开户行签章

此联是收款人开户行交给收款人的收账通知

业务 5： 计提上半年企业债券利息，请完成利息计算表填制任务。

利息计算表

2019 年 6 月 30 日　　　　　　　　　　　　　　　　　　单位：万元

项目	计算过程
2019．01.01 至 2019.06.30 利息费用	
2019．01.01 至 2019.06.30 应付利息	

业务 6：支付上半年企业债券利息。

中国工商银行
现金支票存根
01234567
12345679

附加信息 _____

_____

_____

出票日期 2019 年 07 月 01 日

收款人：	兴业证券股份有限公司
金　额：	￥200000.00
用　途：	支付债券利息

单位主管　　　会计

（印章竖排）杭州酷佳安全印务有限公司. 2019 年印制

业务 7：接受投资。

【凭证 7-1】

ICBC 中国工商银行　　进账单（收款通知）3

2019 年 11 月 04 日

出票人	全　称	孙海奇	收款人	全　称	水花电器股份公司
	账　号	180100112200105256		账　号	0571801609011983333
	开户银行	工行滨海南城支行		开户银行	工行丽水分行

金额	人民币（大写）	壹佰叁拾万元整	百	十	万	千	百	十	元	角	分
			￥1	3	0	0	0	0	0	0	0

中国工商银行 滨海分行 2019.11.04 转讫

票据种类	转账支票	票据张数	1
票据号码			

复核　　记账　　　　　收款人开户行签章

此联是收款人开户行交给收款人的收账通知

【凭证 7-2】　　　　　**投资协议书**

今有自然人孙海奇以银行存款 130 万元对水花股份有限公司投资，占水花股份有限公司 13% 的股份。水花电器股份公司应按孙海奇所占股份，根据董事会决议比例予以分配红利；孙海奇应按投资比例所占股份比例承担水花电器股份公司的亏损额。

本协议自签字之日起生效，若一方违约，按有关法律条款处理。

投 资 方	接受投资方
单位名称：孙海奇 电话：××××-4362323 开户银行：工行滨海南城支行 账号：180100112200105256	单位名称：水花电器股份公司 单位地址：丽水市东城区中山大厦 36 号 法定代表人：李水花 电话：0578-2133666 开户银行：工行丽水分行 账号：0571801609011983333

业务 8：对外投资。

【凭证 8-1】　　　　　　　　　　投资协议书

今有水花股份有限公司以银行存款 200 万元对顺风有限公司投资，占顺风股份有限公司 10% 的股份。顺风股份有限公司应按水花有限责任公司所占股份，根据董事会决议比例予以分配红利；水花股份有限公司应按投资所占股份比例承担顺风股份有限公司的亏损额。

本协议自签字之日起生效，若一方违约，按有关法律条款处理。

投　资　方	接受投资方
单位名称：水花电器股份公司	单位名称：金华市顺风有限公司
单位地址：丽水市东城区中山大厦 36 号	单位地址：吉林路 1047 号
法定代表人：李水花	法定代表人：陈路军
电话：0578-2133666	电话：0579-4368323
开户银行：工行丽水分行	开户银行：工行远达支行
账号：0571801609011983333	账号：220178025202023

【凭证 8-2】

中国工商银行
现金支票存根
01234567
12345687

附加信息
_____

出票日期　2019 年 11 月 09 日

收款人：	金华市顺风公司
金　额：	￥2000000.00
用　途：	支付投资款

单位主管　　　　会计

（杭州丽佳安全印务有限公司，2019 年印制）

业务 9：对外投资。

> **提示**　购买港储股票 600 股，准备随时变现。

11/17/2019　　　　　　　　成交过户交割凭单

股东编号　A6093098	成交证券　港储
电脑编号　790789	成交数量　600
公司代号　981	成交价格　10.00
申请编号　575	成交金额　6 000.00
申报时间　10:25:23	标准佣金　18.00
成交时间　10:34:45	过户费用
上次余额　0（股）	印花税　12.00
本次成交　600（股）	应付金额
本次余额　600（股）	最终余额
附加费用	实付金额　6 030.00
经办单位	客户签章

（水花电器股份公司 财务专用章）　客户联

业务 10： 计提下半年债券利息，完成利息计算表填制任务。

利息计算表

2019 年 12 月 31 日　　　　　　　　　　　　　　　单位：万元

项目	计算过程
2019.07.01 至 2019.12.31 利息费用	
2019.07.01 至 2019.12.31 应付利息	

业务 11： 支付下半年企业债券利息。

中国工商银行

现金支票存根

01234567

12345690

附加信息

_____

_____

出票日期 2019 年 12 月 31 日

收款人：兴业证券股份有限公司

金　额：￥200000.00

用　途：支付债券利息

单位主管　　　　会计

杭州麟佳安全印务有限公司，2019 年印制

参考答案

业务 1

借：银行存款	9 812 000
应付债券——利息调整	188 000
贷：应付债券——面值	10 000 000

业务 2

借：银行存款	2 000 000
贷：短期借款——工商银行丽水分行	2 000 000

业务 3

借：财务费用	12 000
贷：应付利息	12 000

注：以上分录分别在 2 月、3 月、4 月月末编制。

业务 4

借：应付利息	36 000
短期借款	2 000 000
贷：银行存款	2 036 000

业务 5

借：财务费用   245 300

    贷：应付债券——利息调整   45 300

        应付利息   200 000

业务 6

借：应付利息   200 000

    贷：银行存款   200 000

业务 7

借：银行存款   1 300 000

    贷：股本——孙海奇   1 300 000

业务 8

借：长期股权投资——顺风公司   2 000 000

    贷：银行存款   2 000 000

业务 9

借：交易性金融资产——成本   6 000

  投资收益   30

    贷：其他货币资金——存出投资款   6 030

业务 10

借：财务费用   246 400

    贷：应付债券——利息调整   46 400

        应付利息   200 000

业务 11

借：应付利息   200 000

    贷：银行存款   200 000

项目五
财务成果岗位会计

任务一 | 收入核算

基本内容框架

- 收入的概念与确认条件
- 收入的确认与计量：收入确认的"五步法"模型
- 合同成本：合同取得成本与合同履约成本的确认、计量、账户设置与典型业务核算
- 特定交易的会计处理：八种特定交易会计处理原理

主要知识点分析

一、收入的定义与确认条件

收入的定义与确认条件中的主要知识点如表 5-1 所示。

表 5-1　　收入的定义与确认条件中的主要知识点

项　目		内　　容
定义		收入是指企业在日常活动中形成的、会导致所有者权益增加的、与所有者投入资本无关的经济利益的总流入
确认时间		企业应当在履行了合同中的履约义务，即在客户取得相关商品控制权时确认收入
取得商品控制权	含义	取得商品控制权是指能够主导该商品的使用并从中获得几乎全部的经济利益，也包括有能力阻止其他方主导该商品的使用并从中获得经济利益
	三要素	判断商品的控制权是否发生转移应当从客户的角度进行分析，具体来说，客户取得商品控制权同时包括下列三项要素：①客户拥有现时权利，能够主导该商品的使用并从中获得几乎全部经济利益；②客户有能力主导该商品的使用；③能够获得几乎全部的经济利益

二、收入的确认与计量

收入确认的基本步骤如表 5-2 所示。

表 5-2　　收入确认的基本步骤

步　　骤	内　　容	与收入确认与计量的关系
1	识别与客户订立的合同	与确认有关
2	识别合同中的单项履约义务	

续表

步　骤	内　容	与收入确认与计量的关系
3	确定交易价格	与计量有关
4	将交易价格分摊至各单项履约义务	与计量有关
5	履行各单项履约义务时确认收入	与确认有关

1. 识别与客户订立的合同

合同是指双方或多方之间订立有法律约束力的权利义务的协议，包括书面形式、口头形式（即时交易）以及其他可验证的形式（如隐含的商业惯例）。识别与客户订立的合同的主要知识点主要知识点如表5-3所示。

表5-3　　　　　　　　　　　　　识别与客户订立的合同的主要知识点

项　目	内　容
合同识别	企业与客户之间的合同只有同时满足下列五项条件，才能在企业履行了合同中的履约义务，即在客户取得相关商品控制权时确认收入 ① 合同各方已批准该合同并承诺将履行各自义务 ② 该合同明确了合同各方与所转让商品相关的权利和义务 ③ 该合同有明确的与所转让的商品相关的支付条款 ④ 该合同具有商业实质，即履行该合同将改变企业未来现金流量的风险、时间分布或金额 ⑤ 企业因向客户转让商品而有权取得的对价很可能收回
合同评估	对于在合同开始日即满足上述收入确认条件的合同，企业在后续期间无须对其进行重新评估，除非有迹象表明相关事实和情况发生重大变化。对于不满足上述收入确认条件的合同，企业应当在后续期间对其进行持续评估，以判断其能否满足这些条件
合同合并	企业与同一客户（或该客户的关联方）同时订立或在相近时间内先后订立的两份或多份合同，在满足下列条件之一时，应当合并为一份合同进行会计处理 ① 该两份或多份合同基于同一商业目的而订立并构成一揽子交易 ② 该两份或多份合同中的一份合同的对价金额取决于其他合同的定价或履行情况 ③ 该两份或多份合同中所承诺的商品构成单项履约义务
合同变更	企业应当区分下列三种情形对合同变更分别进行会计处理 ① 合同变更增加了可明确区分的商品及合同价款，且新增合同价款反映了新增商品单独售价的，应当将该合同变更作为一份单独的合同（即一项新的合同）进行会计处理 ② 合同变更作为原合同终止及新合同订立进行会计处理 合同变更不属于上述第①种情形，且在合同变更日已转让商品与未转让商品之间可明确区分的，应当视为原合同终止，同时，将原合同未履约部分与合同变更部分合并为新合同进行会计处理 ③ 合同变更不属于上述第②种情形，且在合同变更日已转让商品与未转让商品之间不可明确区分的，应当将该合同变更部分作为原合同的组成部分进行会计处理，在合同变更日重新计算履约进度，并调整当期收入和相应成本

2. 识别合同中的单项履约义务

履约义务是指合同中企业向客户转让可明确区分商品的承诺。确认收入的最小单元是单项履约义务。单项履约义务的类别及确认条件如表5-4所示。

表 5-4 单项履约义务的类别及确认条件

单项履约义务类别	内容
企业向客户转让可明确区分商品的承诺	可明确区分商品必须同时满足两个条件 ① 该商品能够明确区分：客户能够从该商品本身或者从该商品与其他易于获得的资源一起使用中受益 ② 转让该商品的承诺在合同中可明确区分：企业向客户转让该商品的承诺与合同中其他承诺可单独区分
	下列情形通常表明企业向客户转让该商品的承诺与合同中的其他承诺不可明确区分 ① 企业需提供重大的服务以将该商品与合同中承诺的其他商品进行整合，形成合同约定的某个或某些组合产出转让给客户 ② 该商品将对合同中承诺的其他商品予以重大修改或定制 ③ 该商品与合同中承诺的其他商品具有高度关联性。也就是说，合同中承诺的每一单项商品均受到合同中其他商品的重大影响
企业向客户转让一系列实质相同且转让模式相同可明确区分商品的承诺	实质相同：对提供确定数量的商品承诺，需要考虑这些商品本身是否实质相同；对于在某一期间内随时向客户提供某项服务承诺，需要考虑企业在该期间内的各个时间段（如每天或每小时）的承诺是否相同，而并非具体的服务行为本身
	转让模式相同：是指每一项可明确区分商品均满足在某一时段内履行履约义务的条件，且采用相同方法确定其履约进度

3. 确定交易价格

交易价格是指企业因向客户转让商品而预期有权收取的对价金额。合同标价并不一定代表交易价格，在确定交易价格时，企业应当考虑可变对价、合同中存在的重大融资成分、非现金对价、应付客户对价等因素的影响。交易价格确定的主要知识点如表 5-5 所示。

表 5-5 确定交易价格的主要知识点

影响交易价格因素		具体规定
可变对价	形式	折扣、价格折让、返利、退款、奖励积分、激励措施、业绩奖金、索赔；根据或有事项的发生而收取不同对价金额的合同，也属于可变对价
	确定可变对价最佳估计数	① 期望值——按照各种可能发生的对价金额及相关概率计算确定的金额。适用于企业拥有大量具有类似特征的合同，并估计可能产生多个结果的合同 ② 最可能发生金额——即合同最可能产生的单一结果。当合同仅有两个可能结果时，应按最可能发生金额估计可变对价金额
		企业确定可变对价金额之后，计入交易价格的可变对价金额还应满足限制条件，即包含可变对价的交易价格，应当不超过在相关不确定性消除时，累计已确认的收入极可能不会发生重大转回的金额
合同中存在的重大融资成分	重大融资成分判断	当企业将商品的控制权转移给客户的时间与客户实际付款的时间不一致时，如赊销与预付款货款方式销售均表明合同存在融资因素。但只有合同各方以其在合同中明确（或者以隐含的方式）约定的付款时间为客户或企业就转让商品的交易提供了重大融资利益，才能认为合同中包含了重大融资成分
	不属于包含重大融资成分的情形	① 客户就商品支付了预付款，且可以自行决定这些商品的转让时间 ② 客户承诺支付的对价中有相当大的部分是可变的，该对价金额或付款时间取决于某一未来事项是否发生，且该事项实质上不受客户或企业控制 ③ 合同承诺的对价金额与现销价格之间的差额是向客户或企业提供融资利益以外的其他原因所导致的，且这一差额与产生该差额的原因是相称的

续表

影响交易价格因素		具体规定
合同中存在的重大融资成分	交易价格确定	合同存在重大融资成分时，企业应当按照假定客户在取得商品控制权时即以现金支付的应付金额（即现销价格）确定交易价格
	未确认融资费用或融资收益的摊销	企业确定的交易价格与合同承诺的对价金额之间的差额即未确认融资费用（或未确认融资收益），应当在合同期间内采用实际利率法摊销
非现金对价		客户支付非现金对价（如实物资产、无形资产、股权、客户提供的广告服务等）情况下，企业应当按照非现金对价在合同开始日的公允价值确定交易价格
		合同开始日，非现金对价的公允价值因对价形式以外的原因而发生变动的，应当作为可变对价，按照可变对价相关规定进行会计处理；合同开始日，非现金对价的公允价值因对价形式而发生的变动，该变动金额不应计入交易价格
应付客户对价		企业存在应付客户对价的，应当将该应付对价冲减交易价格，但是，应付客户对价是为了自客户取得其他可明确区分商品的除外
		企业应付客户对价超过向客户取得可明确区分商品公允价值的，超出的金额应冲减交易价格。向客户取得的可明确区分商品公允价值不能合理估计的，企业应将应付客户对价全额冲减交易价格
		在将应付客户对价冲减交易价格处理时，企业应在确认相关收入与支付（或承诺支付）客户对价二者孰晚的时点冲减当期收入

4. 将交易价格分摊至各单项履约义务

当合同中包含两项或多项履约义务时，企业应当在合同开始日，按照各单项履约义务所承诺商品的单独售价的相对比例，将交易价格分摊至各单项履约义务。其中，单独售价是指企业向客户单独销售商品的价格，即企业在类似环境下向类似客户单独销售商品的价格。单独售价无法直接观察的，可依次按下表方法确定。交易价格分摊的主要知识点如表5-6所示。

表5-6 交易价格分摊的主要知识点

单独售价确定方法	内容
市场调整法	根据某商品或类似商品的市场售价考虑本企业成本和毛利等因素进行调整后确定其单独售价的方法
成本加成法	根据某商品的预计成本加上其合理毛利后的价格确定其单独售价的方法
余值法	根据合同交易价格减去合同中其他商品可观察的单独售价后的余值确定某商品单独售价的方法。企业在商品近期售价波动幅度巨大，或者因未定价且未曾单独销售而使售价无法可靠确定时，可采用余值法估计其单独售价

[注] 企业应当最大限度地采用可观察的输入值，并对类似的情况采用一致的估计方法

5. 履行各单项履约义务时确认收入

企业应当根据实际情况，首先判断履约义务是否满足在某一时段内履行的条件；如不满足，则该履约义务属于在某一时点履行的履约义务。对于在某一时段内履行的履约义务，企业应当选取恰当的方法来确定履约进度；对于在某一时点履行的履约义务，企业应当综合分析控制权转移的迹象，判断其转移时点。履行各单项履约义务时确认收入的主要知识点如表5-7所示。

表 5-7　　　　　　　　　　　　　　　　确认收入的主要知识点

（1）在某一时段内履行的履约义务	
在某一时段内履行的履约义务的确认条件	满足下列条件之一的，属于在某一时段内履行的履约义务，相关收入应当在该履约义务履行的期间内确认 ① 客户在企业履约的同时即取得并消耗企业履约所带来的经济利益 ② 客户能够控制企业履约过程中在建的商品 ③ 企业履约过程中所产出的商品具有不可替代用途，且该企业在整个合同期间内有权就累计至今已完成的履约部分收取款项
收入金额确定方法	对于在某一时段内履行的履约义务，企业应当在该段时间内按照履约进度确认收入 本期确认收入＝合同的交易价格×履约进度－以前期间已确认收入 本期确认费用＝合同预计总成本×履约进度－以前期间已确认费用
履约进度确定方法	产出法是指根据已转移给客户的商品对于客户的价值确定履约进度，主要包括按照实际测量的完工进度、时间进度、已完工或交付的产品等确定履约进度
	投入法主要是指根据企业履行履约义务的投入确定履约进度，主要包括以投入的材料数量、花费的人工工时或机器工时、发生的成本和时间进度等投入指标确定履约进度
（2）在某一时点履行履约义务	
在某一时点履行的履约义务的确定	当一项履约义务不属于在某一时段内履行的履约义务时，该履约义务就应属于在某一时点履行的履约义务
收入确认时间	对于在某一时点履行的履约义务，企业应当在客户取得相关商品控制权时点确认收入
控制权转移迹象	① 企业就该商品享有现时收款权利，即客户就该商品负有现时付款义务 ② 企业已将该商品的法定所有权转移给客户，即客户已拥有该商品的法定所有权 ③ 企业已将该商品实物转移给客户，即客户已实物占有该商品

三、合同成本

1. 合同取得成本

合同取得成本是指企业为取得合同发生的增量成本。增量成本是指企业不取得合同就不会发生的成本。合同取得成本中的主要知识点如表 5-8 所示。

表 5-8　　　　　　　　　　　　　　　　合同取得成本中的主要知识点

项　目	内　容
确认原则	企业为取得合同发生的增量成本预期能够收回的，应当作为合同取得成本确认为一项资产 【提示】①但对该资产摊销期限不超过一年的，可以在发生时计入当期损益。②企业因现有合同续约或发生合同变更需要支付的额外佣金，也属于为取得合同发生的增量成本
核算账户	"合同取得成本"账户，属于资产类
账务处理	发生合同取得成本时：涉及增值税的，还应按增值税的相关规定进行处理 借：合同取得成本 　　贷：银行存款/其他应付款等
报表列示	合同取得成本，初始确认时摊销期限不超过一年或一个正常营业周期的，在资产负债表"其他流动资产"项目列示；初始确认时摊销期限在一年或一个正常营业周期以上的，在资产负债表"其他非流动资产"项目列示
注意事项	企业为取得合同发生的除预期能够收回的增量成本之外的其他支出，例如，无论是否取得合同均会发生的差旅费、投标费、为准备投标资料发生的相关费用等，应当在发生时计入当期损益，除非这些支出明确由客户承担

2．合同履约成本

合同履约成本是指企业为履行当前或预期取得的合同所发生的、属于《企业会计准则第 14号——收入》规范范围并且按照该准则应当确认为一项资产的成本。合同履约成本中的主要知识点如表 5-9 所示。

表 5-9 　　　　　　　　　　　合同履约成本中的主要知识点

项　目	内　容
确认原则	企业为履行合同可能会发生各种成本，属于存货、固定资产、无形资产等规范范围的应当按对应的相关准则进行会计处理，属于收入准则规范范围且同时满足下列条件的，应当作为合同履约成本确认为一项资产：①该成本与一份当前或预期取得的合同直接相关；②该成本增加了企业未来用于履行（或持续履行）履约义务的资源；③该成本预期能够收回
核算账户	"合同履约成本"账户，属于资产类
账务处理	发生合同履约成本时：涉及增值税的，还应按增值税的相关规定进行处理 借：合同履约成本 　　贷：银行存款/应付职工薪酬/原材料等
报表列示	合同履约成本，初始确认时摊销期限不超过一年或一个正常营业周期的，在资产负债表"存货"项目列示；初始确认时摊销期限在一年或一个正常营业周期以上的，在资产负债表"其他非流动资产"项目列示
注意事项	下列支出不属于合同履约成本，应在发生时计入当期损益：①管理费用，除非这些费用明确由客户承担；②非正常消耗的直接材料、直接人工和制造费用（或类似费用）；③与履约义务中已履行（包括已全部履行或部分履行）部分相关的支出，即该支出与企业过去的履约活动相关；④无法在尚未履行的与已履行（或已部分履行）的履约义务之间区分的相关支出

3．合同取得成本与合同履约成本摊销与减值

合同取得成本与合同履约成本摊销与减值中的主要知识点如表 5-10 所示。

表 5-10 　　　　　合同取得成本与合同履约成本摊销与减值中的主要知识点

项　目		内　容	
摊销	摊销时间及进度	根据配比原则，合同履约成本和合同取得成本摊销应与其相关的商品收入确认基础保持一致，即分别按履约义务履行的时点或按履约义务的履约进度同步进行摊销，计入当期损益	
	账务处理	合同履约成本摊销时 借：主营业务成本 　　贷：合同履约成本	合同取得成本摊销时 借：销售费用 　　贷：合同取得成本
减值	确认原则	合同履约成本和合同取得成本的账面价值高于下列两项的差额的，超出部分应当计提减值准备，并确认为资产减值损失：①企业因转让与该资产相关的商品预期能够取得的剩余对价；②为转让该相关商品估计将要发生的成本	
	账务处理	合同履约成本摊销时 借：信用减值损失 　　贷：合同履约成本减值准备 转回时做相反处理	合同取得成本摊销时 借：信用减值损失 　　贷：合同取得成本减值准备 转回时做相反处理

四、特定交易的会计处理

1．附有销售退回条款的销售

附有销售退回条款的销售中的主要知识点如表 5-11 所示。

表 5-11　　　　　　　　　　　　附有销售退回条款的销售中的主要知识点

业务	处理原则	
收入确认	在客户取得相关商品控制权，企业确认收入 借：应收账款或合同资产 　　贷：主营业务收入（不会退货部分） 　　　　预计负债——应收退货款（可能退货部分） 　　　　应交税费——应交增值税（销项税额）	前述综合分录也可以拆分成以下两组分录 ① 先按全部货物交易价格确认收入 借：应收账款或合同资产 　　贷：主营业务收入（全部货物） 　　　　应交税费——应交增值税（销项税额） ② 冲回可能退货部分确认的收入 借：主营业务收入（可能退货部分） 　　贷：预计负债——应收退货款
成本结转	在确认收入的同时结转成本 借：主营业务成本（不会退货部分） 　　应收退货成本（可能退货部分） 　　贷：库存商品（全部货物）	前述综合分录也可拆成以下两组分录 ① 先按全部货物结转销售成本 借：主营业务成本（全部货物） 　　贷：库存商品（全部货物） ② 冲回可能退货部分确认的成本 借：应收退货成本（可能退货部分） 　　贷：主营业务成本（可能退货部分）
资产负债表对预计退货率的重新评估	总原则：按会计估计变更处理 ① 重估后退货率下降的，按相应的下降金额冲回预计负债和应收退货成本 借：预计负债——应收退货款 　　贷：主营业务收入 借：主营业务成本 　　贷：应收退货成本	② 重估后退货率上升的，按相应的上升金额增加预计负债和应收退货成本 借：主营业务收入款 　　贷：预计负债——应收退货 借：应收退货成本 　　贷：主营业务成本
发生退货	情形一：实际退货量等于预计退货量的 借：库存商品（实际退货部分成本） 　　应交税费——应交增值（销项税额） 　　预计负债——应付退货款（冲减本账户余额） 　　贷：应收退货成本（冲减本账户余额） 　　　　银行存款（实际退款价税款） 情形二：实际退货量大于预计退货量的，即多退 借：库存商品（实际退货成本） 　　应交税费——应交增值（销项税额） 　　预计负债——应付退货款（冲减本账户余额） 　　主营业务收入（多退部分售价） 　　贷：应收退货成本（冲减本账户余额） 　　　　银行存款（实际退款价税款） 　　　　主营业务成本（多退部分成本） 情形三：实际退货量小于预计退货量的，即少退 借：库存商品（实际退货成本） 　　应交税费——应交增值（销项税额） 　　预计负债——应付退货款（冲减本账户余额） 　　主营业务成本（少退部分成本） 　　贷：应收退货成本（冲减本账户余额） 　　　　银行存款（实际退款价税款） 　　　　主营业务成本（少退部分售价）	第一步，根据实际发生的退货数量，调整相关收入与成本 借：库存商品（实际退货部分成本） 　　贷：主营业务成本 借：主营业务收入（实际退货量部分售价） 　　应交税费——应交增值税（销项税额） 　　贷：银行存款 第二步，计算出"应收退货成本"与"预计负债——应收退货款"账户余额，将其冲销为零 借：主营业务成本 　　贷：应收退货成本 借：预计负债——应收退货款 　　贷：主营业务收入

2．附有质量保证条款的销售

附有质量保证条款的销售中的主要知识点如表5-12所示。

表5-12　　　　　　　　　　　附有质量保证条款的销售中的主要知识点

项目	内容
保证性质保	保证性质保：为了向客户保证所销售商品符合既定标准，通常是法定且免费的
	不构成单项履约义务，遵循《企业会计准则第13号——或有事项》准则，计入"预计负债" 借：销售费用 　　贷：预计负债
服务性质保	服务性质保：在向客户保证所销售商品符合既定标准之外提供的一项单独服务，通常是非法定
	构成单项履约义务，遵循《企业会计准则第14号——收入》准则，　先计入"合同负债"，待后续履行履约义务时再转入收入 借：银行存款等 　　贷：合同负债

3．主要责任人和代理人

主要责任人和代理人（受托代销与委托代销）中的主要知识点如表5-13所示。

表5-13　　　　　　　　　　　主要责任人和代理人中的主要知识点

项目	内容
主要责任人/代理人判断原则	企业在向客户转让商品前能够控制该商品的，该企业为主要责任人；否则，该企业为代理人
	当存在第三方参与企业向客户提供商品时，企业向客户转让特定商品之前能够控制该商品、从而应当作为主要责任人的情形包括：①企业自该第三方取得商品或其他资产控制权后，再转让给客户；②企业能够主导第三方代表本企业向客户提供服务；③企业自该第三方取得商品控制权后，通过提供重大的服务将该商品与其他商品整合成合同约定的某组合产出转让给客户
	企业在判断其在向客户转让商品之前是否已经拥有对该商品的控制权时，应当综合考虑所有相关事实和情况进行判断，这些事实包括但不仅限于：①转让商品的主要责任是企业还是第三方，即验收风险；②该商品的存货风险在商品转让前后由企业还是第三方承担；③所交易商品的价格由企业还是第三方决定，即价格风险
收入确认与计量	企业无论是主要责任人还是代理人，均应当在履约义务履行时确认收入
	主要责任人：应当按照已收或应收对价总额确认收入
	代理人：应按照既定的佣金金额或比例计算的金额确认收入，或者按照已收或应收对价总额扣除应支付给提供该特定商品的第三方的价款后的净额确认收入

4．附有客户额外购买选择权的销售

企业在销售商品的同时，向客户授予选择权，允许客户据此免费或者以折扣价格购买额外的商品，此种促销方式叫附有客户额外购买选择权的销售。常见的额外购买选择权形式包括销售激励、客户奖励积分、未来购买商品的折扣券以及合同续约选择权等。附有客户额外购买选择权的销售处理步骤如表5-14所示。

表5-14　　　　　　　　　　　附有客户额外购买选择权的销售处理步骤

第一步	判断合同是否存在额外购买选择权，且是否为一项重大权利。如果客户在订立一项合同的前提下取得了额外购买选择权，并且客户行使该选择权购买额外商品时，能够享受到超过该地区或该市场中其他同类客户所能够享有的折扣，则通常认为该选择权向客户提供了一项重大权利

续表

第二步	如果是，将该选择权确定为一项单独履约义务	
第三步	将有关交易价格分摊至该履约义务，在客户未来行使购买选择权取得相关商品控制权时，或者该选择权失效时，确认相应的收入。 【提示】企业在向客户转让商品之前，如果客户已经支付了合同对价或企业已经取得了无条件收取合同对价的权利，则企业应当在客户实际支付款项与到期应支付款项孰早时点，将该已收或应收的款项列示为合同负债	

5. 授予知识产权许可

企业向客户授予的知识产权，常见的包括软件和技术、影视和音乐等的版权、特许经营权以及专利权、商标权和其他版权等。企业向客户授予知识产权许可的，应当按照要求评估该知识产权许可是否构成单项履约义务。授予知识产权许可中的主要知识点如表 5-15 所示。

表 5-15　　　　　　　　　　　　　　授予知识产权许可中的主要知识点

项目	内容	
不构成单项履约义务	授予知识产权许可不构成单项履约义务的，企业应当将该知识产权许可和其他商品一起作为一项履约义务进行会计处理	
	授予知识产权许可不构成单项履约义务的情形	① 该知识产权许可构成有形商品的组成部分并且对于该商品的正常使用不可或缺
		② 客户只有将该知识产权许可和相关服务一起使用才能够从中获益
构成单项履约义务	授予知识产权许可构成单项履约义务的，应当进一步确定其是在某一时段内履行还是在某一时点履行	
	同时满足下列条件时，应当作为在某一时段内履行的履约义务确认相关收入	① 合同要求或客户能够合理预期企业将从事对该项知识产权有重大影响的活动
		② 该活动对客户将产生有利或不利影响
		③ 该活动不会导致向客户转让商品
基于销售或使用情况的特许权使用费	企业向客户授予知识产权许可，并约定按客户实际销售或使用情况（如按照客户的销售额）收取特许权使用费的，应当在下列两项孰晚的时点确认收入	① 客户后续销售或使用行为实际发生
		② 企业履行相关履约义务

6. 售后回购

售后回购是指企业销售商品的同时承诺或有权选择日后再将该商品（包括相同或几乎相同的商品，或以该商品作为组成部分的商品）购回的销售方式。售后回购会计处理中的主要知识点如表 5-16 所示。

表 5-16　　　　　　　　　　　　　　售后回购会计处理中的主要知识点

项目	会计处理		
① 企业因存在与客户的远期安排而负有回购义务或企业享有回购权利的	回购价格 < 原售价	租赁交易	照租赁准则进行会计处理
	购价格 ≥ 原售价	融资交易	收到客户款项时确认金融负债，并将该款项和回购价格的差额在回购期间内确认为利息费用等。企业到期未行使回购权利的，应当在该回购权利到期时终止确认金融负债，同时确认收入

续表

项目	会计处理			
② 企业负有应客户要求回购商品义务的，应当在合同开始日评估客户是否具有行使该要求权的重大经济动因	客户具有行使该要求权重大经济动因的	回购价格＜原售价	租赁交易	照租赁准则进行会计处理
		回购价格≥原售价	融资交易	收到客户款项时确认金融负债，并将该款项和回购价格的差额在回购期间内确认为利息费用等。企业到期未行使回购权利的，应当在该回购权利到期时终止确认金融负债，同时确认收入
	客户不具有行使该要求权重大经济动因的，企业应当将其作为附有销售退回条款的销售交易进行会计处理			

7. 客户未行使的权利

企业向客户预收销售商品款项的，应当首先将该款项确认为负债，待履行了相关履约义务时再转为收入。当企业预收款项无须退回，且客户可能会放弃其全部或部分合同权利时（如放弃储值卡的使用等），企业预期将有权获得与客户所放弃的合同权利相关的金额的，应当按照客户行使合同权利的模式按比例将上述金额确认为收入；否则，企业只有在客户要求其履行剩余履约义务的可能性极低时，才能将上述负债的相关余额转为收入。

8. 无须退回的初始费

企业在合同开始日向客户收取的无须退回的初始费应当计入交易价格。企业应当评估该初始费是否与向客户转让已承诺的商品相关，按表 5-17 规定分别处理。

表 5-17　　　　　　　　　　　无须退回的初始费会计处理主要知识点

相关性	会计处理
该初始费与向客户转让已承诺的商品相关，并且该商品构成单项履约义务的	企业应当在转让该商品时，按照分摊至该商品的交易价格确认收入
该初始费与向客户转让已承诺的商品相关，但该商品不构成单项履约义务的	企业应当在包含该商品的单项履约义务履行时，按照分摊至该单项履约义务的交易价格确认收入
该初始费与向客户转让已承诺的商品不相关的	该初始费应当作为未来将转让商品的预收款，在未来转让该商品时确认为收入

任务训练

一、理论知识题

（一）单项选择题

1. 下列各项中，属于判断企业取得商品控制权的要素的有（　　）。
   A. 能力，即客户拥有现时权利能够主导该商品的使用并从中获得几乎全部经济利益
   B. 商品价值
   C. 市场环境
   D. 能够获得商品大部分的经济利益

2. 下列各项中，不属于收入确认与计量五步内容的是（　　）。
   A. 识别与客户签订的合同
   B. 识别合同中的单项履约义务

    C. 确定交易价格

    D. 按合同总额确认收入

3. 当企业与客户之间的合同同时满足一些条件时，企业应当在客户取得相关商品控制权时确认收入，这些条件的表述错误的是（　　　）。

    A. 合同各方已批准该合同并承诺将履行各自义务

    B. 该合同有明确的与所转让商品相关的支付条款

    C. 该合同不具有商业实质

    D. 企业因向客户转让商品而有权取得的对价很可能收回

4. 下列各项中，应当作为判断可明确区分商品必须具备条件的是（　　　）。

    A. 客户能够从该商品本身或从该商品与其他易于获得资源一起使用中受益

    B. 企业需提供重大的服务以将该商品与合同中承诺的其他商品整合成合同约定的组合产出转让给客户

    C. 该商品将对合同中承诺的其他商品予以重大修改或定制

    D. 该商品与合同中承诺的其他商品具有高度关联性

5. 企业与同一客户（或该客户的关联方）同时订立或在相近时间内先后订立的两份或多份合同，应当合并为一份合同进行会计处理的情况不包括（　　　）。

    A. 该两份或多份合同基于同一商业目的而订立并构成一揽子交易

    B. 该两份或多份合同订立人为同一人或有由同一人授权所定

    C. 该两份或多份合同中的一份合同的对价金额取决于其他合同的定价或履行情况

    D. 该两份或多份合同中所承诺的商品构成单项履约义务

6. 关于合同变更，下列说法错误的是（　　　）。

    A. 合同变更增加了可明确区分的商品及合同价款，且新增合同价款反映了新增商品单独售价的，应当将该合同变更部分作为一份单独的合同进行会计处理

    B. 合同变更日已转让的商品与未转让的商品之间可明确区分的，应当视为原合同终止；同时，将原合同未履约部分与合同变更部分合并为新合同进行会计处理

    C. 合同变更日已转让的商品与未转让的商品之间不可明确区分的，应当将该合同变更部分作为原合同的组成部分进行会计处理

    D. 合同变更如果对已确认的收入产生影响，不调整当期收入，而是在下期再做调整

7. 下列关于收入确认和计量的表述中，不正确的是（　　　）。

    A. 企业应当在履行了合同中的履约义务，即在客户取得相关商品控制权时确认收入

    B. 如果客户只能在未来的某一期间主导该商品的使用并从中获益，则表明企业尚未取得该商品的控制权

    C. 没有商业实质的非货币性资产交换，无论何时均不应确认收入

    D. 房地产企业将开发的房产出售后，保留了对该房产的物业管理权，因企业对售出的商品保留了继续管理权，则房产销售不成立

8. 当合同中包含两项或多项履约义务时，企业应当在合同开始日，将交易价格分摊至各单项履约义务。具体分摊时采用的方法是（　　　）。

    A. 直线法平均摊销

    B. 各单项履约义务所承诺商品的成本的相对比例

    C. 各单项履约义务所承诺商品的净收益的相对比例

    D. 各单项履约义务所承诺商品的单独售价的相对比例

9. 销售商品部分和提供劳务部分不能够区分，或虽能区分但不能够单独计量的，其处理应该是（　　　）。

A. 应当将销售商品的部分作为销售商品处理，将提供劳务的部分作为提供劳务处理

B. 应当将销售商品部分和提供劳务部分全部作为销售商品处理

C. 不进行处理，备查登记

D. 应当将销售商品部分和提供劳务部分全部作为提供劳务处理

10. 企业履约过程中发生的下列支出中，不应计入当期损益的是（　　　）。

A. 企业承担的管理费用

B. 明确应由客户承担的管理费用

C. 非正常消耗的直接材料、直接人工和制造费用（或类似费用）

D. 与履约义务中已履行（包括已全部履行或部分履行）部分相关的支出

（二）多项选择题

1. 控制权满足的要素的有（　　　）。

A. 客户拥有现时权利，能够主导该商品的使用并从中获得几乎全部经济利益

B. 客户有权使用该商品，或者能够允许或阻止其他方使用该商品

C. 不具有排他性，可以和其他方互相使用

D. 能够获得商品几乎全部的经济利益

2. 企业在客户取得商品控制权时确认收入，需要企业与客户的合同同时满足的条件包括（　　　）。

A. 合同各方已批准该合同并承诺将履行各自义务

B. 该合同明确了合同各方与所转让的商品相关的权利和义务

C. 该合同具有商业实质，有明确的与所转让的商品相关的支付条款

D. 企业因向客户转让商品而有权取得的对价很可能收回

3. 下列关于合同合并与合变更的会计处理表述正确的有（　　　）。

A. 企业与同一客户（或该客户的关联方）同时订立或在相近时间内先后订立的两份或多份合同，若该两份或多份合同是基于同一商业目的而订立并构成一揽子交易的，则应当将它们合并为一份合同进行会计处理

B. 企业与同一客户（或该客户的关联方）同时订立或在相近时间内先后订立的两份或多份合同，若该两份或多份合同中的一份合同的对价金额取决于其他合同的定价或履行情况，则应当将它们合并为一份合同进行会计处理

C. 合同变更增加了可明确区分的商品及合同价款，且新增合同价款反映了新增商品单独售价的，应当将该合同变更作为一份单独的合同（即一项新的合同）进行会计处理

D. 在合同变更日已转让商品与未转让商品之间可明确区分的，但新增合同价款不能反映新增商品单独售价，则应当视为原合同终止；同时，将原合同未履约部分与合同变更部分合并为新合同进行会计处理

4. 下列各事项中，通常应作为单项履约义务的有（　　　）。

A. 企业向客户转让可明确区分商品（或商品的组合）的承诺

B. 企业向客户转让一系列实质相同且转让模式相同的、可明确区分商品的承诺

C. 企业向客户转让一系列实质相同且转让模式相同的、不可明确区分商品的承诺

D. 企业为销售商品而进行的广告宣传活动

5. 下列各情形中，通常表明企业向客户转让该商品的承诺与合同中的其他不可明确区分的有（　　）。

A. 该商品将对合同中承诺的其他商品予以重大修改或定制

B. 企业需提供重大的服务以将该商品与合同中承诺的其他商品进行整合，形成合同约定的某个或某些组合产出转让给客户

C. 企业向客户转让一系列实质相同且转让模式相同的、可明确区分商品的承诺

D. 该商品与合同中承诺的其他商品具有高度关联性

6. 合同标价并不一定代表交易价格，企业在确定交易价格时通常还应考虑以下因素对交易价格的影响（　　）。

A. 可变对价　　　　　　　　　　B. 合同中存在的重大融资成分

C. 非现金对价　　　　　　　　　D. 应付客户对价

7. 关于交易价格的下列各项表述正确的有（　　）。

A. 计入交易价格的可变对价金额，应当不超过在相关不确定性消除时、累计已确认的收入极可能不会发生重大转回的金额

B. 合同存在重大融资成分时，企业应当按照假定客户在取得商品控制权时即以现金支付的应付金额（即现销价格）确定交易价格。

C. 在客户支付非现金对价（如实物资产、无形资产、股权、客户提供的广告服务等）情况下，企业应当按照非现金对价在合同开始日的公允价值确定交易价格

D. 企业存在应付客户对价的，应当将该应付对价冲减交易价格；但是，应付客户对价是为了自客户取得其他可明确区分商品的除外

8. 满足下列（　　）条件之一的履约义务属于在某一时段内履行的履约义务，相关收入应当在该履约义务履行的期间内确认。

A. 客户在企业履约的同时即取得并消耗企业履约所带来的经济利益

B. 客户能够控制企业履约过程中在建的商品

C. 企业履约过程中所产出的商品具有不可替代用途，且该企业在整个合同期间内有权就累计至今已完成的履约部分收取款项

D. 企业履约过程中所产出的商品具有不可替代用途

9. 对于在某一时点履行的履约义务，企业应当在客户取得相关商品控制权时确认收入。在判断客户是否取得商品的控制权时，企业应当考虑的情形有（　　）。

A. 客户已接受该商品

B. 客户已拥有该商品的法定所有权

C. 客户就该商品负有现时付款义务

D. 客户已取得该商品所有权上的主要风险和报酬

10. 对于在某一时段内履行的履约义务的收入确认方法，下列表述正确的有（　　）。

A. 企业应当在该段时间内按照履约进度确认收入，履约进度不能合理确定的除外

B. 企业应当考虑商品的性质，采用产出法或投入法确定恰当的履约进度，并且在确定履约进度时，不应当扣除那些控制权尚未转移给客户的商品和服务

C. 当产出法所需要的信息可能无法直接通过观察获得，或者为获得这些信息需要花费很高的成本时，可采用投入法

D. 实务中，企业通常按照累计实际发生的成本占预计总成本的比例（即成本法）确定履约进度，累计实际发生的成本包括企业向客户转移商品过程中所发生的直接成本和间接成本

11. 同时满足下列（　　　）条件时，应当作为在某一时段内履行的履约义务确认相关收入。

    A. 合同要求或客户能够合理预期企业将从事对该项知识产品有关重大影响的活动

    B. 该活动对客户将产生有利或不利影响

    C. 该活动对客户一定产生有利影响

    D. 该活动不会导致向客户转让商品

12. 下列关于合同取得成本的表述正确的有（　　　）。

    A. 合同取得成本是指企业为取得合同发生的增量成本

    B. 增量成本是指企业不取得合同就不会发生的成本

    C. "合同取得成本"账户属于资产类

    D. 企业因现有合同续约或发生合同变更需要支付的额外佣金，也属于为取得合同发生的增量成本

13. 企业为履行合同可能会发生各种成本，属于收入准则规范范围且同时满足下列（　　　）条件的，应当作为合同履约成本计入"合同履约成本"账户。

    A. 成本与一份当前或预期取得的合同直接相关

    B. 该成本增加了企业未来用于履行（或持续履行）履约义务的资源

    C. 该成本预期能够收回

    D. 与履约义务中已履行部分相关的支出

14. 下列各项中，不应作为合同履约成本确认为合同资产的有（　　　）。

    A. 为取得合同发生但预期能够收回的增量成本

    B. 为组织和管理企业生产经营发生的但非由客户承担的管理费用

    C. 无法在尚未履行的与已履行（或已部分履行）的履约义务之间区分的支出

    D. 为履行合同发生的非正常消耗的直接材料、直接人工和制造费用

15. 下列项目中，构成合同履约成本的有（　　　）。

    A. 从合同签订开始至合同完成止所发生的、与执行合同有关的直接费用

    B. 从合同签订开始至合同完成止所发生的、与执行合同有关的间接费用

    C. 因订立合同而发生的无法单独区分的投标费

    D. 合同订立前发生的费用

（三）判断题

1. 收入的金额应当反映企业因转让商品或提供劳务而预期有权收取的对价金额。　（　　　）

2. 确认收入的方式应当反映其向客户转让商品或提供劳务的模式。　（　　　）

3. 企业取得商品控制权包括能力、主导该商品的使用、能够获得商品几乎全部的经济利益等三个要素。　（　　　）

4. 企业应当在履行了合同中的履约义务，即在客户取得相关商品控制权时确认收入。　（　　　）

5. 取得商品控制权是指能够主导该商品的使用并从中获得几乎全部的经济利益，也包括有能力阻止其他方主导该商品的使用并从中获得经济利益。　（　　　）

6. 合同是指双方或多方之间订立有法律约束力的权利义务的协议，必须以书面形式保存。

（　　　）

7. 合同变更日已转让商品与未转让商品之间不可明确区分的，应当将该合同变更部分作为原合同的组成部分进行会计处理，在合同变更日重新计算履约进度，并调整当期收入和相应成本。

（　　　）

8. 确认收入的最小单元是单项履约义务。 （　　）

9. 合同标价就等于交易价格。 （　　）

10. 当合同中包含两项或多项履约义务时，企业应当在合同开始日，按照各单项履约义务所承诺商品的单独售价的相对比例，将交易价格分摊至各单项履约义务。 （　　）

11. 当一项履约义务不属于在某一时段内履行的履约义务时，该履约义务就应属于在某一时点履行的履约义务。 （　　）

12. 对于在某一时段内履行的履约义务，企业一律应在该段时间内按照履约进度确认收入。 （　　）

13. 合同中存在重大融资成分的，企业应当按照假定客户在取得商品控制权时即以现金支付的应付金额确定交易价格。 （　　）

14. 企业发生的原已确认收入的销售退回，属于本年度销售的，应直接冲减退回当月的销售收入及销售成本；如果是以前年度销售的，在资产负债表日至财务会计报告批准报出日之间发生退回的，应作为资产负债表日后事项的调整事项处理。 （　　）

15. 当履约进度不能合理确定时，企业已经发生的成本预计能够得到补偿的，应当按照已经发生的成本金额确认收入，直到履约进度能够合理确定为止。 （　　）

16. 企业为取得合同发生的增量成本预期能够收回的，应当作为合同取得成本确认为一项资产。 （　　）

17. 无法在尚未履行的与已履行（或已部分履行）的履约义务之间区分的相关支出，应计入合同履约成本。 （　　）

18. 企业取得合同发生的增量成本已经确认为资产的，应当采用与该资产相关的商品收入确认相同的基础进行摊销，计入当期损益。 （　　）

19. 甲公司承诺将客户的一批货物从 A 市运送到 B 市，假定该批货物在途经 C 市时，由乙运输公司接替甲公司继续提供该运输服务，由于 A 市到 C 市之间的运输服务是无须重新执行的，表明客户在甲公司履约的同时即取得并消耗了甲公司履约所带来的经济利益，因此，甲公司提供的运输服务属于在某一时段内履行的履约义务。 （　　）

20. 甲公司与客户签订合同，在客户拥有的土地上按照客户的设计要求为其建造厂房。在建造过程中客户有权修改厂房设计，并与甲公司重新协商设计变更后的合同价款。客户每月末按当月工程进度向甲公司支付工程款。如果客户终止合同，已完成建造部分的厂房归客户所有。表明客户在该厂房建造的过程中就能够控制该在建的厂房。因此，甲公司提供的该建造服务属于在某一时段内履行的履约义务。 （　　）

二、分项能力题

（一）单项选择题

1. 2020 年 8 月 6 日，某企业与客户签订销售合同并预收货款 55 000 元，8 月 12 日商品发出，增值税专用发票上注明价款为 50 000 元，增值税税额为 6 500 元，当月发出商品的同时收到货款。该项销售业务属于在某一时点履行的履约义务，企业应确认的商品销售收入金额为（　　）元。

A. 50 000　　　　　B. 3 500　　　　　C. 56 500　　　　　D. 55 000

2. 甲公司为增值税一般纳税人，适用的增值税税率为 13%。2020 年 3 月 3 日，该企业向客户销售商品 2 000 件，单位不含税售价为 20 元，单位成本为 10 元，给予客户 10% 的商业折扣，当日商品送抵客户，并符合收入确认条件。销售合同约定的现金折扣条件为 "2/10、1/20、n/33"

（计算现金折扣时不考虑增值税）。不考虑其他因素，甲公司应确认的销售收入金额为（　　　）元。

  A. 40 000　　　　　　B. 36 000　　　　　　C. 35 280　　　　　　D. 35 640

  3. 2020 年 5 月，M 公司委托甲公司代销商品一批，代销价款为 300 万元，本期收到代销清单，代销清单中列明已销售代销商品的 50%，M 公司收到代销清单时向甲公司开具增值税专用发票。甲公司按代销价款的 5% 收取手续费，该批商品的实际成本为 180 万元。不考虑其他因素，则 M 公司 5 月因此业务应确认的销售收入（　　　）万元。

  A. 300　　　　　　　B. 180　　　　　　　C. 150　　　　　　　D. 90

  4. 甲公司于 2020 年 8 月接受一项产品安装任务，安装期为 6 个月，合同总收入为 30 万元，年度预收款项为 4 万元，余款在安装完成时收回，当年实际发生成本 8 万元，预计还将发生成本 16 万元。假定该安装劳务属于在某一时段内履行的履约义务，且根据累计发生的合同成本占合同预计总成本的比例确认履约进度。则甲公司 2020 年度确认收入为（　　　）万元。

  A. 8　　　　　　　　B. 10　　　　　　　　C. 24　　　　　　　　D. 0

  5. 甲公司于 2020 年年初将其所拥有的一座桥梁收费权出售给 N 公司 10 年，10 年后由甲公司收回收费权，一次性取得收入 1 000 万元，款项已收存银行。售出的 10 年期间，桥梁的维护由甲公司负责，2020 年甲公司发生桥梁的维护费用 20 万元。则甲公司 2020 年该项业务应确认的收入为（　　　）万元。

  A. 1 000　　　　　　B. 20　　　　　　　　C. 0　　　　　　　　D. 100

  6. 甲公司为增值税一般纳税人，适用的增值税税率为 13%。2020 年 11 月 1 日，甲公司销售 A 产品一台，并负责安装调试，如果产品不能正常运行，则甲公司需要返修，然后再进行安装和检验，预计将发生成本 4 000 万元，合同约定总价款为 5 000 万元（销售价格与安装费用无法区分）。货物已发出，并开具增值税专用发票，但是安装调试工作需要在 2021 年 1 月 31 日完成。对于该项业务，甲公司在 2020 年应确认的收入金额为（　　　）万元。

  A. 5 000　　　　　　B. 5 850　　　　　　C. 4 000　　　　　　D. 0

  7. 2020 年 6 月，甲公司与乙公司签订一项销售合同。合同约定：甲公司向乙公司出售 120 台计算机，每台计算机合同价格为 0.6 万元，共计 72 万元，该批计算机在 3 个月内平均分批发货。2020 年 6 月和 7 月，甲公司分别按约定发出计算机 40 台。在企业将 80 台计算机移交之后，双方进行了合同修订，乙公司要求甲公司在 2020 年 8 月额外再发出 50 台计算机，额外增发的 50 台件计算机按每台 0.55 万元价格结算，该价格反映了这些产品当时的市场价格并且可以与原产品区别开来。2020 年 8 月实际发货 90 台。不考虑其他因素，则甲公司 2020 年 8 月确认的收入为（　　　）万元。

  A. 54　　　　　　　　B. 49.5　　　　　　　C. 51.5　　　　　　　D. 52.68

  8. 某健身俱乐部销售会员卡，客户支付 600 元，可在一年内参加 30 次有氧操锻炼，每次为 2 小时，下列关于收入确认正确的是（　　　）。

  A. 收到 600 元的时候确认 600 元的收入

  B. 收到钱时暂不确认收入，待满一年的时候确认 600 元收入

  C. 按照健身次数，每次确认 20 元收入

  D. 客户 30 次全部用完时再一次性确认 600 元收入

  9. 2020 年 3 月 1 日，甲公司与乙公司签订合同，为其设计一款产品，合同价款为 200 万元。为此甲公司购买了设计所需要的相关设备，支付银行存款 30 万元，并专门成立了设计小组，产品设计完成后，甲公司负责测试的相关工作。不考虑其他因素，则甲公司对所购买设备应计入的会计账户是（　　　）。

A. 固定资产　　　　B. 无形资产　　　　C. 合同资产　　　　D. 研发支出

10. 甲公司是一家咨询公司，通过竞标得到了一个新客户乙公司，甲公司为取得和乙公司的合同，发生了下列支出：①聘请外部律师进行项目的调查支出为 50 000 元；②因投标发生的差旅费和投标费为 20 000 元；③销售人员佣金为 8 000 元，甲公司预期这些支出未来均能够收回。此外，甲公司根据其年度销售目标和盈利情况，向销售部门经理支付年度奖金 30 000 元。根据上述资料，应计入"合同取得成本"账户的金额为（　　　）。

A. 50 000　　　　B. 20 000　　　　C. 8 000　　　　D. 30 000

（二）多项选择题

1. 甲公司 2020 年 12 月 3 日与乙公司签订产品销售合同。合同约定，甲公司向乙公司销售 M 产品 400 件，单位售价为 650 元（不含增值税），增值税税率为 13%；乙公司应在甲公司发出产品后 1 个月内支付款项，乙公司收到 M 产品后 3 个月内如发现质量问题有权退货。M 产品单位成本为 500 元。甲公司于 2020 年 12 月 10 日发出 M 产品，并开具增值税专用发票。根据历史经验，甲公司估计 M 产品的退货率为 30%。至 2020 年 12 月 31 日止，上述已销售的 M 产品尚未发生退回，重新预计的退货率为 20%。按照税法规定，销货方于收到购货方提供的《开具红字增值税专用发票申请单》时开具红字增值税专用发票。根据上述资料，甲公司做出的下列有关业务的账务处理正确的有（　　　）。

A. 2020 年 12 月 10 日，发出商品时确认销售收入，编制会计分录

借：应收账款　　　　　　　　　　　　　293 800 ［650×400×（1+13%）］

贷：主营业务收入　　　　　　　　　　182 000

预计负债　　　　　　　　　　　　78 000（650×400×30%）

应交税费——应交增值税（销项税额）　33 800（650×400×13%）

B. 2020 年 12 月 10 日，发出商品结转销售成本，编制会计分录

借：主营业务成本　　　　　　　　　　　140 000

应收退货成本　　　　　　　　　　　60 000（400×500×30%）

贷：库存商品　　　　　　　　　　　　200 000

C. 2020 年年末，甲公司对退货率重新评估，对收入进行调整，编制会计分录

借：预计负债　　　　　　　　　　　　　26 000（650×400×10%）

贷：主营业务收入　　　　　　　　　　26 000

D. 2020 年末，甲公司对退货率重新评估，对成本进行调整，编制会计分录

借：主营业务成本　　　　　　　　　　　20 000

贷：应收退货成本　　　　　　　　　　20 000（400×500×10%）

2. 2019 年 10 月 1 日，甲建筑公司与乙公司签订一项固定造价合同，为乙公司建造一栋厂房，合同总价款为 2 000 万元，预计合同总成本为 1 500 万元，预计工期两年。假定该建造服务属于在某一时段内履行的履约义务，并根据累计发生的合同成本占合同预计总成本的比例确定履约进度。至 2019 年年末已经发生合同成本 600 万元。2020 年年初，因乙公司需求变化，双方协商之后决定，在原厂房基础上扩大建造一个新产品生产车间，因此乙公司追加合同价款 300 万元，甲公司预计合同成本将增加 200 万元。甲建筑公司下列会计处理正确的有（　　　）。

A. 2019 年末，甲公司履约进度 =600 / 1 500=40%，应确认合同收入 =2 000×40%=800（万元），应确认合同成本 =1 500×40%=600（万元）

B. 2020 年初发生了合同变更，由于合同变更后拟提供的剩余服务与在合同交更日或之前

已提供的服务不可明确区分，因此，甲公司应当将合同变更作为原合同的组成部分进行会计处理

 C. 2020 年双方同意追加建造车间，合同总价格和总成本增加，重新估计履约进度＝600／（1 500＋200）＝35.29%，应额外确认收入＝（2 000＋300）×35.29%－800＝11.67（万元）

 D. 2020 年双方同意追加建造车间，应额外确认合同成本＝（1 500＋200）×35.29%－600＝－0.07（万元）

 3. 2018 年 1 月 1 日，甲公司与乙公司签订合同，每月为乙公司员工进行技术培训，合同期限为三年，乙公司每年向甲公司支付培训服务费 9 万元（假定该价格反映了合同开始日该项服务的单独售价）。2019 年 12 月 31 日，双方对合同进行变更，将 2020 年的培训服务费调整为 12 万元（假定该价格反映了合同变更日该项服务的单独售价），同时以 32 万元的价格将合同期限延长三年（假定该价格不反映合同变更日该三年培训服务费的单独售价）。甲公司的下列会计处理正确的有（ ）。

 A. 因为 2018 年 1 月 1 日，甲公司与乙公司签订合同时确定的乙公司每年向甲公司支付培训服务费 9 万元反映了合同开始日该项服务的单独售价，所以，甲公司 2018 年和 2019 年每年应确认收入金额均为 9 万元

 B. 2019 年 12 月 31 日的合同变更不属于合同变更部分作为单独合同进行会计处理的情形，且在合同变更日已转让商品与未转让商品之间可明确区分，应当视为原合同终止；同时，将原合同未履约部分与合同变更部分合并为新合同进行会计处理

 C. 新合同的交易价格应当为原合同交易价格中尚未确认为收入的部分 12 万元和合同变更中客户已承诺的对价金额 32 万元之和

 D. 新合同的期限为四年，每年确认收入＝（12＋32）／4＝11（万元）

 4. 2020 年 1 月 1 日，中国移动上海分公司向客户提供预存话费送手机的优惠活动：如果用户承诺每月支付 200 元的话费（包括无限制市内通话和免费短信的套餐），就将收到一部价值 3 000 元的免费手机。而客户单独购买此套餐（不要免费手机）只需每月支付 175 元的话费。客户同意参加优惠活动，并签订了协议。下列说法正确的有（ ）。

 A. 销售手机应分摊的交易价格为 1 411.76 元，提供通信服务应分摊的交易价格为988.24 元

 B. 交易价格 2 400 元全部分摊给提供通信服务

 C. 用户在 1 月 1 日收到手机的时候，1 411.76 元的收入就可以被确认

 D. 而 988.24 元的收入将被分配到每一个月，按账单金额每月确认

 5. 2020 年 6 月 18 日，小狗吸尘器促销，经典款吸尘器促销价为每台 500 元（原价为 700 元），若客户另付 50 元可获价值为 300 元的除螨吸尘器一台。下列关于收入确认错误的有（ ）。

 A. 确认经典款吸尘器收入 500 元、除螨吸尘器收入 50 元

 B. 确认经典款吸尘器收入 385 元、除螨吸尘器收入 165 元

 C. 确认经典款吸尘器收入 700 元、除螨吸尘器收入 300 元

 D. 确认经典款吸尘器收入 550 元、除螨吸尘器收入不确认

三、综合分析题

资料：A 公司 2019 年与 B 公司签订一项销售合同，合同约定向 B 公司销售一台大型机床，合同价款为 1 000 万元，实际成本为 800 万元；同时，A 公司负责该台大型机床的安装工作，如果电梯不能正常运行，则甲公司需要返修，然后再进行安装和检验，合同价款中已包含安装费。

A 公司于 2019 年 11 月 30 日发出商品，12 月 4 日开始安装，预计于次年 4 月 20 日安装完成。预计安装总成本为 20 万元，2019 年发生安装费用 15 万元，均为人工费用。2020 年 4 月 20 日全部安装完成并经 B 公司检验合格，全部款项一次收讫。2020 年发生安装费用 5 万元，均为人工费用。假定适用的增值税税率为 13%。

要求：根据上述资料分别计算 A 甲公司 2019 年和 2020 年应确认的收入、应结转成本的金额，并编制相关会计分录。

参考答案

一、理论知识题

（一）单项选择题

1. A	2. D	3. C	4. A	5. B
6. D	7. D	8. D	9. B	10. B

（二）多项选择题

1. ABD	2. ABCD	3. ABCD	4. AB	5. ABD
6. ABCD	7. ABCD	8. ABC	9. ABCD	10. ACD
11. ABD	12. ABCD	13. ABC	14. ABCD	15. AB

（三）判断题

1. √	2. √	3. √	4. √	5. √
6. ×	7. √	8. √	9. ×	10. √
11. √	12. ×	13. √	14. √	15. √
16. √	17. ×	18. √	19. √	20. √

二、分项能力题

（一）单项选择题

1. A	2. B	3. C	4. B	5. D
6. D	7. C	8. C	9. A	10. C

（二）多项选择题

1. ABCD	2. ABC	3. ABCD	4. ACD	5. ACD

三、综合分析题

（1）2019 年 11 月 30 日发出商品

借：发出商品   8 000 000

    贷：库存商品   8 000 000

（2）2019 年发生安装费用

借：合同履约成本   150 000

    贷：应付职工薪酬   150 000

（3）2019 年履约进度＝15÷20＝75%

应确认的收入＝1 000×75%＝750（万元）

应结转的成本＝20×75%＝15（万元）

  借：合同资产   7 500 000

    贷：主营业务收入   7 500 000

  借：主营业务成本   150 000

    贷：合同履约成本   150 000

（4）2020年发生安装费用

  借：合同履约成本   50 000

    贷：应付职工薪酬   50 000

（5）2020年4月20日，应确认的收入＝1 000−750＝250（万元）

应结转的成本＝20−15＝5（万元）

开具发票收取款项时

  借：银行存款   11 300 000

    贷：主营业务收入   2 500 000

      合同资产   7 500 000

      应交税费——应交增值税（销项税额）   1 300 000

  借：主营业务成本   8 200 000

    贷：发出商品   8 000 000

      合同履约成本   200 000

任务二 | 费用核算

基本内容框架

- **费用的确认原则与方法**
- **费用核算的内容及账户设置**
- **费用典型业务核算**
  - 主营业务成本
  - 其他业务成本
  - 税金及附加
  - 期间费用

主要知识点分析

一、费用的确认原则与方法

费用的确认原则与方法主要知识点如表5–18所示。

表5-18   费用的确认原则与方法主要知识点

项 目	内 容
原则	权责发生制

续表

项　　目	内　　容
方法	按与收入的配比关系确认：主营业务成本、其他业务成本
	按一定的方法分配后确认：固定资产折旧、无形资产摊销等
	在支出发生时直接确认：管理费用、销售费用、财务费用等期间费用

二、费用典型业务核算

费用典型业务核算主要知识点如表 5–19 所示。

表 5-19　　　　　　　　　　　　　费用典型业务核算主要知识点

项　　目	内　　容	
营业成本	账户：主营业务成本、其他业务成本	
	销售实现时或期末结转成本 借：主营业务成本/其他业务成本 　　贷：库存商品/劳务成本/原材料等	期末结转损益 借：本年利润 　　贷：主营业务成本/其他业务成本
税金及附加	账户："税金及附加"	
	计算确定消费税、城市维护建设税、资源税等税费时 借：税金及附加 　　贷：应交税费	期末结转损益 借：本年利润 　　贷：税金及附加
期间费用	账户："管理费用""销售费用""财务费用"	
	计算确定期间费用时 借：管理费用/销售费用/财务费用 　　贷：银行存款/累计折旧等	期末结转损益 借：本年利润 　　贷：管理费用/销售费用/财务费用

任务训练

一、理论知识题

（一）单项选择题

1. 下列各项中，属于"主营业务成本"账户核算内容的是（　　　）。
   - A. 销售商品成本
   - B. 出租无形资产的摊销额
   - C. 支付的业务招待费
   - D. 销售原材料的成本

2. 下列各项中，属于"其他业务成本"账户核算内容的是（　　　）。
   - A. 经营租出固定资产折旧
   - B. 库存商品盘亏净损失
   - C. 向灾区捐赠的商品成本
   - D. 火灾导致原材料毁损净损失

3. 下列各项中，应记入"税金及附加"账户的是（　　　）。
   - A. 出售无形资产应交增值税
   - B. 销售商品应交增值税
   - C. 销售应税消费品应交消费税
   - D. 房产开发公司以外单位出售房产应交增值税

4. 下列项中，不应记入"管理费用"账户的是（　　　）。

  A. 聘请中介机构的年报审计费　　　　B. 计提的坏账准备

  C. 由企业统一负担的公司经费　　　　D. 企业生产车间发生的固定资产修理费

5. 下列各项中，不应记入"销售费用"账户的是（　　　）。

  A. 为推广新产品而发生的广告费用

  B. 已售商品的预计保修费用

  C. 随同商品出售且单独计价的包装物成本

  D. 随同商品出售不单独计价的包装物成本

6. 下列各项中，不应记入"财务费用"账户的是（　　　）。

  A. 银行承兑汇票手续费　　　　　　　B. 购买交易性金融资产的手续费

  C. 外币应收账款汇兑损失　　　　　　D. 商业汇票贴现发生的贴现息

（二）多项选择题

1. 下列各项中，应记入利润表"营业成本"项目的有（　　　）。

  A. 销售商品成本　　　　　　　　　　B. 销售材料成本

  C. 出租非专利技术摊销额　　　　　　D. 经营租赁出租设备计提折旧额

2. 工业企业发生的下列业务，应记入"其他业务成本"账户的有（　　　）。

  A. 出租包装物成本　　　　　　　　　B. 随同产品出售单独计价包装物的成本

  C. 出租无形资产支付的服务费　　　　D. 出售无形资产结转的无形资产摊余成本

3. 根据企业会计准则的规定，企业交纳的下列各种税金不通过"税金及附加"账户核算的有
（　　　）。

  A. 消费税　　　　　B. 增值税　　　　　C. 契税　　　　　D. 城市维护建设税

4. 企业发生的下列各项费用中，应通过"管理费用"账户核算的有（　　　）。

  A. 专设售后服务网点的职工薪酬　　　B. 筹建期间内发生的开办费

  C. 董事会会费　　　　　　　　　　　D. 技术转让费用

5. 下列各项中，不应确认为财务费用的有（　　　）。

  A. 资本化的借款利息支出　　　　　　B. 销售商品发生的商业折扣

  C. 企业筹建期间的借款费用　　　　　D. 商业汇票贴现发生的贴现利息

6. 下列各项中，应作为销售费用核算的有（　　　）。

  A. 专设销售机构固定资产修理费　　　B. 生产车间固定资产修理费

  C. 委托代销商品支付的手续费　　　　D. 销售商品发生的售后服务费

（三）判断题

1. 企业为组织生产经营活动而发生的一切管理活动的费用，包括车间管理费用和行政管理费用，都应作为期间费用处理。　　　　　　　　　　　　　　　　　　　　　　　　　　（　　　）

2. 出售无形资产结转的无形资产摊余价值应通过"其他业务成本"账户核算。　　（　　　）

3. 在建工程人员的工资及福利费应计入管理费用。　　　　　　　　　　　　　　（　　　）

4. 费用的发生会导致企业所有者权益减少。　　　　　　　　　　　　　　　　　（　　　）

5. 企业负担的生产职工养老保险费应计入管理费用。　　　　　　　　　　　　　（　　　）

6. 本期发生的管理费用直接影响本期损益，而本期发生的制造费用不一定影响本期的损益。　　　　　　　　　　　　　　　　　　　　　　　　　　　　　　　　　　　　　　（　　　）

二、分项能力题

（一）单项选择题

东方制造有限责任公司是一家生产机械设备的一般纳税人，2019年12月发生如下业务。

（1）转让原材料一批，收取转让款20 000元、增值税税额2 600元，款项收妥存入银行，该批原材料的实际成本为18 000元。

（2）转让特许使用商标权一项，收取转让费60 000元、增值税税额3 600元，款项存入银行。该无形资产账面余额为80 000元，累计摊销为30 000元。

（3）以现金150元购买办公用品一批（未取得增值税专用发票），交公司办公室使用。

（4）销售部经理出差归来报销差旅费4 800元，交回现金200元，结清原借款。

（5）计提本月固定资产折旧费8 600元，其中办公用房折旧为2 000元，其余为厂房机器设备折旧费。

（6）计提本年度应交房产税2 000元、城镇土地使用税1 800元。

（7）收到银行利息结算单，收取第4季度存款利息560元，支付贷款利息16 000元（属于流动资金借款，未曾做过利息费用计提处理）。

请计算回答下列问题。

1. 根据资料（1），本月应确认的其他业务成本为（　　　　）元。
   A. 18 000　　　　　B. 38 000　　　　　C. 5 000　　　　　D. 23 150
2. 根据资料（2），下列说法正确的是（　　　）。
   A. 贷记"营业外收入"10 000元　　　　B. 贷记"资产处置损益"10 000元
   C. 贷记"其他业务收入"10 000元　　　　D. 贷记"其他业务成本"30 000元
3. 根据资料（7），本月应确认的财务费用为（　　　　）元。
   A. 14 000　　　　　B. 18 000　　　　　C. 15 440　　　　　D. 16 000
4. 本月应确认的管理费用为（　　　　）元。
   A. 150　　　　　　B. 4 800　　　　　C. 2 000　　　　　D. 2 150
5. 本月应确认的销售费用为（　　　　）元。
   A. 4 800　　　　　B. 8 600　　　　　C. 3 800　　　　　D. 23 000

（二）多项选择题

甲公司为增值税一般纳税人，适用增值税税率为13%，销售商品和提供劳务均为主营业务。发出商品成本按月末一次加权平均法计算，原材料采用计划成本核算。2019年12月该企业发生如下经济业务。

（1）1日，库存商品结存数量为1 000件，单位生产成本为21元；本月生产完工验收入库商品2 000件，单位生产成本为24元；本月发出商品2 800件，其中2 000件符合收入确认条件已确认收入，其余部分未满足收入确认条件。

（2）20日，将自产空气净化器作为福利发放给专设销售机构的30名员工，每人1台，每台不含税市场售价为15 000元，生产成本为10 000元。

（3）31日，确认劳务收入，本月月初与乙公司签订一项安装工程合同，合同总价款为160 000元，合同签订时预收劳务款50 000元，至月末累计发生劳务支出60 000元，工程尚未完工，预计至完工还需要发生劳务支出40 000元，当年年末乙公司发生财务困难，余款能否支付难以确定（假定不考虑增值税）。

（4）15 日，将仓库积压的一批原材料出售，开具增值税专用发票，注明价款 20 000 元、增值税税额 3 200 元，款项已收存银行。该批材料的计划成本为 18 000 元，材料成本差异率为−2%。

要求：根据上述资料，不考虑其他因素，分析回答下列问题。

1. 根据资料（1），甲公司会计处理结果正确的是（　　　）。

    A. 月末结转的商品销售成本为 64 400 元　　B. 月末结转的商品销售成本为 46 000 元

    C. 本月发出商品的单位成本为 23 元　　　　D. 本月发出商品的单位成本为 21 元

2. 根据资料（2），甲公司会计处理正确的是（　　　）。

    A. 确认空气净化器产品作为福利时

        借：销售费用　　　　　　　　　　　　　　　　522 000

          贷：应付职工薪酬——非货币性福利　　　　　　　522 000

    B. 发放空气净化器产品时

        借：应付职工薪酬——非货币性福利　　　　　522 000

          贷：主营业务收入　　　　　　　　　　　　　　450 000

            应交税费——应交增值税（销项税额）　　　　72 000

        借：主营业务成本　　　　　　　　　　　　　300 000

          贷：库存商品　　　　　　　　　　　　　　　　300 000

    C. 确认空气净化器产品作为福利时

        借：销售费用　　　　　　　　　　　　　　　372 000

          贷：应付职工薪酬——非货币性福利　　　　　　372 000

    D. 发放空气净化器产品时

        借：应付职工薪酬——非货币性福利　　　　　372 000

          贷：库存商品　　　　　　　　　　　　　　　　300 000

            应交税费——应交增值税（销项税额）　　　　72 000

3. 根据资料（3），甲公司安装工程业务的会计处理正确的是（　　　）。

    A. 结转劳务成本 60 000 元　　　　　　　　　B. 确认劳务收入 50 000 元

    C. 确认劳务收入 96 000 元　　　　　　　　　D. 结转劳务成本 31 250 元

4. 根据资料（1）至（4），甲公司 2019 年 12 月下列说法正确的有（　　　）。

    A. 其他业务成本为 18 000 元

    B. 其他业务成本为 17 640 元

    C. 主营业务成本为 406 000 元

    D. 利润表中"营业成本"项目金额为 423 640 元

三、综合分析题

资料：南方百货公司为增值税一般纳税人，2019 年 5 月发生如下经济业务。

（1）办公室本月报销招待费 3 000 元，以现金付讫。

（2）以银行存款支付电汇手续费 300 元。

（3）开出转账支票支付广告费 6 000 元、展销费 5 000 元，及相关增值税税额 660 元，取得增值税专用发票。

（4）计提本月固定资产折旧费 8 800 元，其中办公用房折旧 5 000 元、对外出租房屋折旧 3 800 元。

（5）上月销售给甲公司 A 产品 100 件（单位售价为 36 元，单位销售成本为 24 元）因质量问题本月退货 10 件，货款已退回，开具红字增值税专用发票。

（6）本月销售 A 产品 200 件，按加权平均法计算，每件产品单位成本为 25 元，结转销售成本。

（7）以现金支付退休人员工资 8 000 元。

（8）以现金购买印花税票 600 元。

（9）分配本月职工工资费用 110 000 元，其中行政管理人员工资 50 000 元、销售人员工资 10 000 元。

（10）根据工资分配结果，按 25% 计提职工社保费用，按 10% 计提住房公积金，按 2% 和 2.5% 计提工会经费和职工教育经费。

（11）计提本月贷款利息费用 3 600 元。

（12）收到银行利息结算单，收到本季度存款利息 600 元。

要求：根据上述资料编制有关会计分录。

参考答案

一、理论知识题

（一）单项选择题

1. A　　2. A　　3. C　　4. B　　5. C　　6. B

（二）多项选择题

1. ABCD　2. ABC　3. BC　4. BCD　5. ABC　6. ACD

（三）判断题

1. ×　　2. ×　　3. ×　　4. √　　5. ×　　6. √

二、分项能力题

（一）单项选择题

1. A　　2. B　　3. C　　4. D　　5. A

（二）多项选择题

1. BC　　2. AB　　3. AB　　4. BCD

三、综合分析题

（1）借：管理费用　　　　　　　　　　　　3 000
　　　贷：库存现金　　　　　　　　　　　　　　3 000
（2）借：财务费用　　　　　　　　　　　　300
　　　贷：银行存款　　　　　　　　　　　　　　300
（3）借：销售费用　　　　　　　　　　　　11 000
　　　　应交税费——应交增值税（进项税额）　660
　　　贷：银行存款　　　　　　　　　　　　　　11 660
（4）借：管理费用　　　　　　　　　　　　5 000
　　　　其他业务成本　　　　　　　　　　3 800

	贷：累计折旧	8 800
（5）借：库存商品	240	
贷：主营业务成本		240
借：主营业务收入	360	
应交税费——应交增值税（销项税额）	57.6	
贷：银行存款		417.6
（6）借：主营业务成本	5 000	
贷：库存商品		5 000
（7）借：管理费用	8 000	
贷：库存现金		8 000
（8）借：税金及附加	600	
贷：库存现金		600
（9）借：管理费用	50 000	
销售费用	60 000	
贷：应付职工薪酬——工资		110 000
（10）借：管理费用	19 750	
销售费用	23 700	
贷：应付职工薪酬——社会保险费		27 500
——住房公积金		11 000
——工会经费		2 200
——职工教育经费		2 750
（11）借：财务费用	3 600	
贷：应付利息		3 600
（12）借：银行存款	600	
贷：财务费用		600

任务三 | 所得税费用核算

基本内容框架

- 所得税核算方法
- 资产负债表债务法下所得税核算程序
- 资产和负债的计税基础
- 暂时性差异确认及分类
- 递延所得税资产与递延所得税负债的确认与计量
- 所得税费用的确认与计量
- 所得税核算账户设置
- 所得税典型业务核算

主要知识点分析

一、资产负债表债务法含义及核算程序

资产负债表债务法含义及核算程序中的主要知识点如表 5-20 所示。

表 5-20　　　　　　　　　资产负债表债务法含义及核算程序中的主要知识点

项　　目	内　　容
含义	资产负债表债务法是指从资产负债表出发，通过比较资产负债表上列示的资产、负债项目的账面价值与计税基础，确认相关的递延所得税负债与递延所得税资产，最终确认所得税费用的所得税会计核算方法
核算程序	①计算资产、负债的账面价值 ┈┈┈▶ ②计算资产、负债的计税基础 ⑤确定递延所得税费用（或收益）◀┈┈ ④计算递延所得税发生额 ◀┈┈ ③确定暂时性差异 ⑥计算当期应交所得税 ┈┈┈▶ ⑦确认所得税费用总额

二、暂时性差异的含义及种类

暂时性差异是指资产或负债的账面价值与其计税基础之间的差额。根据暂时性差异对未来期间应税金额影响不同分为：应纳税暂时性差异和可抵扣暂时性差异。暂时性差异的含义及种类中的主要知识点如表 5-21 所示。

表 5-21　　　　　　　　　暂时性差异的含义及种类中的主要知识点

项　　目	应纳税暂时性差异	可抵扣暂时性差异
含义	在确定未来收回资产或清偿负债期间的应纳税所得额时，将导致产生应税金额的暂时性差异	在确定未来收回资产或清偿负债期间的应纳税所得额时，将导致产生可抵扣金额的暂时性差异
性质	在未来期间转回时会增加转回期间的应纳税所得额，进而增加未来期间的应交所得税税额	在未来期间转回时会减少转回期间的应纳税所得额，进而减少未来期间的应交所得税税额
确认	应纳税差异产生当期确认递延所得税负债	暂时性差异产生的当期确认递延所得税资产
情形	资产的账面价值＞其计税基础 负债的账面价值＜其计税基础	资产的账面价值＜其计税基础 负债的账面价值＞其计税基础

三、资产、负债计税基础的确定

资产、负债计税基础的确定中的主要知识点如表 5-22 所示。

表 5-22　　　　　　　　　资产、负债计税基础的确定中的主要知识点

项　　目	资产的计税基础	负债的计税基础
含义	收回资产账面价值过程中，计算应纳税所得额时按税法规定可以从应税经济利益中抵扣的金额	负债的账面价值减去未来期间计算应纳税所得额时按税法规定可予抵扣的金额
公式	资产的计税基础＝未来可税前列支金额	负债的计税基础＝账面价值－未来可税前列支金额

续表

项　目	资产的计税基础	负债的计税基础
重要项目	① 固定资产。【初始计量】入账价值等于计税基础；【后续计量】会计与税收差异主要来自折旧及固定资产减值准备的计提 ② 无形资产。【初始计量】除内部研发形成的无形资产以外，以其他方式取得的无形资产初始确认时入账价值与计税基础一般不存在差异；【后续计量】会计与税收差异主要产生于对无形资产是否需要摊销及无形资产减值准备的计提 ③ 交易性金融资产 ④ 投资性房地产 ⑤ 其他计提了资产减值准备的各项资产	【原则】一般情况下，负债的确认与偿还不会影响企业的损益，也不会影响其应纳税所得额，未来期间计算应纳税所得额时按税法规定可予抵扣的金额为零，计税基础等于账面价值。但在某些情况下，负债的确认可能会影响企业的损益，进而影响不同期间的应纳税所得额，使得其计税基础与账面价值之间产生差额。重要项目： ① 预计负债 ② 预收账款 ③ 其他负债，如企业应交未交计入其他应付款账户的罚款和滞纳金等

四、递延所得税资产及递延所得税负债的确认和计量

递延所得税资产和递延所得税负债的确认和计量中的主要知识点如表 5-23 所示。

表 5-23　　　　　递延所得税资产及递延所得税负债的确认和计量中的主要知识点

要　点		递延所得税资产的确认和计量	递延所得税负债的确认和计量
确认		【原则】可抵扣暂时性差异，应以未来期间可能取得的应纳税所得额为限，确认递延所得税资产 【例外】如果发生的某交易不是企业合并，并且交易发生时既不影响会计利润也不影响应纳税所得额，且该项交易中产生的资产、负债的初始确认金额与计税基础不同，产生可抵扣暂时性差异的，不确认递延所得税资产	【原则】除准则明确规定可不确认的情况外，所有的应纳税暂时性差异均应确认递延所得税负债 【例外】①企业合并中产生的商誉的账面价值与其计税基础不同而形成的应纳税暂时性差异；②除企业合并外的其他交易中，如果该项交易发生时既不影响会计利润，也不影响应纳税所得额，即使形成应纳税暂时性差异，也不确认递延所得税负债
		借：递延所得税资产 　　贷：所得税费用、其他综合收益、商誉	借：所得税费用、其他综合收益、商誉 　　贷：递延所得税负债
计量	公式	递延所得税资产＝可抵扣暂时性差异×所得税税率	递延所得税负债＝应纳税暂时性差异×所得税税率
	税率	计算递延所得税资产和递延所得税负债时，应以相关差异转回期间的所得税税率计算	
	折现	无论相关的可抵扣暂时性差异转回期间如何，递延所得税资产均不予折现	

五、所得税费用的确认和计量

所得税费用的确认和计量中的主要知识点如表 5-24 所示。

表 5-24　　　　　　　所得税费用的确认和计量中的主要知识点

项　目	具　体　内　容
所得税费用	是指利润表中的所得税费用，由当期所得税和递延所得税两部分构成 所得税费用＝当期所得税＋递延所得税
当期所得税	是指企业按税法规定计算确定的针对当期发生的交易和事项应缴纳的所得税金额 当期所得税＝当期应交所得税＝应纳税所得额×当期适用税率

续表

项　目	具体内容
递延所得税	是指按企业会计准则规定应予确认的递延所得税资产和递延所得税负债在期末应有的金额相对于原已确认金额之间的差额，即递延所得税资产及递延所得税负债的当期发生额，但不包括直接计入所有者权益的交易或事项及企业合并的所得税影响 　　递延所得税＝（期末递延所得税负债－期初递延所得税负债）－（期末递延所得税资产－期初递延所得税资产）

六、应付税款法

应付税款法是指将本期会计利润与应纳税所得额之间产生的差异均在当期确认所得税费用。这种核算方法的特点是：本期所得税费用等于按本期应纳税所得额与适用所得税税率计算的应交所得税税额。暂时性差异产生的影响所得税的金额，在会计报表中不反映为一项负债或一项资产。

企业采用应付税款法核算所得税时，应设置"所得税费用"账户和"应交税费——应交所得税"账户。

任务训练

一、理论知识题

（一）单项选择题

1. 下列各项中，计税基础为零的是（　　　）。
    A. 为职工计提的应付医疗保险金　　　　　B. 因欠税产生的税收滞纳金
    C. 购入存货形成的应付账款　　　　　　　D. 因确认保修费用形成的预计负债
2. 资产负债表债务法适用于对所有（　　　）的处理。
    A. 永久性差异　　　　　　　　　　　　　B. 时间性差异
    C. 永久性差异和部分时间性差异　　　　　D. 暂时性差异
3. 暂时性差异产生的纳税影响在资产负债表中单独列示为递延所得税资产和递延所得税负债的企业所得税核算方法称为（　　　）。
    A. 资产负债表债务法　　　　　　　　　　B. 应付税款法
    C. 备抵法　　　　　　　　　　　　　　　D. 分期摊销法
4. 暂时性差异是指资产或负债的账面价值与其（　　　）之间的差额。
    A. 公允价值　　　B. 实际价值　　　C. 计税基础　　　D. 折余价值
5. 下列经济业务中，可能产生可抵扣暂时性差异的是（　　　）。
    A. 本年发生可结转以后年度税前弥补的亏损
    B. 交易性金融资产期末公允价值大于其初始确认金额
    C. 固定资产会计折旧小于税法折旧产生的差异
    D. 企业一项固定资产，税法采用双倍余额递减法计提折旧，会计采用直线法计提折旧，其他条件相同

（二）多项选择题

1. 根据暂时性差异对未来期间应税金额影响性质不同，暂时性差异分为（　　　）。

  A. 应纳税暂时性差异   B. 可抵扣暂时性差异

  C. 时间性差异   D. 永久性差异

2. 下列各项资产、负债中，会形成暂时性差异的有（   ）。

  A. 已计提减值准备的固定资产

  B. 使用寿命不确定的无形资产

  C. 已确认公允价值变动损益的交易性金融资产

  D. 因违反环保法规定而被罚处的应付未付的罚款

3. 应纳税暂时性差异通常产生于以下情况（   ）。

  A. 资产的账面价值大于其计税基础   B. 资产的账面价值小于其计税基础

  C. 负债的账面价值大于其计税基础   D. 负债的账面价值小于其计税基础

4. "递延所得税资产"账户借方登记的内容有（   ）。

  A. 企业初始确认的递延所得税资产金额

  B. 递延所得税资产的应有余额大于其账面余额的差额

  C. 递延所得税资产的应有余额小于其账面余额的差额

  D. 企业按照税法规定计算确定的当期应交所得税金额

5. 下列各项中，影响利润表"所得税费用"项目金额的有（   ）。

  A. 当期应交所得税   B. 递延所得税费用

  C. 递延所得税收益   D. 应纳税所得额

（三）判断题

1. 无论采用何种所得税核算方法，本期所得税费用与本期应交所得税一定相等。 （   ）

2. 负债产生的暂时性差异等于未来期间计税时按税法规定可予税前扣除的金额。 （   ）

3. "递延所得税负债"账户核算企业确认的应纳税暂时性差异产生的递延所得税负债。（   ）

4. 资产负债表债务法下"所得税费用"账户应设置"当期所得税费用"和"递延所得税费用"进行明细核算。   （   ）

5. 递延所得税负债应以相关应纳税暂时性差异转回期间适用的所得税税率计量。 （   ）

二、分项能力题

（一）单项选择题

1. 下列交易或事项中，其计税基础与账面价值不相等的是（   ）。

  A. 企业为关联方提供债务担保确认预计负债 100 万元，税法规定该费用不允许税前扣除

  B. 企业当期确认应付工资性支出 200 万元，税法规定可税前扣除的工资费用为 120 万元

  C. 企业因销售商品提供售后服务确认预计负债 20 万元，税法规定该费用应于实际发生时税前扣除

  D. 企业确认预收账款 300 万元，税法规定收入确认时点与会计准则规定一致

2. 甲公司 2018 年为开发新技术发生研究开发费用 250 万元，其中研究阶段支出 50 万元，开发阶段符合资本化条件前支出 20 万元，符合资本化条件后支出 180 万元。2018 年 12 月 1 日该无形资产达到预定用途，该无形资产预计使用年限为 5 年，采用直线法摊销。税法规定企业为开发新技术、新产品、新工艺发生的研究开发费用，未形成无形资产计入当期损益的，在按规定据实扣除的基础上，按研究开发费用加计扣除 75%；形成无形资产的，按无形资产成本的 175% 摊销。假定税法规定使用年限、摊销方法与会计规定相同，该无形资产 2019 年年末的计税基础为（   ）

万元。

  A. 141   B. 216   C. 144   D. 246.75

  3. 甲公司 2020 年 3 月 1 日以 250 万元从公开市场购入 A 公司股票，作为交易性金融资产管理。2020 年 12 月 31 日持有股票的公允价值为 300 万元，2020 年 12 月 31 日持有股票公允价值为 270 万元。假设甲公司所得税核算采用资产负债表债务法，所得税税率为 25%，2020 年 12 月 31 日甲公司对该交易性金融资产所得税影响的下列处理正确的是（   ）。

  A. 应确认递延所得税负债 5 万元   B. 应转回递延所得税负债 7.5 万元

  C. 应确认递延所得税资产 7.5 万元   D. 应确认递延所得税资产 5 万元

  4. 甲公司流动负债中有应付罚款 100 万元，其中：90 万元为应付行政性罚款，10 万元为银行贷款逾期罚息。则该应付罚款的计税基础为（   ）万元。

  A. 100   B. 90   C. 0   D. 10

  5. 某企业 2019 年应交所得税 500 万元；递延所得税资产年初余额为 250 万元，年末余额为 300 万元；递延所得税负债年初余额为 400 万元，年末余额为 300 万元。假定递延所得税发生额只影响所得税费用，该企业 2019 年应确认的所得税费用金额为（   ）万元。

  A. 500   B. 450   C. 350   D. 550

（二）多项选择题

  1. 甲公司为一家上市公司，2018 年 12 月购入价值为 800 万元的 A 设备，当月达到预定可使用状态。A 设备预计使用年限为 5 年、预计净残值为 50 万元，会计上采用直线法计提折旧。计税时按税法规定采用双倍余额递减法计提折旧，折旧年限和净残值与会计规定相同。假设所得税税率为 25%，则甲公司 2019 年度有关企业所得税的下列处理正确的有（   ）。

  A. 甲公司企业所得税核算必须采用资产负债表债务法

  B. 2019 年 12 月 31 日 A 设备的账面价值为 650 万元

  C. 2019 年 12 月 31 日 A 设备的计税基础为 480 万元

  D. 2019 年 12 月 31 日甲公司确认递延所得税负债 42.5 万元

  2. 甲公司 2019 年实现利润总额 1 600 万元，其中，取得国债利息收入 125 万元；"财务费用"的借款费用包括高于银行同期利率而多支付的 60 万元；因违反税法规定支付罚款 5 万元；"销售费用"的折旧额包括计提的低于税法规定扣除金额 20 万元。若甲公司采用资产负债表债务法核算所得税，适用所得税税率为 25%，则 2019 年甲公司有关企业所得税的下列处理正确的有（   ）。

  A. 应纳税所得额为 1 520 万元   B. 应交所得税额为 380 万元

  C. 应纳税所得额为 1 460 万元   D. 应交所得税额为 365 万元

  3. 甲公司 2019 年度利润总额为 2 000 万元，应纳税所得额为 1 900 万元，"递延所得税资产"账户年初余额为 180 万元、年末余额为 280 万元；"递延所得税负债"账户年初余额为 100 万元、年末余额为 290 万元。假定甲公司适用所得税税率为 25%，则下列处理正确的有（   ）。

  A. 2019 年应交所得税税额为 475 万元

  B. 2019 年应确认的递延所得税费用 90 万元

  C. 2019 年列入"利润表"的所得税费用为 565 万元

  D. 应编制的会计分录（金额以万元为单位）如下

  借：所得税费用   565

    递延所得税资产   100

    贷：应交税费——应交所得税   475

      递延所得税负债   190

4. 甲公司 2019 年度应纳税所得额为 800 万元，企业所得税税率为 25%，递延所得税负债期末、期初余额分别为 280 万元和 200 万元，递延所得税资产期末、期初余额分别为 150 万元和 110 万元。2019 年甲公司的下列处理结果正确的是（　　　　）。

A. 2019 年度当期应交所得税为 200 万元

B. 2019 年递延所得税为 40 万元

C. 2019 年度确认的所得税费用为 240 万元

D. 编制的会计分录为：

借：所得税费用	2 400 000
递延所得税负债	400 000
贷：应交税费——应交所得税	2 000 000
递延所得税负债	800 000

5. 甲公司 2016 年至 2019 年间每年的应税利润分别为 −500 万元、180 万元、190 万元、200 万元。假定该企业企业所得税核算采用资产负债表债务法，各年均无其他暂时性差异，适用所得税税率为 25%，则每年所得税的下列处理正确的有（　　　　）。

A. 2016 年，确认递延所得税资产 125 万元

借：递延所得税资产	1 250 000
贷：所得税费用	1 250 000

B. 2017 年，转回递延所得税资产 45 万元

借：所得税费用	450 000
贷：递延所得税资产	450 000

C. 2018 年，转回递延所得税资产 47.5 万元

借：所得税费用	475 000
贷：递延所得税资产	475 000

D. 2019 年，应交所得税为 17.5 万元，转回递延所得税资产 32.5 万元

借：所得税费用	500 000
贷：应交税费——应交所得税	175 000
递延所得税资产	325 000

三、综合分析题

资料：甲公司于 2019 年 1 月设立，采用资产负债表债务法核算所得税，适用所得税税率为 25%，该公司 2019 年利润总额为 5 800 万元，当年发生的交易事项中，会计规定与税法规定存在差异的项目如下。

（1）应收账款年末余额为 4 500 万元，甲公司计提了坏账准备 360 万元。税法规定，企业计提的各项资产减值损失在未发生实质性损失前不允许税前扣除。

（2）2019 年 9 月 10 日，以 2 000 万元取得一项到期还本付息的国债投资，作为债权投资核算，该投资实际利率与票面利率相差较小，甲公司按票面利率计算确定利息收入，当年确认利息收入 100 万元，该国债投资在持有期间未发生减值。税法规定，国债利息收入免征所得税。

（3）按销售合同规定，甲公司承诺对销售的 A 产品提供 3 年免费售后服务。甲公司 2019 年销售的 A 产品预计在售后服务期间将发生费用 200 万元，已计入当期损益。税法规定，与产品售后服务相关的支出在实际发生时允许税前扣除。甲公司 2019 年未发生售后服务支出。

（4）2019 年 4 月，以银行存款 200 万元从公开市场购入基金，作为交易性金融资产核算。年

末该基金的公允价值为 310 万元，公允价值变动已计入当期损益，持有期间基金未进行分配。税法规定，该类资产在持有期间公允价值变动不计入应纳税所得额，待处置时一并计算应计入应纳税所得额的金额。

其他相关资料：假定预期未来期间甲公司适用所得税税率不发生变化，甲公司预计未来期间能够产生足够的应纳税所得额用来抵扣可抵扣暂时性差异。

要求：

（1）确定甲公司上述交易事项中资产、负债在 2019 年 12 月 31 日产生的应纳税暂时性差异或可抵扣暂时性差异的金额。

（2）计算甲公司 2019 年应纳税所得额、应交所得税、递延所得税资产或递延所得税负债、所得税费用。

（3）编制甲公司 2019 年确认所得税费用的会计分录。

参考答案

一、理论知识题

（一）单项选择题

1. D　　　2. D　　　3. A　　　4. C　　　5. A

（二）多项选择题

1. AB　　2. ABC　　3. AD　　4. ABCD　　5. ABC

（三）判断题

1. ×　　2. ×　　3. √　　4. √　　5. √

二、分项能力题

（一）单项选择题

1. C　　2. D　　3. B　　4. B　　5. C

（二）多项选择题

1. ABCD　2. AB　3. ABCD　4. ABCD　5. ABCD

三、综合分析题

（1）

① 应收账款账面价值＝4 500－360＝4 140（万元）

应收账款计税基础＝4 500 万元

应收账款形成可抵扣暂时性差异＝360 万元

② 债权投资账面价值＝2 100 万元

债权投资计税基础＝2 100 万元

国债利息收入形成的暂时性差异＝0，则国债利息收入属于永久性差异

③ 预计负债账面价值＝200 万元

预计负债计税基础＝200－200＝0

预计负债形成的可抵扣暂时性差异＝200 万元

④ 交易性金融资产账面价值＝310万元

交易性金融资产计税基础＝200万元

交易性金融资产形成应纳税暂时性差异＝110万元

（2）应纳税所得额＝5 800＋360－100＋200－110＝6 150（万元）

应交所得税＝6 150×25%＝1 537.5（万元）

递延所得税资产＝（360＋200）×25%＝140（万元）

递延所得税负债＝110×25%＝27.5（万元）

所得税费用＝1 537.5＋（27.5－140）＝1 425（万元）

（3）会计分录：

借：所得税费用	14 250 000	
递延所得税资产	1 400 000	
贷：递延所得税负债		2 750 000
应交税费——应交所得税		153 750 000

任务四 利润及利润分配核算

基本内容框架

- 利润的构成
- 利润的核算 { 营业外收支核算 / 利润总额形成核算
- 利润分配核算

主要知识点分析

一、利润的构成

利润的构成主要知识点如表5-25所示。

表5-25　　　　　　　　　　　　　利润的构成主要知识点

利润的构成	关　系
营业利润	营业利润＝营业收入－营业成本－税金及附加－销售费用－管理费用－财务费用－资产减值损失－信用减值损失±其他收益±投资收益±公允价值变动收益±资产处置收益
利润总额	利润总额＝营业利润＋营业外收入－营业外支出
净利润	净利润＝利润总额－所得税费用

二、营业外收支核算

营业外收支核算主要知识点如表5-26所示。

表5-26　　　　　　　　　　　　营业外收支核算主要知识点

项　目	营业外收入	营业外支出
含义	指企业发生的与其日常活动无直接关系的、直接计入当期利润的各项利得	指企业发生的与其日常活动无直接关系的、直接计入当期利润的各项损失

续表

项　　目	营业外收入	营业外支出
内容	主要有非流动资产报废毁损利得、罚没利得、盘盈利得、捐赠利得、无法支付的应付款项、非货币性资产交换利得、债务重组利得等	主要有非流动资产报废毁损损失、罚款支出、盘亏损失、捐赠支出、非常损失、非货币性资产交换损失、债务重组损失等
账户	"营业外收入"	"营业外支出"
典型业务核算	发生时 借：固定资产清理、银行存款等 　贷：营业外收入 期末结转损益 借：营业外收入 　贷：本年利润	发生时 借：营业外支出 　贷：固定资产清理、银行存款等 期末结转损益 借：本年利润 　贷：营业外支出

三、利润总额的形成与核算

利润总额的形成与核算主要知识点如表 5-27 所示。

表 5-27　　　　　　　　　　利润总额的形成与核算主要知识点

项　　目		内　　容
本年利润结转方法	表结法	各损益类账户各月末只需结出本月发生额和月末余额，无须结转到"本年利润"账户，待年终决算时，再将各损益类账户余额结转至"本年利润"账户。各月月末将损益类账户的本月发生额合计直接填入利润表的本期金额栏，通过利润表反映各期的利润（或亏损）
	账结法	各月末均需将账上结出的各损益类账户的余额转入"本年利润"账户。结转后"本年利润"账户的本月合计数反映当月实现的利润或发生的亏损，"本年利润"账户的本年累计数反映本年累计实现的利润或发生的亏损
典型业务核算		① 结转费用、支出类损益 借：本年利润 　贷：主营业务成本等费用支出类损益账户 ② 结转收入、收益类损益 借：主营业务收入等收入收益类损益账户 　贷：本年利润 ③ 结转所得税费用 借：本年利润 　贷：所得税费用

四、利润分配的核算

利润分配的核算主要知识点如表 5-28 所示。

表 5-28　　　　　　　　　　利润分配的核算主要知识点

项　　目	内　　容
利润分配程序	

续表

项　目	内　容	
典型业务核算	① 年末"本年利润"转入"利润分配"（亏损则与下面分录相反） 借：本年利润 　　贷：利润分配——未分配利润	④ 分配股利 借：利润分配——应付现金股利 　　　　　　——转作股本的股利 　　贷：应付股利（或股本）
	② 弥补以前年度亏损。未超过5年税前弥补期的，不做会计分录；超出税前弥补期的 借：盈余公积——盈余公积补亏 　　贷：利润分配——盈余公积补亏	⑤ 年末结转利润分配明细账户 借：利润分配——盈余公积补亏 　　贷：利润分配——未分配利润 借：利润分配——未分配利润
	③ 提取盈利公积金 借：利润分配——提取法定盈余公积 　　　　　　——提取任意盈余公积 　　贷：盈余公积——法定盈余公积 　　　　　　——任意盈余公积	贷：利润分配——提取法定盈余公积 　　　　　　——提取任意盈余公积 　　　　　　——应付现金股利 　　　　　　——转作股本的股利

任务训练

一、理论知识题

（一）单项选择题

1. 下列各项中，不影响企业当期营业利润的是（　　　）。
   A. 所得税费用
   B. 销售商品收入
   C. 固定资产减值损失
   D. 交易性金融资产公允价值变动收益

2. 企业会计准则规定，下列各项应确认为营业外收入的是（　　　）。
   A. 无法查明原因的现金溢余
   B. 固定资产盘盈
   C. 出租固定资产折旧费
   D. 存货盘盈

3. 企业会计准则规定，下列各项不应确认为营业外支出的是（　　　）。
   A. 对外捐赠无形资产
   B. 存货自然灾害损失
   C. 报废固定资产清理损失
   D. 长期股权投资处置损失

4. 下列各项中，应计入营业外支出的是（　　　）。
   A. 法律诉讼费
   B. 合同违约金
   C. 出租无形资产的摊销额
   D. 广告宣传费

5. 无法查明原因的现金溢余应计入（　　　）。
   A. 其他应付款
   B. 营业外收入
   C. 其他收益
   D. 其他业务收入

（二）多项选择题

1. 下列各项中，影响企业营业利润的有（　　　）。
   A. 营业外支出
   B. 管理费用
   C. 资产减值损失
   D. 所得税费用

2. 下列各项中，属于"营业外收入"账户核算内容的有（　　　）。
   A. 捐赠利得
   B. 无法查明原因的现金盘点溢余
   C. 无法归还的应付账款
   D. 非流动资产报废毁损利得

3. 下列各项中，属于"营业外支出"账户核算内容的有（　　　）。

  A. 公益性捐赠支出　　　　　　　　B. 非流动资产报废毁损损失

  C. 管理不善造成的存货盘亏　　　　D. 自然灾害造成的损失

4. 下列各项目中，影响营业利润的有（　　　）。

  A. 资产处置损益　　　　　　　　　B. 公允价值变动捐赠

  C. 税金及附加　　　　　　　　　　D. 所得税费用

5. 下列各项中，年度终了需要转入"利润分配——未分配利润"账户的有（　　　）。

  A. 本年利润　　　　　　　　　　　B. 利润分配——提取法定盈余公积

  C. 利润分配——盈余公积补亏　　　D. 利润分配——应付现金股利

（三）判断题

1. 计算差错造成的存货盘亏应计入营业外支出。　　　　　　　　　　　（　　　）

2. 年度终了应将"本年利润"账户的本年累计余额转入"利润分配——未分配利润"账户。

（　　　）

3. 年度终了后"利润分配"各明细账户均无余额。　　　　　　　　　　（　　　）

4. 月终了时"本年利润"账户无余额。　　　　　　　　　　　　　　　（　　　）

5. "表结法"和"账结法"均应于每月终了将"损益类"账户转入"本年利润"账户。

（　　　）

二、分项能力题

（一）单项选择题

1. 甲公司 2019 年 9 月损益类账户资料如下：主营业务收入为 200 万元，主营业务成本为 150 万元，管理费用为 8 万元，公允价值变动损益为 3 万元，资产减值损失为 1 万元，投资收益为 7 万元，营业外收入为 6 万元。假定不考虑其他因素，该企业当月的营业利润为（　　　）万元。

  A. 51　　　　　　　　B. 45　　　　　　　　C. 42　　　　　　　　D. 57

2. 某企业 2019 年 6 月因水灾造成损失 150 万元，其中流动资产损失 90 万元、固定资产损失 60 万元。企业收到保险公司赔款 100 万元，其中流动资产保险赔款 70 万元、固定资产保险赔款 30 万元。该企业这次水灾损失应计入营业外支出的金额为（　　　）。

  A. 60　　　　　　　　B. 90　　　　　　　　C. 150　　　　　　　　D. 50

3. 2019 年 12 月 10 日，某企业销售商品开出增值税专用发票注明价款为 100 万元、增值税 16 万元，全部款项已收存银行。该商品成本为 80 万元，并结转相应的跌价准备金额 5 万元。不考虑其他因素，该业务使该企业 2019 年 12 月的营业利润增加（　　　）万元。

  A. 25　　　　　　　　B. 20　　　　　　　　C. 32　　　　　　　　D. 15

4. 某企业 2019 年度发生管理费用 200 万元、公允价值变动收益 100 万元、投资收益 150 万元、营业外支出 50 万元、所得税费用 300 万元、营业利润 2 000 万元。假定不考虑其他因素，该企业本年的净利润为（　　　）万元。

  A. 16 00　　　　　　　B. 1 650　　　　　　　C. 2 650　　　　　　　D. 2 000

5. 甲公司 2018 年 12 月 8 日购入某股票 200 万元，作为交易性金融资产。2018 年年末，该股票收盘价为 216 万元，2019 年 1 月 20 日全部出售，收到款项 220 万元。甲公司出售该批股票应确认的投资收益为（　　　）万元。

  A. 4　　　　　　　　B. 20　　　　　　　　C. 200　　　　　　　　D. 16

（二）多项选择题

久久公司为一家一般纳税人工业企业，2019 年部分经济业务资料如下。

① 销售甲产品一批，开具增值税专用发票，注明销货款 1 000 000 元、增值税税额 130 000 元，已收到承兑的商业汇票一张，该批甲产品的实际成本为 700 000 元，适用消费税税率为 5%。

② 销售原材料一批，开具增值税专用发票，注明价款 200 000 元、增值税税额 26 000 元，全部款项收存银行，该批材料实际成本为 160 000 元。

③ 将一项自行研制的专利权出租给甲公司使用，月租金为 10 万元（不含税，税率为 6%），当日收到本月租金，已知该专利权年摊销额为 12 万元。

④ 出售闲置机器设备一台，该设备原值为 850 万元，已提折旧 760 万元，清理过程中以银行存款支付清理费用 10 万元，取得变价收入 90 万元（不考虑增值税）。

⑤ 2019 年实现税前利润 1 000 000 元，2018 年度亏损 120 000 元，2019 年董事会批准按以下分配方案分配利润：按净利润的 10% 提取法定盈余公积，分配给普通股股东现金股利 200 000 元，假设甲公司适用所得税税率为 25%，暂不考虑纳税调整。

根据上述资料回答下列问题。

1. 关于业务①的下列处理正确的有（　　　）。

    A. 借：应收票据　　　　　　　　　　　　　　　　　　　　　　　1 130 000
         贷：主营业务收入　　　　　　　　　　　　　　　　　　　　1 000 000
            应交税费——应交增值税（销项税额）　　　　　　　　　130 000

    B. 借：主营业务成本　　　　　　　　　　　　　　　　　　　　　　700 000
         贷：库存商品　　　　　　　　　　　　　　　　　　　　　　　700 000

    C. 借：税金及附加　　　　　　　　　　　　　　　　　　　　　　　　50 000
         贷：应交税费——应交消费税　　　　　　　　　　　　　　　　50 000

    D. 借：管理费用　　　　　　　　　　　　　　　　　　　　　　　　　50 000
         贷：应交税费——应交消费税　　　　　　　　　　　　　　　　50 000

2. 关于业务②的下列处理正确的有（　　　）。

    A. 借：银行存款　　　　　　　　　　　　　　　　　　　　　　　　226 000
         贷：其他业务收入　　　　　　　　　　　　　　　　　　　　　200 000
            应交税费——应交增值税（销项税额）　　　　　　　　　　26 000

    B. 借：银行存款　　　　　　　　　　　　　　　　　　　　　　　　226 000
         贷：主营业务收入　　　　　　　　　　　　　　　　　　　　　200 000
            应交税费——应交增值税（销项税额）　　　　　　　　　　26 000

    C. 借：其他业务成本　　　　　　　　　　　　　　　　　　　　　　160 000
         贷：原材料　　　　　　　　　　　　　　　　　　　　　　　　160 000

    D. 借：主营业务成本　　　　　　　　　　　　　　　　　　　　　　160 000
         贷：原材料　　　　　　　　　　　　　　　　　　　　　　　　160 000

3. 关于业务③的下列处理正确的有（　　　）。

    A. 借：银行存款　　　　　　　　　　　　　　　　　　　　　　　　106 000
         贷：其他业务收入　　　　　　　　　　　　　　　　　　　　　100 000
            应交税费——应交增值税（销项税额）　　　　　　　　　　　6 000

    B. 借：银行存款　　　　　　　　　　　　　　　　　　　　　　　　106 000
         贷：主营业务收入　　　　　　　　　　　　　　　　　　　　　100 000

	应交税费——应交增值税（销项税额）	6 000

C. 借：管理费用 120 000

贷：累计摊销 120 000

D. 借：其他业务成本 120 000

贷：累计摊销 120 000

4. 关于业务④的下列处理正确的有（　　　）。

A. 结转固定资产账面价值

借：固定资产清理 900 000

累计折旧 7 600 000

贷：固定资产 8 500 000

B. 支付清理费

借：固定资产清理 100 000

贷：银行存款 100 000

C. 收到变价收入

借：银行存款 900 000

贷：固定资产清理 900 000

D. 结转固定资产清理净损益

借：资产处置损益 100 000

贷：固定资产清理 100 000

5. 关于业务⑤的下列处理正确的有（　　　）。

A. 弥补 2018 年度亏损的业务无须做账务处理

B. 借：利润分配——提取法定盈余公积 78 000

贷：盈余公积 78 000

C. 借：利润分配——应付现金股利 200 000

贷：应付股利 200 000

D. 借：利润分配——弥补亏损 120 000

贷：本年利润 120 000

三、综合分析题

资料：A 公司为增值税一般纳税人，2019 年度发生如下经济业务。

（1）销售甲产品一批，售价为 400 000 元，成本为 180 000 元。产品已发，并向银行办妥了托收手续。

（2）收到 B 公司因产品质量问题退回的乙产品一批，A 公司以银行存款支付了退货款，并按规定向 B 公司开具了红字增值税专用发票。该退货系 A 公司 2018 年 12 月 20 日以提供现金折扣方式出售给 B 公司的，折扣条件为 "2/10、1/20、n/30"，乙产品售价为 50 000 元，成本为 28 000 元，销货款已于当年 12 月 29 日收讫。（假设该退货不属于资产负债表日后事项）

（3）报废旧设备一台，原值为 6 500 元，已提折旧 6 000 元，发生清理费 100 元，取得残料变价收入 200 元，有关款项已通过银行存款结算完毕。

（4）收到委托甲公司代销产品的销售清单。该批产品销售价格为 60 000 元，成本为 30 000 元，代销合同规定 A 公司按不含税售价的 10%向甲公司支付手续费。A 公司开具增值税专用发票。

（5）销售产品应交城市维护建设税 2 100 元，应交教育费附加 900 元。

（6）以银行存款支付发生的管理费用 32 020 元（暂不考虑增值税）。

要求：

（1）根据上述业务，编制 A 公司 2019 年度经济业务事项的会计分录。

（2）若 A 公司年末一次性结转损益，编制结转本年利润会计分录。

参考答案

一、理论知识题

（一）单项选择题

1. A　　　2. A　　　3. D　　　4. B　　　5. B

（二）多项选择题

1. BC　　　2. ABCD　　3. ABD　　　4. ABC　　　5. ABCD

（三）判断题

1. ×　　　2. √　　　3. ×　　　4. ×　　　5. ×

二、分项能力题

（一）单项选择题

1. A　　　2. D　　　3. A　　　4. B　　　5. A

（二）多项选择题

1. ABC　　　2. AC　　　3. AC　　　4. ABCD　　5. ABC

三、综合分析题

（1）

①

借：应收账款	464 000	
贷：主营业务收入		400 000
应交税费——应交增值税（销项税额）		64 000
借：主营业务成本	180 000	
贷：库存商品		180 000

②

借：主营业务收入	50 000	
应交税费——应交增值税（销项税额）	8 000	
贷：银行存款		57 000
财务费用		1 000
借：库存商品	28 000	
贷：主营业务成本		28 000

③

借：固定资产清理	500	
累计折旧	6 000	

	贷：固定资产		6 500
借：固定资产清理	100		
	贷：银行存款		100
借：银行存款	200		
	贷：固定资产清理		200
借：营业外支出	400		
	贷：固定资产清理		400

④

借：应收账款——甲公司　　　　　　　　　　　　　　　69 600
　　贷：主营业务收入　　　　　　　　　　　　　　　　　　60 000
　　　　应交税费——应交增值税（销项税额）　　　　　　　9 600
借：主营业务成本　　　　　　　　　　　　　　　　　　30 000
　　贷：委托代销商品　　　　　　　　　　　　　　　　　　30 000
借：销售费用　　　　　　　　　　　　　　　　　　　　6 000
　　贷：应收账款——甲公司　　　　　　　　　　　　　　　6 000

⑤

借：税金及附加　　　　　　　　　　　　　　　　　　　3 000
　　贷：应交税费——应交城市维护建设税　　　　　　　　　2 100
　　　　　　　　　——应交教育费附加　　　　　　　　　　900

⑥

借：管理费用　　　　　　　　　　　　　　　　　　　　32 020
　　贷：银行存款　　　　　　　　　　　　　　　　　　　　32 020

（2）

借：主营业务收入　　　　　　　　　　　　　　　　　410 000
　　贷：本年利润　　　　　　　　　　　　　　　　　　　410 000
借：本年利润　　　　　　　　　　　　　　　　　　　224 420
　　贷：主营业务成本　　　　　　　　　　　　　　　　　182 000
　　　　税金及附加　　　　　　　　　　　　　　　　　　　3 000
　　　　管理费用　　　　　　　　　　　　　　　　　　　32 020
　　　　销售费用　　　　　　　　　　　　　　　　　　　6 000
　　　　财务费用　　　　　　　　　　　　　　　　　　　1 000
　　　　营业外支出　　　　　　　　　　　　　　　　　　400

项目综合实训

一、实训目标

熟悉收入、费用及利润形成业务的基本原始凭证；掌握财务成果核算岗位会计核算技能。

二、实训要求

根据海瓯有限责任公司 2019 年 12 月业务资料，完成下列操作。

1. 审核相关原始凭证，并编制记账凭证。
2. 计算本月利润总额，并对损益类账户余额结转进行账务处理。
3. 编制结转本年利润账户余额记账凭证。

三、实训资料

1. 基本资料

企业名称：海瓯有限责任公司

企业开户行：中国工商银行滨海市分行

基本户账号：180100112200100888

纳税人识别号：982806020022346787

注册资本：2000万

注册地址：滨海市解放街208号，电话××××-2133666

企业类型：有限公司

主营业务：塑料制品生产与销售

企业法人：刘海瓯

仓库负责人：周军；仓库制单：王明；仓库发料员：李江

财务主管：李祥，出纳员：王洪，财务成果岗位会计：赵强

海瓯有限责任公司为增值税一般纳税人企业，会计核算遵循《企业会计准则》，销售单价除标明为含税价格以外，均为不含增值税价格，销售成本月末一次按个别计价法计算结转。

2. 2019年12月与财务成果相关部分业务资料如下。

业务1：销售货物，代垫运费。

【凭证1-1】

浙 江 增 值 税 专 用 发 票

3300133130　　此联不作报销、扣税凭证使用　　No 18700554

税总函（2019）102号 杭州豪汶印务有限公司

第一联：记账联 销货方记账凭证

开票日期：2019年12月02日

购货单位	名　称：江陵市兴达贸易有限公司						密码区	（略）		
	纳税人识别号：9833322654688780017									
	地 址、电 话：江陵市文一路36号×××-82213695									
	开户行及账号：工商银行江陵支行 465412783									
货物或应税劳务名称	规格型号	单 位	数 量	单 价	金 额	税 率	税 额
PAC		套	5 000	50.00	250 000.00	13%	32 500.00
价税合计（大写）	贰拾捌万贰仟伍佰元整					￥282 500.00	
销货单位	名　称：海瓯有限责任公司						备注			
	纳税人识别号：982806020022346787									
	地 址、电 话：滨海市解放街208号×××-2133666									
	开户行及账号：工行滨海分行 180100112200100888									

收款人　　　　复核　　　　开票人 王 英　　　　销货单位（章）

海瓯有限责任公司
982806020022346787
发票专用章

【凭证1-2】

银行承兑汇票

2 03585102

（大写）　出票日期　贰零壹玖年壹拾壹月贰拾柒日

出票人全称	江陵市兴达贸易有限公司	收款人	全　称	海瓯有限责任公司
出票人账号	465412783		账　号	1801001122001008888
付款行全称	工商银行江陵支行		开户银行	工商银行滨海分行

| 出票金额 | 人民币（大写） | 贰拾捌万贰仟伍佰元整 | | 亿 | 千 | 百 | 十 | 万 | 千 | 百 | 拾 | 元 | 角 | 分 |
| | | | | | | | ¥ | 2 | 8 | 2 | 5 | 0 | 0 | 0 | 0 |

汇票到期日（大写）	贰零贰零年壹拾壹月贰拾柒日	本汇票已经承兑，到期日由本行付款	付款行	行号	
承兑协议编号	210089			地址	
本汇票请你行承兑，到期无条件付款		密押			

江陵市兴达贸易有限责任公司财务专用章

王志勇印

工商银行江陵支行
2019.11.27
汇票专用章

出票人签章

承兑行签章
承兑日期　2019年11月27日

审核　　　　记账

【凭证1-3】

出库单

| 物资类别 | 库存商品 | | | | | | | No 0057814 | |
| | | | 2019 年 12 月 02 日 | | | | | | |

No 0057814

提货单位或领货部门	兴达贸易有限公司	发票号码或生产单号码	18700554	出货仓库	第一仓库	出库日期	2019.12.2	
编号	名称及规格	单位	数量		单价	金额	备注	
			应发	实发				
005	PAC	套	5 000	5 000	38.00	190 000.00		
合　计			5 000	5 000	38.00	190 000.00		

仓库负责人　周军　　　　制单　王明　　　　发货　李江

第二联　记账

【凭证1-4】

滨海铁路局货票

发货日期：2019 年 12 月 02 日

车型			运价里程		运费	2 500.00
发站	滨海站		到站	江陵站	装卸费	
发货人	海瓯有限责任公司		收货人	兴达贸易有限公司	保管费	
货物名称	件数	重量（吨）	运价率	计费附记	业务专用章	
PAC	5 000					
					合计	￥2 500.00

【凭证1-5】

江 苏 增 值 税 专 用 发 票

3200133130　　　　发 票 联　　　　No 18005355

开票日期：2019 年 12 月 02 日

购货单位	名　　称：海瓯有限责任公司 纳税人识别号：9828060200222346787 地 址、电 话：滨海市解放街 208 号××××-2133666 开户行及账号：工行滨海分行 18010011220010088	密码区	（略）

货物或应税劳务名称	规格型号	单位	数量	单价	金额	税率	税额
运输费					2 52		225.00
价税合计（大写）	贰仟柒佰贰拾伍元整						

销货单位	名　　称：滨海市铁路局 纳税人识别号：983402211927365111 地 址、电 话：滨海市长江路 32 号××××-2815667 开户行及账号：工行滨海分行　732001254892766	备注	983402211927365111 发票专用章

收款人　　　　　　　复核

注：增值税专用发票抵扣联（略）

【凭证1-6】

中国工商银行
转账支票存根
01234567
12345678

附加信息
_____
_____

出票日期 2019 年 12 月 02 日

收款人：	滨海铁路局
金　额：	￥2725.00
用　途：	运输费

单位主管　　　　会计

【凭证 1-7】

托收凭证（受理回单）

委托日期 2019 年 12 月 02 日

<table>
<tr><td rowspan="3">付款人</td><td>全　称</td><td>江陵市兴达贸易有限公司</td><td rowspan="3">收款人</td><td>全　称</td><td colspan="2">海瓯有限责任公司</td></tr>
<tr><td>账　号</td><td>15020068332206688</td><td>账　号</td><td colspan="2">1801001122200100888</td></tr>
<tr><td>开户银行</td><td>工行江陵支行</td><td>开户银行</td><td colspan="2">工行滨海分行</td></tr>
<tr><td rowspan="2">托收金额</td><td colspan="2">人民币
贰仟柒佰贰拾伍元整
（大写）</td><td colspan="2">亿 千 百 十 万 千 百 十 元 角 分</td></tr>
<tr><td colspan="2">¥ 2 7 2 5 0 0</td></tr>
<tr><td>款项内容</td><td>货款</td><td>委托收款凭据名称</td><td>发票</td><td colspan="2">附寄单证张数</td></tr>
<tr><td>备注</td><td colspan="3"></td><td colspan="2" rowspan="2">收款人开户行盖章</td></tr>
<tr><td>复核</td><td>记账</td><td>款项收妥日期 年 月 日</td><td></td></tr>
</table>

（印章：中国工商银行 滨海分行 2019.12.02 转讫）

此联银行给收款人的回单

业务 2：销售货物，收到货款。

【凭证 2-1】

浙 江 增 值 税 专 用 发 票

3300133130　　此联不作报销、扣税凭证使用　　No 18700555

开票日期：2019 年 12 月 05 日

<table>
<tr><td rowspan="4">购货单位</td><td>名　称：</td><td colspan="2">凌海市华北汽车制造厂</td><td rowspan="4">密码区</td><td rowspan="4">（略）</td></tr>
<tr><td>纳税人识别号：</td><td colspan="2">9833322654688780011</td></tr>
<tr><td>地址、电话：</td><td colspan="2">凌海市文一路 36 号××××-82213695</td></tr>
<tr><td>开户行及账号：</td><td colspan="2">工商银行凌海支行 465412783</td></tr>
<tr><td>货物或应税劳务名称</td><td>规格型号</td><td>单位</td><td>数量</td><td>单价</td><td>金额</td><td>税率</td><td>税额</td></tr>
<tr><td>PAC</td><td></td><td>套</td><td>2 500</td><td>50.00</td><td>125 000.00</td><td>13%</td><td>16 250.00</td></tr>
<tr><td>价税合计（大写）</td><td colspan="5">壹拾肆万壹仟贰佰伍拾元整</td><td colspan="2">¥ 141 250.00</td></tr>
<tr><td rowspan="4">销货单位</td><td>名　称：</td><td colspan="2">海瓯有限责任公司</td><td rowspan="4">备注</td><td rowspan="4"></td></tr>
<tr><td>纳税人识别号：</td><td colspan="2">9828060200223 46787</td></tr>
<tr><td>地址、电话：</td><td colspan="2">滨海市解放街 208 号××××-2133666</td></tr>
<tr><td>开户行及账号：</td><td colspan="2">工行滨海分行 1801001122200100888</td></tr>
<tr><td>收款人</td><td colspan="2">复核</td><td colspan="2">开票人 王 英</td><td colspan="3">销货单位（章）</td></tr>
</table>

（印章：海瓯有限责任公司 9828060200223 46787 发票专用章）

税总函（2019）102 号杭州豪波印务有限公司

第一联：记账联 销货方记账凭证

【凭证2-2】

ICBC 🏦 中国工商银行　　进账单（收款通知）**3**

2019 年 12 月 06 日

出票人	全　称	凌海市华北汽车制造厂	收款人	全　称	海瓯有限责任公司
	账　号	465412783		账　号	180100112200100888
	开户银行	工行凌海支行		开户银行	工行滨海分行

金额	人民币（大写）	壹拾肆万壹仟贰佰伍拾元整	中国工商银行 滨海分行 2019.12.06 转讫	千	百	十	万	千	百	十	元	角	分
						¥	1	4	1	2	5	0	0	0

票据种类	转账支票	票据张数	1
票据号码	18700555		

复核　　　记账　　　　　　　　　　　　　　收款人开户行签章

【凭证2-3】

物资类别	库存商品

出　库　单

No 0057815

2019 年 12 月 5 日

提货单位或领货部门	凌海市华北汽车制造厂	发票号码或生产单号码	18700555	出货仓库	第一仓库	出库日期	2019.12.5

编号	名称及规格	单位	数量		单价	金额	备注
			应发	实发			
005	PAC	套	2 500	2 500	38.00	95 000.00	
合　计			2 500	2 500	38.00	95 000.00	

仓库负责人 周 军　　　　　制单 王 明　　　　　发货 李 江

第二联　记账

业务3：销售折让。6日，销售货物，款未收；8日，因质量有瑕疵，购买方提出折让要求，同意给予5%价格折让。

【凭证 3-1】

浙 江 增 值 税 专 用 发 票

3300133130　　此联不作报销、扣税凭证使用　　No 18700556

开票日期：2019 年 12 月 06 日

购货单位	名　称：凌海市红星工程有限公司	密码区	（略）
	纳税人识别号：9833322654688780011		
	地址、电话：凌海市文一路36号××××-82213695		
	开户行及账号：工商银行凌海支行 465412783		

货物或应税劳务名称	规格型号	单位	数量	单价	金额	税率	税额
PAC		套	500	52.00	26 000.00	13%	3 380.00

价税合计（大写）	贰万玖仟叁佰捌拾元整	￥29 380.00

销货单位	名　称：海瓯有限责任公司	备注	海瓯有限责任公司 9828060200022346787
	纳税人识别号：9828060200022346787		
	地址、电话：滨海市解放街208号××××-2133666		
	开户行及账号：工行滨海分行　1801001122000100888		

收款人　　　复核　　　开票人 王 英　　　发票专用章　销货单位（章）

税总函〔2019〕102号杭州豪波印务有限公司

第一联：记账联　销货方记账凭证

【凭证 3-2】

物资类别	库存商品	# 出 库 单		No 0057816
		2019 年 12 月 06 日		

提货单位或领货部门	凌海市红星工程有限公司	发票号码或生产单号码	18700558	出货仓库	第一仓库	出库日期	2019.12.6

编号	名称及规格	单位	数量 应发	数量 实发	单价	金额	备注
005	PAC	套	500	500	38.00	19 000.00	
合　计			500	500	38.00	19 000.00	

仓库负责人 周 军　　　制单 王 明　　　发货 李 江

第二联 记账

【凭证 3-3】

凌 海 市 税 务 局

企业进货退出及索取折让证明单

销货单位	全　称	海瓯有限责任公司				
	税务登记号	982806020022346787				
进货退出	货物名称		单价	数量	货款	税额
索取折让	货物名称		货款	税额	要求 折让金额	要求 折让税额
	PAC 配件		26000.00	3380.00	1300.00	169.00
退货或索取折让理由	质量不符合要求 经办人：李方 签章单位：（凌海市红星工程有限公司 业务专用章） 2019年12月08日		税务征收机关签章	经办人：关红 （凌海市滨江税务分局 业务专用章） 2019年12月08日		
购货单位	全　称	凌海市红星工程有限公司				
	税务登记号	973332265468878001l				

第二联：交销货单位

注：本证明单一式三联：第一联，征收机关留存；第二联，交销货单位；第三联，购货单位留存

【凭证 3-4】

ICBC 中国工商银行　　进账单（收款通知）3

2019 年 12 月 08 日

出票人	全　称	凌海市红星工程有限公司	收款人	全　称	海瓯有限责任公司
	账　号	457892344		账　号	180100112200100888
	开户银行	工行凌海分行		开户银行	工行滨海分行
金额	人民币（大写）	贰万柒仟玖佰壹拾壹元整	千 百 十 万 千 百 十 元 角 分		¥ 2 7 9 1 1 0 0
票据种类	转账支票	票据张数 1			
票据号码					
	复核　记账		收款人开户行签章		

（中国工商银行 滨海分行 2019.12.08 转讫）

此联是收款人开户行交给收款人的收账通知

业务 4：销售材料，收到银行汇票。

【凭证 4-1】

浙江增值税专用发票

3300133130　　　此联不作报销扣税凭证使用　　　No 18700557

开票日期：2019 年 12 月 12 日

购货单位	名　称：江陵市光明实业有限公司 纳税人识别号：9833322654688780011 地 址、电 话：江陵市文一路 36 号×××-82213695 开户行及账号：建设银行江陵支行 465412783	密码区	（略）

货物或应税劳务名称	规格型号	单位	数量	单价	金额	税率	税额
丙材料		千克	100	700.00	70 000.00	13%	9 100.00
价税合计（大写）　柒万玖仟壹佰元整					￥79 100.00		

销货单位	名　称：海瓯有限责任公司 纳税人识别号：9828060200223 46787 地 址、电 话：滨海市解放街 208 号×××-2133666 开户行及账号：工行滨海分行 18010011220 0100888	备注	海瓯有限责任公司 9828060200223 46787 发票专用章

收款人　　　　　复核　　　　　开票人 王 英　　　　　销货单位（章）

第一联：记账联　销货方记账凭证

【凭证 4-2】

中国工商银行

银行汇票　　2　　汇票号码 第 05876 号

出票日期（大写）　贰零壹玖年壹拾贰月壹拾贰日　　代理付款行：　　　行号：

收款人：海瓯有限责任公司		账号：18010011220 0100888											
出票金额	人民币（大写）	柒万玖仟壹佰元整											
				千	百	十	万	千	百	十	元	角	分
实际结算金额	人民币（大写）	柒万玖仟壹佰元整				￥	7	9	1	0	0	0	0

申请人：光明实业有限公司

出票行：工行江陵分行行号：675　　账号：465412783

备　注：购货款

凭票付款

出票行签章　中国工商银行江陵分行 汇票专用章 2013 年 12 月 12 日

密押：								
多余金额								
千	百	十	万	千	百	十	元	角 分
			1	9	0	0	0	0

复核　　　　记账

此联代理付款行付款后作联行往账借方凭证附件

【凭证 4-3】

领　料　单

领料部门：光明实业有限公司　　　　2019 年 12 月 12 日　　　　字第 52 号
　　　　　　　　　　　　　　　　　　　　　　　　　　　　　　　1 号仓库

品　名	规 格 型 号	单　位	数　量		单　价	金　额
			请　领	实　领		
丙材料		千克	100	100	500	50000.00
合计	人民币（大写）伍万元整					￥50000.00

仓库负责人 周 军　　　　制单 王 明　　　　发料人 李 江　　　　领料人：贾 涛

业务 5：预收货款销售。

ICBC 中国工商银行　　进账单（收款通知）3

2019 年 12 月 13 日

出票人	全　称	大华五金制造厂	收款人	全　称	海瓯有限责任公司
	账　号	44037601040000955		账　号	18010011220010888
	开户银行	农行凌海分行		开户银行	工行滨海分行

金额	人民币（大写）　捌仟伍佰元整		千	百	十	万	千	百	十	元	角	分
						￥	8	5	0	0	0	0

中国工商银行
滨海分行
2019.12.13
转讫

票据种类	转账支票	票据张数	1
票据号码	03631308		

复核　　记账

收款人开户行签章

此联是收款人开户行交给收款人的收账通知

业务 6：销货退回。

【凭证 6-1】

物资类别	库存商品	出　库　单				No 0057817
		2019 年 12 月 16 日				

提货单位或领货部门	江陵市兴达贸易有限公司	发票号码或生产单号码	18700558	出货仓库	第一仓库	出库日期	2019.12.16

编号	名称及规格	单位	数量		单价	金额	备注
			应发	实发			
005	PAC	套	−40	−40	38.00	−1520.00	销货退回
合　计			−40	−40	38.00	−1520.00	

仓库负责人 周 军　　　　制单 王 明　　　　发货 李 江

第二联 记账

【凭证 6-2】

浙 江 增 值 税 专 用 发 票

3300133130   此联不作报销、扣税凭证使用   No 18700558

开票日期：2013 年 12 月 16 日

购货单位	名　　称：江陵市兴达贸易有限公司 纳税人识别号：9833322654688780011 地 址、电 话：江陵市文一路36号×××-82213695 开户行及账号：工商银行江陵支行 465412783	密码区	（略）			

货物或应税劳务名称	规格型号	单 位	数 量	单 价	金 额	税率	税 额
PAC		套	－40	50.00	－2000.00	13%	－260.00

价税合计（大写）	（负数）贰仟贰佰陆拾元整	￥－2260.00

销货单位	名　　称：海瓯有限责任公司 纳税人识别号：9828060200223346787 地 址、电 话：滨海市解放街208号×××-2133666 开户行及账号：工行滨海分行　1801001122001000888	备注

第一联：记账联　销货方记账凭证

收款人　　　　　　　复核　　　　　　　开票人 王　英　　　　　　发票专用章　销货单位（章）

【凭证 6-3】

ICBC 中国工商银行

业务委托书 回执

浙 A03313359

委托人全称	海瓯有限责任公司
委托人账号	1801001122001000888
收款人全称	江陵市兴达贸易有限公司
收款人账号	465412783
金额	￥2260.00
委托日期	2019 年 12 月 16 日

此联为银行受理通知单。若委托人申请汇票或本票业务，应凭此联领取汇票或本票。

中国工商银行
滨海分行
2019.11.16
转讫

业务7：现金折扣销售，条件为"2/10、1/20、n/30"。

【凭证7-1】

浙 江 增 值 税 专 用 发 票

3300133130　　此联不作报销、扣税凭证使用　　No 18700559

开票日期：2013 年 12 月 16 日

购货单位	名　称：凌海市物资贸易公司				密码区		
	纳税人识别号：9833322654688780011						
	地址、电话：凌海市文一路 36 号×××-82213695					（略）	
	开户行及账号：工商银行凌海支行 465412783						

货物或应税劳务名称	规格型号	单 位	数 量	单 价	金 额	税 率	税 额
PAC		套	8000	50.00	400000.00	13%	52000.00
价税合计（大写）	肆拾伍万贰仟元整					￥452000.00	

销货单位	名　称：海瓯江有限责任公司		备注
	纳税人识别号：9828060200223346787		
	地址、电话：滨海市解放街 208 号×××-2133666		
	开户行及账号：工行滨海分行　180100112200100888		

收款人　　　　　复核　　　　　开票人 王 英　　　　发票专用章　销货单位（章）

海瓯有限责任公司
9828060200223346787

【凭证7-2】

出 库 单

No 0057818

2019 年 12 月 16 日

物资类别	库存商品				

提货单位或领货部门	凌海市物资贸易公司	发票号码或生产单号码	18700559	出货仓库	第一仓库	出库日期	2019.12.16

编号	名称及规格	单位	数量		单价	金额	备注
			应发	实发			
005	PAC	套	8000	8000	38.00	304000.00	
合　计			8000	8000	38.00	304000.00	

仓库负责人 周 军　　　　制单 王 明　　　　发货 李 江

业务 8：委托代销。

物资类别	库存商品	出　库　单 2019 年 12 月 21 日						No 0057819	第二联　记账

提货单位或领货部门	凌海市亚东公司	发票号码或生产单号码		出货仓库	第一仓库	出库日期	2019.12.21	

编号	名称及规格	单位	数量		单价	金额	备注
			应发	实发			
005	PAC	套	2000	2000	38.00	76000.00	委托代销
合　计			2000	2000	38.00	76000.00	

仓库负责人　周军　　制单　王明　　发货　李江

业务 9：捐款支出。

【凭证 9-1】

收　款　收　据

2019 年 11 月 21 日　　　编号：0049009

交款人（单位）	海瓯有限责任公司							
摘　要	捐款							
		万	仟	百	十	元	角	分
金额（大写）	伍仟元整		5	0	0	0	0	0

主管：宋志刚　　会计：肖红　　出纳：贺晓敏

第二联　交对方

【凭证 9-2】

中国工商银行
转账支票存根
01234567
12345679

附加信息 _____

出票日期 2019 年 12 月 21 日

收款人：	滨海儿童福利院
金　额：	￥5000.00
用　途：	捐款

单位主管　　　会计

杭州融佳安全印务有限公司，2019 年印制

业务 10：计算并结转本月已销商品成本。（注：出库单见本题前面资料）

销售产品成本计提表

年　　月　　日　　　　　　　　　　　　　　　　单位：元

产品名称	销售数量	单位成本	销售总成本

仓库负责人 周　军　　　　　　　　制单 王　明　　　　　　　发货 李　江

业务 11：计提营业税金及附加。已知当月实际缴纳增值税 34 000 元，适用城市维护建设税税率7%、教育费附加3%。

城建税及教育费附加计提计算表

2019 年 11 月 30 日　　　　　　　　　　　　　　　　单位：元

项目		金额
实际缴纳"两税"税额	增值税	
	消费税	
税基		
城市维护建设税税率		
应交城市维护建设税税额		
教育费附加征收率		
应交教育费附加额		

业务 12：计算利润总额，结转各损益账户余额。

损益类账户余额汇总表

2019 年 11 月　　　　　　　　　　　　　　　　单位：元

账户名称	借方余额	贷方余额
主营业务收入		801 000
其他业务收入		70 000
主营业务成本	608 000	
其他业务成本	50 000	
营业税金及附加	3 400	
销售费用※	15 000	
管理费用※	32 000	
财务费用※	8 000	
营业外支出	5 000	

注：限于篇幅，表中标有※项目数据与前述业务1至业务12无完整逻辑关系。

业务 13：计提当月所得税。暂不考虑纳税调整事项。

业务 14：结转所得税费用。

参考答案

业务 1

借：应收票据 282 500

　　贷：主营业务收入——PAC 250 000

　　　　应交税费——应交增值税（销项税额） 32 500

借：应收账款——江凌市兴达贸易有限公司 2 500

　　贷：银行存款 2 500

借：主营业务成本——PAC 190 000

　　贷：库存商品——PAC 190 000

业务 2

借：银行存款 141 250

　　贷：主营业务收入——PAC 125 000

　　　　应交税费——应交增值税（销项税额） 16 250

借：主营业务成本——PAC 95 000

　　贷：库存商品——PAC 95 000

业务 3

借：银行存款 27 911

　　贷：主营业务收入——PAC 24 700

　　　　应交税费——应交增值税（销项税额） 3 211

借：主营业务成本——PAC 19 000

　　贷：库存商品——PAC 1 900

业务 4

借：银行存款 79 100

　　贷：其他业务收入——丙材料 70 000

　　　　应交税费——应交增值税（销项税额） 9 100

借：其他业务成本——丙材料 50 000

　　贷：原材料 50 000

借：银行存款 1 900

　　贷：其他货币资金——银行汇票 1 900

业务 5

借：银行存款 8 500

　　贷：预收账款 8 500

业务 6

借：主营业务收入 2 000

　　应交税费——应交增值税（销项税额） 260

　　　　贷：银行存款 2 260

借：库存商品 1 520

　　贷：主营业务成本 1 520

业务7

借：应收账款——凌海市物资贸易公司   452 000

    贷：主营业务收入   400 000

        应交税费——应交增值税（销项税额）   52 000

借：主营业务成本——PAC   304 000

    贷：库存商品——PAC   304 000

业务8

借：委托代销商品   76 000

    贷：库存商品   76 000

业务9

借：营业外支出   5 000

    贷：银行存款   5 000

业务10

借：主营业务成本   893 000

    贷：库存商品   893 000

业务11

借：营业税金及附加

    贷：应交税费——应交城市维护建设税

        ——应交教育费附加

业务12

借：所得税费用   200 000

    贷：应交税费——应交企业所得税   200 000

业务13、业务14答案略。

项目六
财务报告岗位会计

任务一 | 资产负债表编制

基本内容框架

- 资产负债表的概念及作用
- 资产负债表的格式
- 资产负债表的编制方法

主要知识点分析

资产负债表编制中的主要知识点如表 6-1 所示。

表 6-1　　　　　　　　　　　资产负债表编制中的主要知识点

项　目	内　容
概念	资产负债表是反映企业某一特定日期财务状况的会计报表 特点：静态报表、比较报表、月度报表。编制依据：资产＝负债＋所有者权益
格式	资产负债表格式有报告式和账户式。我国采用账户式，左方为资产项目，按流动性分"流动资产"和"非流动资产"；右方为负债及所有者权益项目，按清偿时间的先后顺序分"负债"和"所有者权益"
数据来源及填列方法	"上年年末余额"栏，根据上年年末资产负债表"期末余额"栏内所列示数字填列。如果上年度资产负债表规定的各个项目的名称和内容与本年度不相一致，应按本年度的规定对上年末资产负债表各项目的名称和数字进行调整。 "期末余额"栏各项目数据主要来源于各账户的期末余额，填制方法有：①根据总账账户期末余额直接填列；②根据总账账户期末余额计算填列；③根据明细账账户期末余额计算填列；④根据总账账户期末余额减去备抵账户余额后的金额填列；⑤综合运用上述方法分析填列

任务训练

一、理论知识题

（一）单项选择题

1. 资产负债表中资产排列顺序的依据是（　　　　）。

    A. 项目收益性　　　　B. 项目重要性　　　　C. 项目流动性　　　　D. 项目时间性

2. 资产负债表是根据（　　　）的会计等式编制的。

    A. 收入－费用＝利润　　　　　　　　　　B. 现金流入－现金流出＝现金净流量

    C. 资产＋费用＝负债＋所有者权益＋收入　D. 资产＝负债＋所有者权益

3. 下列资产负债表项目中，应根据相应总账期末余额直接填列的项目是（　　　）。

    A. 长期待摊费用　　B. 短期借款　　　　C. 债权投资　　　　D. 预付账款

4. 某企业 2018 年 4 月 1 日从银行借入期限为 3 年的长期借款 50 万元，编制 2020 年 12 月 31 日资产负债表时，此项借款应填入的项目是（　　　）。

    A. 短期借款　　　　　　　　　　　　　　B. 长期借款

    C. 其他长期负债　　　　　　　　　　　　D. 一年内到期的非流动负债

5. 下列各项中，属于资产负债表中"非流动资产"项目的是（　　　）。

    A. 预付账款　　　　B. 开发支出　　　　C. 存货　　　　　　D. 交易性金融资产

（二）多项选择题

1. 资产负债表中的"货币资金"项目，应根据（　　　）账户期末余额的合计数填列。

    A. 委托贷款　　　　B. 库存现金　　　　C. 银行存款　　　　D. 其他货币资金

2. 下列账户的期末余额数据，应在资产负债表中"存货"项目反映的有（　　　）。

    A. 委托代销商品　　B. 材料成本差异　　C. 发出商品　　　　D. 生产成本

3. 编制中期报表，资产负债表中的"未分配利润"项目应根据（　　　）账户资料填列。

    A. 盈余公积　　　　B. 利润分配　　　　C. 本年利润　　　　D. 营业外收入

4. 下列各项中，可以通过资产负债表反映的有（　　　）。

    A. 某一时点的财务状况　　　　　　　　　B. 某一时点的偿债能力

    C. 某一期间的经营成果　　　　　　　　　D. 某一期间的获利能力

5. 资产负债表中的"应付账款"项目应根据（　　　）填列。

    A. 应付账款总账余额　　　　　　　　　　B. 应付账款所属明细账借方余额合计

    C. 应付账款所属明细账贷方余额合计　　　D. 预付账款所属明细账贷方余额合计

（三）判断题

1. "利润分配"总账的年末余额不一定与相应的资产负债表中"未分配利润"项目的数额一致。　　　　　　　　　　　　　　　　　　　　　　　　　　　　　　　　　　（　　　）

2. 资产负债表中的"预收款项"项目反映了"预收账款"账户的贷方金额。　　（　　　）

3. 资产负债表中的"固定资产"项目应根据"固定资产"账户的余额直接填列。（　　　）

4. 资产负债表中的"工程物资"账户余额应在资产负债表"存货"项目列示。（　　　）

5. 资产负债表中的"其他应收款"项目应根据"其他应收款"总账期末余额直接填列。（　　　）

二、分项能力题

（一）单项选择题

1. 某企业 2020 年 3 月"应收票据"账户借方余额合计 10 000 元，"应收账款"明细账借方余额合计 280 000 元，贷方余额合计 73 000 元，针对应收账款计提的坏账准备贷方余额为 680 元，则资产负债表的"应收账款"项目应为（　　　）元。

    A. 290 000　　　　　B. 280 000　　　　　C. 279 320　　　　　D. 207 000

2. 某企业 2020 年 2 月"应付账款"账户月末贷方余额为 40 000 元，其中："应付甲公司"明细账户贷方余额为 35 000 元，"应付乙公司"明细账户贷方余额为 5 000 元；"预付账款"账户月末贷方余额为 30 000 元，其中："预付 A 公司"明细账户贷方余额为 50 000 元，"预付 B 公司"明细账户借方余额为 20 000 元。该企业月末资产负债表中"预付款项"项目的金额为（　　）元。

  A. 20 000　　　　　B. 40 000　　　　　C. 30 000　　　　　D. 70 000

3. 某企业 2020 年 12 月 31 日结账后"固定资产"账户余额为 1 000 万元，"累计折旧"账户金额为 100 万元，"固定资产减值准备"账户余额为 50 万元，"固定资产清理"账户贷方余额为 2 万元，"在建工程"账户余额为 10 万元。该企业 2020 年 12 月 31 日资产负债表中"固定资产"项目的金额为（　　）万元。

  A. 1012　　　　　B. 900　　　　　C. 848　　　　　D. 850

4. 某企业 2020 年 3 月 31 日"工程物资"账户余额为 100 万元，"原材料"账户余额为 120 万元，"发出商品"账户余额为 60 万元，"材料成本差异"账户借方余额为 10 万元，"存货跌价准备"账户贷方余额为 6 万元。该企业 2020 年 3 月 31 日资产负债表中"存货"项目的金额为（　　）万元。

  A. 224　　　　　B. 184　　　　　C. 274　　　　　D. 280

5. 某企业 2020 年 12 月 31 日"无形资产"账户余额为 750 万元，"累计摊销"账户余额为 100 万元，"无形资产减值准备"账户余额为 50 万元，"商誉"账户余额为 10 万元。该企业 2020 年 12 月 31 日资产负债表中"无形资产"项目的金额为（　　）万元。

  A. 600　　　　　B. 760　　　　　C. 610　　　　　D. 700

（二）多项选择题

万盛股份有限公司 2019 年账户余额汇总资料如表 6-2 所示。

表 6-2　　　　　　　　　　　　　账户余额汇总表　　　　　　　　　单位：元（至角分）

账 户 名 称	借 方 余 额	贷 方 余 额
库存现金	2 000	
银行存款	5 000 000	
其他货币资金	900 000	
交易性金融资产	200 000	
应收票据	300 000	
应收账款	2 000 000	
坏账准备（——应收账款）		80 000
应收利息	10 000	
其他应收款	8 000	
预付账款		40 000
材料采购	49 200	
原材料	1 321 000	
材料成本差异		3 800
库存商品	4 000 000	
债权投资	1 000 000	
长期股权投资	1 200 000	

续表

账 户 名 称	借方余额	贷方余额
固定资产	8 000 000	
累计折旧		2 000 000
固定资产清理		38 000
工程物资	20 000	
无形资产	200 000	
长期待摊费用	50 000	
短期借款		120 000
应付账款		130 000
预收账款	50 000	
应付职工薪酬		140 000
应交税费		100 000
其他应付款		10 000
应付利息		10 000
长期借款		400 000
实收资本		20 000 000
资本公积		200 000
盈余公积		518 400
利润分配		1 120 000
生产成本	600 000	
合　　计	24 910 200	24 910 200

其中，"应收账款"明细账为：A单位借方余额2 500 000元、B单位贷方余额500 000元；"应付账款"明细账为：C单位借方余额20 000元、D单位贷方余额150 000元；"预收账款"明细账为：E单位借方余额70 000元、F单位贷方余额20 000元；"预付账款"明细账为：G单位借方余额20 000元、H单位贷方余额60 000元；债权投资中有一年内到期的投资为500 000元；长期待摊费用中摊销期在一年以内的有30 000元；长期借款中有一年内到期的长期借款为150 000元。

请对万盛股份有限公司2019年度资产负债表编制的下列问题做出选择。

1. "货币资金"和"存货"项目的金额分别为（　　　）元。

    A. 5 902 000　　　　B. 5 966 400　　　　C. 5 366 400　　　　D. 5 374 000

2. "应付账款"和"应收账款"项目金额分别为（　　　）元。

    A. 130 000　　　　B. 210 000　　　　C. 2 490 000　　　　D. 50 000

3. "预付款项"和"预收款项"项目金额分别为（　　　）元。

    A. 40 000　　　　B. 90 000　　　　C. 50 000　　　　D. 520 000

4. "一年内到期非流动资产"和"长期待摊费用"项目金额分别为（　　　）元。

    A. 530 000　　　　B. 500 000　　　　C. 50 000　　　　D. 20 000

5. "一年内到期非流动负债"和"长期借款"项目金额分别为（　　　）元。

    A. 150 000　　　　B. 250 700　　　　C. 250 000　　　　D. 256 700

6. "固定资产"和"在建工程"项目金额分别为（　　　）元。

    A. 5 962 000   B. 6 000 000   C. 20 000   D. 0

7. "其他应收款"和"其他应付款"项目金额分别为（　　　）元。

    A. 18 000   B. 10 000   C. 20 000   D. 0

三、综合分析题

资料：黄河有限责任公司为增值税小规模纳税人，2020 年 11 月 30 日的账户余额表如表 6-3 所示。

表 6-3　　　　　　　　　　　　　　账户余额表　　　　　　　　　　　　单位：元（至角分）

账 户 名 称	借 方 余 额	贷 方 余 额
库存现金	2 000	
银行存款	54 000	
交易性金融资产	55 000	
应收账款	40 000	
坏账准备——应收账款		160
预付账款	7 000	
原材料	20 000	
库存商品	90 000	
固定资产	128 000	
累计折旧		26 000
在建工程	42 000	
长期待摊费用	9 300	
短期借款		35 000
应付账款		20 000
预收账款		51 200
应交税费		6 200
其他应付款		2 000
应付利息		7 840
实收资本		240 000
资本公积		18 000
盈余公积		11 000
利润分配		9 900
本年利润		20 000
合　　计	447 300	447 300

黄河有限责任公司 12 月发生如下经济业务。

（1）收回以前年度已核销的坏账 14 000 元。

（2）向承包商支付工程进度款 30 000 元，收到增值税专用发票，注明增值税税额 2 700 元。

（3）本月销售商品共计售价 200 000 元，增值税税额为 6 000 元，款项已收存银行。商品成本为 92 000 元（暂不考虑城市维护建设税和教育费附加）。

（4）计提本月固定资产折旧 2 500 元，摊销长期待摊费用 300 元，均计入管理费用。另以银行存款支付其他管理费用 4 000 元。

（5）本月支付已预提的短期借款利息 7 840 元。

（6）以银行存款偿还短期借款 11 000 元。

（7）发生财务费用 566 元，均以银行存款支付。

（8）年末按应收账款余额的 4‰ 计提坏账准备。

（9）以银行存款交纳 11 月增值税税额 6 000 元和企业所得税税额 200 元。

（10）以 16 000 元价格出售交易性金融资产，出售时账面价值为 15 000 元，其中：成本 14 000 元、公允价值变动 1 000 元。

要求：

（1）根据上述资料编制黄河有限责任公司 12 月相关业务的会计分录。

（2）计算黄河有限责任公司 12 月 31 日资产负债表中下列项目的金额：货币资金、应收账款、存货、长期待摊费用、交易性金融资产、在建工程、其他应付款、应交税费。假设应收账款、预付账款明细账户余额均为借方，应付账款、预收账款明细账户余额均为贷方。

参考答案

一、理论知识题

（一）单项选择题

1. C　　2. D　　3. B　　4. D　　5. B

（二）多项选择题

1. BCD　　2. ABCD　　3. BC　　4. AB　　5. CD

（三）判断题

1. ×　　2. ×　　3. ×　　4. ×　　5. ×

二、分项能力题

（一）单项选择题

1. C　　2. A　　3. C　　4. B　　5. A

（二）多项选择题

1. AB　　2. BC　　3. AD　　4. AD　　5. AC　　6. AC　　7. AC

三、综合分析题

（1）

① 借：应收账款　　　　　　　　　　　　　　　　14 000
　　　贷：坏账准备　　　　　　　　　　　　　　　　　　14 000

```
    借：银行存款                                        14 000
        贷：应收账款                                         14 000
② 借：在建工程                                        30 000
    应交税费——应交增值税（进项税额）                   2 700
        贷：银行存款                                         32 700
③ 借：银行存款                                        206 000
        贷：主营业务收入                                     200 000
           应交税费——应交增值税（销项税额）                  6 000
    借：主营业务成本                                     92 000
        贷：库存商品                                         92 000
④ 借：管理费用                                        6 800
        贷：累计折旧                                          2 500
           长期待摊费用                                         300
           银行存款                                           4 000
⑤ 借：应付利息                                        7 840
        贷：银行存款                                          7 840
⑥ 借：短期借款                                        11 000
        贷：银行存款                                         11 000
⑦ 借：财务费用                                         566
        贷：银行存款                                            566
```

⑧ 年末应收账款余额＝40 000＋（14 000－14 000）＝40 000（元）

本期坏账准备计提＝40 000×4‰－（160＋14 000）＝－14 000（元）

```
    借：坏账准备                                        14 000
        贷：信用减值损失                                     14 000
⑨ 借：应交税费——未交增值税                            6 000
              ——应交所得税                              200
        贷：银行存款                                          6 200
⑩ 借：银行存款                                        16 000
        贷：交易性金融资产——成本                            14 000
                        ——公允价值变动                     1 000
           投资收益                                          1 000
```

（2）12 月 31 日资产负债表中各项目金额如下。

货币资金＝229 694 元

应收账款＝39 840 元

存货＝18 000 元

长期待摊费用＝9 000 元

交易性金融资产＝40 000 元

在建工程＝72 000 元

其他应付款＝9 840 元

应交税费＝3 300 元

任务二 | 利润表编制

基本内容框架

- 利润表的概念及作用
- 利润表的格式与内容
- 利润表的编制方法

主要知识点分析

利润表编制主要知识点如表 6-4 所示。

表 6-4 利润表编制主要知识点

项　目	内　容
概念	利润表是反映企业一定期间经营成果的会计报表 特点：动态报表、比较报表，每月均应编制。编制依据：收入－费用＝利润
格式	利润表格式有单步式和多步式。我国采用多步式，具体各部分内容及关系如下 ① 营业收入＝主营业务收入＋其他业务收入 ② 营业利润＝营业收入－营业成本－税金及附加－销售费用－管理费用（含研发费用）－财务费用＋其他收益±投资收益±公允价值变动收益－信用减值损失－资产减值损失±资产处置收益 ③ 利润总额＝营业利润＋营业外收入－营业外支出 ④ 净利润＝利润总额－所得税费用
数据来源及 填列方法	"上期金额"栏内各项数字，根据上年该期利润表的"本期金额"栏内所列数字填列 "本期金额"栏内各期数字，除"基本每股收益"和"稀释每股收益"项目外，一般应根据损益类账户当期发生额填列

任务训练

一、理论知识题

（一）单项选择题

1. 反映企业一定会计期间经营成果的会计报表是（　　）。
   A. 资产负债表　　　B. 利润表　　　　　　C. 现金流量表　　　D. 产品成本报表

2. 下列各项中，不应在利润表"营业收入"项目列示的是（　　）。
   A. 政府补助收入　　　　　　　　　B. 设备安装劳务收入
   C. 固定资产出租收入　　　　　　　D. 代修品销售收入

3. 利润表是根据（　　）会计等式编制的。
   A. 资产＝负债＋所有者权益　　　　B. 收入－费用＝利润
   C. 资产＝权益　　　　　　　　　　D. 资产＋费用＝负债＋所有者权益＋收入

4. 利润表中的下列项目，应根据账户发生额直接填列的是（　　）。

    A. 营业收入　　　　B. 营业成本　　　　C. 营业利润　　　　D. 所得税费用

5. 企业购入交易性金融资产发生减值，其金额应在利润表中的（　　）列示。

    A. "公允价值变动损益"项目中用"＋"号

    B. "公允价值变动损益"项目中用"－"号

    C. "投资收益"项目中用"＋"号

    D. "投资收益"项目中用"－"号

（二）多项选择题

1. 下列项目，影响企业营业利润的项目有（　　）。

    A. 营业外收入　　　B. 资产处置损益　　C. 投资收益　　　　D. 所得税费用

2. 利润表属于（　　）。

    A. 动态报表　　　　B. 静态报表　　　　C. 年度报表　　　　D. 中期报表

3. 下列项目中，构成净利润要素的有（　　）。

    A. 利润总额　　　　B. 所得税费用　　　C. 营业利润　　　　D. 营业外收入

4. 利润表中的"利润总额"项目，应根据（　　）计算填列。

    A. 营业利润　　　　B. 所得税费用　　　C. 营业外收入　　　D. 营业外支出

5. 下列项目中，会影响利润总额的有（　　）。

    A. 管理费用　　　　B. 所得税费用　　　C. 营业外收入　　　D. 营业外支出

（三）判断题

1. 资产负债表属于动态报表，利润表属于静态报表。（　　）

2. 通过对利润表的数据分析可以让投资者了解投入资本的保值增值情况。（　　）

3. 我国企业会计准则规定利润表应采用单步式。（　　）

4. 利润表各项目"本期金额"栏数据，一般应根据损益类账户的发生额填列。（　　）

5. 利润表"营业成本"项目应根据"主营业务成本"和"其他业务成本"账户本期借方发生额之和填列。（　　）

二、分项能力题

（一）单项选择题

滨海市俊达仪表股份有限公司 2020 年 1 至 12 月有关损益类账户累计发生额资料如表 6-5 所示。

表 6-5　　　　　　　　　　　　　损益类账户累计发生额表　　　　　　　　　　单位：元（至角分）

账 户 名 称	借方发生额	贷方发生额
主营业务收入		2 360 000.00
主营业务成本	961 000.00	
其他业务收入		120 000.00
其他业务成本	69 000.00	
税金及附加	63 000.00	
销售费用	21 000.00	

续表

账 户 名 称	借方发生额	贷方发生额
管理费用	390 000.00 其中：研发费用 90 000.00	
财务费用	50 000.00	
资产减值损失	30 000.00	
信用减值损失	1 000.00	
资产处置损益		28 000.00
公允价值变动损益		10 000.00
投资收益		21 000.00
营业外收入		20 000.00
营业外支出	16 700.00	
所得税费用	238 600.00	

请对俊达仪表股份公司 2020 年度利润表编制的下列问题做出选择。

1. "营业收入"项目金额为（　　　）元。

  A. 2 360 000   B. 2 480 000   C. 120 000   D. 2 528 000

2. "投资收益"项目金额为（　　　）元。

  A. 21 000   B. －21 000   C. 19 000   D. －19 000

3. "营业利润"项目金额为（　　　）元。

  A. 954 000   B. 988 000   C. 974 000   D. 957 300

4. "利润总额"项目金额为（　　　）元。

  A. 957 300   B. 971 300   C. 1 022 000 D. 1 005 300

5. "净利润"项目金额为（　　　）元。

  A. 718 700   B. 732 700   C. 783 400   D. 766 700

（二）多项选择题

甲公司为增值税一般纳税人，全部货物适用增值税税率为 13%。2020 年 1 月发生如下经济业务。

① 元旦给本公司行政管理人员发放自产产品一批，成本为 80 000 万元，市场不含税售价为 100 000 万元。

② 销售原材料一批，开具增值税专用发票，注明售价 800 000 元，款项已收到并存入银行。该批材料的实际成本为 590 000 元。

③ 该设备安装劳务合同总收入为 1 000 000 元，预计合同总成本为 700 000 元，合同价款在前期签订合同时已收取。采用完工百分比法确认劳务收入。截止到本月月末，该劳务累计完工进度为 60%，前期已累计确认劳务收入 500 000 元、劳务成本 350 000 元。

④ 销售商品一批，按商品标价金额为 2 000 000 元，由于批量销售，甲公司给予客户 10% 的折扣，已开具增值税专用发票，款项尚未收回。该批商品实际成本为 1 500 000 元。

⑤ 以银行存款支付管理费用 200 000 元、财务费用 100 000 元、营业外支出 50 000 元。

根据甲公司上述资料对下列问题做出选择。

1. 关于业务①的下列处理正确的有（　　　）。

  A. 自产货物用于职工福利应视同销售计算增值税销项税额

  B. 借：应付职工薪酬——非货币性福利   113 000

贷：主营业务收入 100 000

应交税费——应交增值税（销项税额） 13 000

   C. 借：主营业务成本 80 000

      贷：库存商品 80 000

   D. 借：管理费用 113 000

      贷：应付职工薪酬——非货币性福利 113 000

2. 关于业务②的下列处理正确的有（   ）。

   A. 借：银行存款 904 000

      贷：其他业务收入 800 000

         应交税费——应交增值税（销项税额） 104 000

   B. 借：其他业务成本 590 000

      贷：原材料 590 000

   C. 借：银行存款 800 000

      贷：其他业务收入 800 000

   D. 借：其他业务支出 590 000

      贷：原材料 590 000

3. 关于业务③的下列处理正确的有（   ）。

   A. 本期应确认的营业收入为 100 000 元

   B. 本期应确认的营业成本为 70 000 元

   C. 借：合同负债 100 000

      贷：其他业务收入（或主营业务收入） 100 000

   D. 借：其他业务成本（或主营业务成本） 70 000

      贷：合同履约成本 70 000

4. 关于业务④的下列处理正确的有（   ）。

   A. 本业务折扣属于商业折扣，增值税的计税依据为扣除折扣后的销售额

   B. 借：应收账款 2 034 000

      贷：主营业务收入 1 800 000

         应交税费——应交增值税（销项税额） 234 000

   C. 借：主营业务成本 1 500 000

      贷：库存商品 1 500 000

   D. 借：应收账款 2 260 000

      贷：主营业务收入 2 000 000

         应交税费——应交增值税（销项税额） 260 000

5. 有关甲公司 2020 年 8 月利润表的下列项目金额正确的有（   ）。

   A. 营业收入为 2 800 000 元   B. 营业成本为 2 240 000 元

   C. 营业利润为 147 000 元   D. 利润总额为 97 000 元

三、综合分析题

资料：甲公司为增值税一般纳税人，适用的增值税税率为 13%，所得税税率为 25%，年末一次确认全年所得税费用。商品、材料销售价均不含增值税，商品、材料销售成本随销售收入的确认逐笔结转，本年利润采用表结法核算。2020 年 1 月至 11 月甲公司损益类账户累计发生额如表

6-6 所示。

表 6-6　　　　　　　　　　　　损益类账户累计发生额表　　　　　　　　　　　　单位：万元

账 户 名 称	借方发生额	贷方发生额	账 户 名 称	借方发生额	贷方发生额
主营业务收入		1 450	销售费用	38	
主营业务成本	1 120		管理费用	36	
其他业务收入		120	财务费用	18	
其他业务成本	65		营业外收入		85
税金及附加	26		营业外支出	50	

2020 年 12 月甲公司发生经济业务如下。

（1）向乙公司销售商品一批，开具增值税专用发票，注明价款 50 万元、增值税 6.5 万元，提货单和销货发票已交购货方，收到购货方开出的银行承兑汇票一张。该批商品实际成本为 35 万元。

（2）出售专利技术一项，不含税售价为 25 万元，应收增值税 1.5 万元，款项收讫存入银行，不考虑其他相关税费。该项专利技术实际成本为 50 万元，累计摊销 38 万元，未计提减值准备。

（3）向丙公司销售材料一批，开具增值税专用发票，注明价款 5 万元、增值税 0.65 万元。材料已发出，销售款项已收讫存入银行。该批材料实际成本为 4 万元。

（4）结转固定资产出售清理净收益 50 万元。

（5）计提公司管理部门固定资产折旧 5 万元，摊销公司管理部门无形资产成本 8 万元。

（6）确认本月应交城市维护建设税 2 万元、教育费附加 1 万元。

要求：

（1）编制甲公司 12 月相关经济业务的会计分录。

（2）不考虑纳税调整事项，计算甲公司全年应交所得税，并确认所得税费用。

（3）编制甲公司 2019 年度利润表。

参考答案

一、理论知识题

（一）单项选择题

1. B　　　　2. A　　　　3. B　　　　4. D　　　　5. B

（二）多项选择题

1. BC　　　2. ACD　　　3. ABCD　　　4. ACD　　　5. ACD

（三）判断题

1. ×　　　2. √　　　3. ×　　　4. √　　　5. ×

二、分项能力题

（一）单项选择题

1. B　　　　2. A　　　　3. A　　　　4. A　　　　5. A

（二）多项选择题

1. ABCD　　2. AB　　　　3. ABCD　　4. ABC　　5. ABCD

三、综合分析题

（1）

① 借：应收票据 565 000

　　　贷：主营业务收入 500 000

　　　　　应交税费——应交增值税（销项税额） 65 000

　　借：主营业务成本 350 000

　　　贷：库存商品 350 000

② 借：银行存款 265 000

　　累计摊销 380 000

　　　贷：无形资产 500 000

　　　　　应交税费——应交增值税（销项税额） 15 000

　　　　　资产处置损益 130 000

③ 借：银行存款 56 500

　　　贷：其他业务收入 50 000

　　　　　应交税费——应交增值税（销项税额） 6 500

　　借：其他业务成本 40 000

　　　贷：原材料 40 000

④ 借：固定资产清理 500 000

　　　贷：资产处置损益 500 000

⑤ 借：管理费用 130 000

　　　贷：累计折旧 50 000

　　　　　累计摊销 80 000

⑥ 借：税金及附加 30 000

　　　贷：应交税费——应交城市维护建设税 20 000

　　　　　　　　　——应交教育费附加 10 000

（2）应交所得税＝365×25%＝91.25 万元

　　借：所得税费用 912 500

　　　贷：应交税费——应交所得税 912 500

（3）略

任务三｜现金流量表与所有者权益变动表认知

基本内容框架

- 现金流量表、所有者权益变动表的格式与内容
- 现金流量表的编制方法

主要知识点分析

现金流量表及所有者权益变动表中的主要知识点如表 6-7 所示。

表 6-7　　　　　　　　　现金流量与所有者权益变动表中的主要知识点

项　目		内　容
现金流量表认知	概念	现金流量表是指反映企业一定会计期间现金和现金等价物（以下统称现金）流入和流出信息的会计报表。特点：动态报表、比较报表，一般每年编制
	编制基础	现金流量表以现金及现金等价物为编制基础，以收付实现制为原则编制。从编制原理上看，现金流量表是将权责发生制下的盈利信息调整为收付实现制下的现金流量信息，便于信息使用者了解企业净利润的质量。从内容上看，现金流量表被划分为经营活动、投资活动和筹资活动三个部分，每类活动又分为各个具体项目
	格式	我国现金流量表采用报告式结构，具体由主表和补充资料两部分构成。①主表部分分"经营活动产生的现金流量""投资活动产生的现金流量"和"筹资活动产生的现金流量"三个大类列示。②补充资料部分分"将净利润调整为经营活动的现金流量""不涉及当期现金收支的重大投资筹资活动""现金及现金等价物净变动情况"等项目列示
	现金流量表具体项目内容 经营活动产生的现金流量	现金流入的项目有："销售商品、提供劳务收到的现金"项目、"收到的税费返还"项目、"收到其他与经营活动有关的现金"项目
		现金流出的项目有："购买商品、接受劳务支付的现金"项目、"支付给职工以及为职工支付的现金"项目、"支付的各项税费"项目、"支付其他与经营活动有关的现金"项目
	投资活动产生的现金流量	现金流入的项目有："收回投资收到的现金"项目、"取得投资收益收到的现金"项目、"处置固定资产、无形资产和其他长期资产收回的现金净额"项目、"处置子公司及其他营业单位收到的现金净额"项目、"收到其他与投资活动相关的现金"项目
		现金流出的项目有："购建固定资产、无形资产和其他长期资产支付的现金"项目、"投资支付的现金"项目、"取得子公司及其他营业单位支付的现金净额"项目、"支付的其他与投资活动有关的现金"项目
	筹资活动产生的现金流量	现金流入的项目有："吸收投资收到的现金"项目；"取得借款收到的现金"项目；"收到其他与筹资活动有关的现金"项目
		现金流入的项目有："偿还债务支付的现金"项目、"分配股利、利润或偿付利息支付的现金"项目、"支付其他与筹资活动有关的现金"项目
所有者权益变动表认知	概念	所有者权益变动表是反映构成所有者权益的各组成部分当期的增减变动情况的报表
	格式	所有者权益变动表以矩阵的形式列示
	编制基础	所有者权益变动表主要依据资产负债表、利润表、现金流量表及相关明细账记录填列。"上年金额"栏各项目数字，应根据上年度所有者权益变动表"本年金额"栏内所列数字填列。"本年金额"栏内各项数字一般应根据"实收资本（或股本）""资本公积""盈余公积""利润分配""库存股""以前年度损益调整"账户的发生额分析填列
	横向项目主要内容	①"上年年末余额"项目，反映企业上年资产负债表中实收资本（或股本）、其他权益工具、资本公积、库存股、其他综合收益、盈余公积、未分配利润的年末余额 ②"会计政策变更""前期差错更正"项目，分别反映企业采用追溯调整法处理的会计政策变更的累积影响金额和采用追溯重述法处理的会计差错更正的累积影响金额 ③"综合收益总额"项目，反映净利润和其他综合收益扣除所得税影响后的净额相加后的合计金额 ④"所有者投入的普通股"项目，反映企业当年所有者投入的资本和减少的资本 ⑤"利润分配"项目，反映企业当年的利润分配金额 ⑥"所有者权益内部结转"项目，反映企业构成所有者权益的组成部分之间当年的增减变动情况

任务训练

一、理论知识题

（一）单项选择题

1. 下列各项中，不属于现金流量表"现金及现金等价物"的是（   ）。
   A. 库存现金 B. 银行本票
   C. 银行承兑汇票 D. 持有 2 个月内到期的国债

2. 下列各项中，与"经营活动产生的现金流量"无关的是（   ）。
   A. 销售商品、提供劳务收到的现金
   B. 购买商品、接受劳务支付的现金
   C. 支付给职工以及为职工支付的现金
   D. 购建固定资产、无形资产和其他长期资产支付的现金

3. 下列各项中，与"投资活动产生的现金流量"无关的是（   ）。
   A. 收回投资收到的现金
   B. 取得投资收益收到的现金
   C. 处置固定资产、无形资产和其他长期资产收回的现金净额
   D. 分配股利、利润或偿付利息支付的现金

4. 下列各项中，与"筹资活动产生的现金流量"无关的是（   ）。
   A. 吸收投资收到的现金
   B. 取得借款收到的现金
   C. 偿还债务支付的现金
   D. 取得子公司及其他营业单位支付的现金净额

5. 支付购入固定资产的价款属于（   ）产生的现金流量。
   A. 经营活动 B. 筹资活动 C. 投资活动 D. 汇率变动

6. （   ）是反映构成所有者权益的各组成部分当期的增减变动情况的报表。
   A. 资产负债表 B. 利润表 C. 利润分配表 D. 所有者权益变动表

7. 企业采用追溯调整法处理的会计政策变更的累积影响金额应在所有者权益变动表的
（   ）项目单独列示。
   A. 会计政策变更 B. 前期差错更正
   C. 直接计入所有者权益的利得和损失 D. 净利润

8. 下列各项中，不属于所有者权益变动表中单独列示的项目是（   ）。
   A. 所有者投入资本 B. 会计估计变更
   C. 综合收益总额 D. 会计政策变更

9. 企业以盈余公积转增资本或股本的金额应在所有者权益变动表的（   ）项目单独列示。
   A. 所有者权益内部结转 B. 盈余公积转增资本（或股本）
   C. 盈余公积弥补亏损 D. 直接计入所有者权益的利得和损失

10. 下列关于"所有者权益内部结转"项目说法正确的是（   ）。
    A. 反映企业构成所有者权益的组成部分之间的增减变动情况
    B. 反映企业以资本公积转增资本或股本的金额

C. 反映企业以盈余公积转增资本或股本的金额

D. 反映企业以盈余公积弥补亏损的金额

（二）多项选择题

1. 下列各项中，属于现金流量表"筹资活动产生的现金流量"的有（　　）。

　　A. 收到的现金股利　　　　　　　　B. 增发股票收到的现金

　　C. 取得的短期借款　　　　　　　　D. 偿还公司债券支付的现金

2. 下列各项中，属于现金流量表"经营活动产生的现金流量"的有（　　）。

　　A. 偿还债务支付的现金　　　　　　B. 收到的税费返还

　　C. 销售商品、提供劳务收到的现金　　D. 支付给职工以及为职工支付的现金

3. 下列各项中，会引起现金流量表"投资活动产生的现金流量净额"发生变化的有（　　）。

　　A. 购买股票支付的现金　　　　　　B. 向投资者派发的现金股利

　　C. 购建固定资产支付的现金　　　　D. 收到被投资单位分配的现金股利

4. 下列各项中，影响现金流量表中现金流量增减变动的有（　　）。

　　A. 用银行存款购买2个月内到期的国债　B. 收回应收账款存入银行

　　C. 从银行提取现金　　　　　　　　D. 用银行存款偿还应付账款

5. 下列各项中，应在"取得借款收到的现金"项目反映的有（　　）。

　　A. 发行股票　　　B. 发行债券　　　C. 长期借款　　　D. 取得现金股利

6. 在所有者权益变动表中，企业至少应单独列示反映下列的信息项目有（　　）。

　　A. 净利润和直接计入所有者权益的利得和损失项目及其总金额

　　B. 会计政策变更和差错更正的累积影响金额

　　C. 所有者投入资本和向所有者分配利润等

　　D. 提取的盈余公积，实收资本或股本、资本公积、盈余公积、未分配利润的期初和期末余额及其调节情况

7. 下列各项中，属于所有者权益变动表单独列示的项目有（　　）。

　　A. 提取盈余公积　　　　　　　　　B. 综合收益总额

　　C. 资本公积转增资本　　　　　　　D. 当年实现的净利润

8. "所有者投入和减少资本"项目应根据（　　）金额分析填列。

　　A. 企业接受投资者投入形成的实收资本（或股本）

　　B. 企业接受投资者投入形成的资本溢价（或股本溢价）

　　C. 企业处于等待期中的权益结算的股份支付当年计入资本公积

　　D. 接受其他权益工具持有者投入的资本

9. "利润分配"项目应根据（　　）项目金额分析填列。

　　A. 提取盈余公积　　　　　　　　　B. 对所有者（或股东）的分配

　　C. 盈余公积转增资本（或股本）　　D. 盈余公积弥补亏损

10. "所有者权益内部结转"项目应根据（　　）项目金额分析填列。

　　A. 资本公积转增资本（或股本）　　B. 对所有者（或股东）的分配

　　C. 盈余公积转增资本（或股本）　　D. 盈余公积弥补亏损

（三）判断题

1. 现金流量表中的现金流量与资产负债表中的货币资金是同一概念。　　　　　　（　　）

2. 现金流量表中"销售商品、提供劳务收到的现金"项目，反映本企业自营销售商品或提供

劳务收到的现金，不包括委托代销商品收到的现金。 （　　）

3. 银行定期存款不属于现金流量表中所指的现金。 （　　）

4. 企业从银行提取现金、用现金购买短期到期国库券不属于现金流量。 （　　）

5. 投资活动是指企业长期资产的购建和不包括在现金等价物范围内的投资及其处置活动。 （　　）

6. 所有者权益变动表可以为报表使用者提供所有者权益总量增减变动的信息。 （　　）

7. 我国现行所有者权益变动表以矩阵的形式列示。 （　　）

8. 我国现行所有者权益变动表中实收资本或股本、资本公积、盈余公积、未分配利润的期初和期末余额应单独列示。 （　　）

9. 我国现行所有者权益变动表中"本年增减变动额"项目由"净利润""直接计入所有者权益的利得和损失"及"所有者投入和减少资本"构成。 （　　）

10. 企业以盈余公积弥补亏损应在"所有者权益内部结转"项目单独列示。 （　　）

二、分项能力题

（一）单项选择题

万盛股份有限公司 2019 年有关经济业务资料如下。

① 当期销售商品实现销售收入 113 000 元（含增值税）；应收账款期初余额为 20 000 元，期末余额为 50 000 元，本期发生坏账损失 15 000 元；应收票据期初余额为 30 000 元，期末余额为 10 000 元，贴现时发生财务费用 1 000 元；预收账款期初余额为 12 000 元，期末余额为 32 000 元。

② 当期用银行存款购买材料支付货款 48 000 元；当期支付前期的应付账款 12 000 元；当期购买原材料预付货款 15 000 元；当期因购货退回现金 6 000 元。

③ 当期实际支付职工工资及各种奖金 44 000 元，其中生产经营人员为 35 000 元，在建工程人员为 9 000 元。另用现金支付离退休人员退休金 7 000 元。

④ 当期购买工程物资预付货款 22 000 元；向承包商支付工程款 16 000 元。

⑤ 当期购入某公司股票 1 000 股，实际支付全部价款 14 500 元，其中相关税费为 200 元，已宣告但尚未领取的现金股利为 300 元。

⑥ 当期发行面值为 80 000 元的企业债券，扣除支付的佣金等发行费用 8 000 元后，实际收到款项 720 000 元。另外为发行企业债券实际支付审计费用 3 000 元。

⑦ 当期用银行存款偿还借款本金 60 000 元，偿还借款利息 6 000 元。

⑧ 当期用银行存款支付分配的现金股利 30 000 元。

根据上述资料回答下列问题。

1. "销售商品、提供劳务收到的现金"项目金额为（　　）元。

 A. 123 000   B. 316 000   C. 111 000   D. 107 000

2. "购买商品、接受劳务支付的现金"项目金额为（　　）元。

 A. 48 000   B. 60 000   C. 75 000   D. 69 000

3. 下列说法正确的是（　　）。

 A. "支付给职工以及为职工支付的现金"项目金额为 35 000 元，"购置固定资产、无形资产和其他长期资产所支付的现金"项目金额为 47 000 元

 B. "支付给职工以及为职工支付的现金"项目金额为 46 000 元

 C. "支付给职工以及为职工支付的现金"项目金额为 78 000 元

D. "购置固定资产、无形资产和其他长期资产所支付的现金"项目金额为 74 000 元

4. 下列说法正确的是（　　）。

A. "投资所支付的现金"项目金额为 14 200 元，"吸收投资所收到的现金"项目金额为 72 000 元

B. "投资所支付的现金"项目金额为 72 000 元

C. "投资所支付的现金"项目金额为 13 800 元

D. "吸收投资所收到的现金"项目金额为 14 200 元

5. 下列说法正确的是（　　）。

A. "偿还债务所支付的现金"项目金额为 60 000 元，"分配股利、利润或偿付利息所支付的现金"项目金额为 36 000 元

B. "偿还债务所支付的现金"项目金额为 6 000 元

C. "分配股利、利润或偿付利息所支付的现金"项目金额为 38 000 元

D. "分配股利、利润或偿付利息所支付的现金"项目金额为 47 000 元

（二）多项选择题

宏盛股份有限公司 2019 年度发生的经济业务资料汇总如下。

2019 年度资产负债表和利润表部分项目及其金额如表 6-8 所示。

表 6-8　　　　　　　　　　　　资产负债表和利润表（部分）　　　　　　　　　　单位：元

项　目	年初数	年末数	本年累计数
应收票据	30 000	20 000	
应收账款	49 500	69 300	
预付账款	10 000	15 000	
存货	100 000	70 000	
应付账款	40 000	25 000	
应付职工薪酬	5 000	6 000	
应交税费	4 000	5 000	
其他应付款	200	1 000	
营业收入			800 000
营业成本			450 000
税金及附加			6 460
销售费用			200 000
所得税费用			40 000

其他资料如下：预付账款中有 5 000 元为预付的保险费；本期增值税销项税额为 136 000 元，进项税额为 71 400 元，已缴增值税税额为 65 000 元；其他应付款为收取的出借包装物押金；未单独设置管理费用账户，销售费用中包含职工工资 100 000 元、职工福利费 14 000 元、折旧费 2 000 元、水电费 10 000 元、差旅费 20 000 元、计提应收账款坏账准备 200 元、会议费 8 000 元、办公费 20 000 元、咨询费 15 000 元、业务招待费 5 800 元及摊销的预付保险费 5 000 元。假定上述资料均与投资活动和筹资活动无关。

请根据上述资料计算并回答下列与现金流量表"经营活动产生的现金流量"项目有关的问题。

1. 关于"销售商品、提供劳务收到的现金"项目下列说法正确的有（　　）。

A. 本项目是指企业销售商品、提供劳务实际收到的现金

B. 本项目包括本期销售商品、提供劳务收到的现金，前期销售商品、提供劳务本期收到的现金和本期预收的款项

C. 本期退回本期销售或前期销售商品支付的现金应冲减本项目

D. 本题中与计算该项目有关的账户资料包括"营业收入""增值税销项税额""应收票据""应收账款""预收账款"，其金额为 926 000 元

2. 关于"收到的其他与经营活动有关的现金"项目下列说法正确的有（　　　）。

A. 本项目反映企业收到的既不属于"销售商品、提供劳务收到的现金"项目、也不属于"收到的税费返还"项目的其他与经营活动有关的现金

B. 本题中是指出借包装物收取的押金

C. 本题计算该项目金额相关的账户有"其他应付款"

D. 本项目金额为 800 元

3. 关于"购买商品、接受劳务支付的现金"项目下列说法正确的有（　　　）。

A. 本项目反映企业购买商品、接受劳务实际支付的现金

B. 本项目包括本期购入商品、接受劳务实际支付的现金，前期购入商品、接受劳务本期支付的现金及本期预付款项

C. 本期发生的购货退回收到的现金应冲减本项目

D. 本题中与计算该项目有关的账户资料包括"营业成本""增值税进项税额""存货""应付账款""预付账款"，其金额为 501 400 元

4. 关于"支付给职工及为职工支付的现金"项目下列说法正确的有（　　　）。

A. 本项目反映企业实际支付给职工以及为职工支付的现金

B. 本项目包括本期实际支付给职工的工资、奖金、各种津贴和补贴等，以及为职工支付的其他费用和由企业代扣代缴的职工个人所得税

C. 本项目不包括支付给离退休人员和在建工程人员的工资及其他费用

D. 本题中该项目的金额为 113 000 元

5. 关于"支付的各项税费"项目下列说法正确的有（　　　）。

A. 本项目反映企业按规定支付的各种税费

B. 本项目包括本期发生并支付的税费，以及本期支付以前各期发生的税费和预缴税费

C. 本项目不包括本期退回的各项税费

D. 本题中与计算该项目有关的资料包括"所得税费用""营业税金及附加""已缴增值税""其他税费"及"教育费附加"，其金额为 110 060 元

参考答案

一、理论知识题

（一）单项选择题

| 1. C | 2. D | 3. D | 4. D | 5. C |
| 6. D | 7. A | 8. B | 9. B | 10. A |

（二）多项选择题

| 1. BCD | 2. BCD | 3. ACD | 4. BD | 5. BC |

6. ABCD   7. ABC   8. ABC   9. AB   10. ACD

（三）判断题

1. ×   2. ×   3. √   4. √   5. √
6. √   7. √   8. √   9. ×   10. ×

二、分项能力题

（一）单项选择题

1. D   2. D   3. A   4. A   5. A

（二）多项选择题

1. ABCD   2. ABCD   3. ABCD   4. ABCD   5. ABCD

项目综合实训

一、实训目标

掌握资产负债表、利润表及现金流量表的编制方法。

二、实训要求

根据海天股份有限公司 2019 年度资料完成以下工作。

1. 编制 2019 年 12 月 31 日资产负债表。
2. 编制 2019 年度利润表。

三、实训资料

1. 基本资料。

企业名称：海天股份有限公司

电话及地址：丽水市中山路东路口 128 号，0578-2623267

纳税人识别号：983325240345467867

开户银行及账号：中国银行丽水支行，1088789609011983345

法定代表人：李海天

企业类型：股份有限公司

经营范围：工业电器制品生产与销售

注册资金：5 000 万元

2. 其他资料。

（1）2019 年 12 月 31 日资产负债表如表 6-9 所示。

表 6-9   资产负债表

会企 01 表

编制单位：海天股份有限公司　　　　　　2019 年 12 月 31 日　　　　　　　　　　　单位：元

资　　产	期末余额	年初余额	负债和所有者权益	期末余额	年初余额
流动资产：			流动负债：		
货币资金	1 406 300	（略）	短期借款	300 000	（略）

续表

资 产	期末余额	年初余额	负债和所有者权益	期末余额	年初余额
交易性金融资产	15 000		交易性金融负债		
应收票据	246 000		应付票据	200 000	
及应收账款	299 100		及应付账款	953 800	
预付款项	100 000		预收款项		
其他应收款	5 000		合同负债		
存货	2 580 000		应付职工薪酬	110 000	
合同资产			应交税费	36 600	
持有待售资产			其他应付款	51 000	
一年内到期的非流动资产			持有待售负债		
其他流动资产	100 000		一年内到期的非流动负债	1 000 000	
流动资产合计	4 751 400		其他流动负债		
非流动资产：			流动负债合计	2 651 400	
债权投资			非流动负债：		
其他债权投资			长期借款	600 000	
长期应收款			应付债券		
长期股权投资	250 000		长期应付款		
其他权益工具投资			预计负债		
其他非流动金融资产			递延收益		
投资性房地产			递延所得税负债		
固定资产	1 100 000		其他非流动负债		
在建工程	1 500 000		非流动负债合计	600 000	
生产性生物资产			负债合计	3 251 400	
油气资产			所有者权益（或股东权益）		
无形资产	600 000		实收资本（或股本）	5 000 000	
开发支出			其他权益工具		
商誉			资本公积		
长期待摊费用			减：库存股		
递延所得税资产			其他综合收益		
其他非流动资产	200 000		盈余公积	100 000	
非流动资产合计	3 650 000		未分配利润	50 000	
			所有者权益（或股东权益）合计	5 150 000	
资产总计	8 401 400		负债和所有者权益（或股东权益）合计	8 401 400	

（2）2019年账户余额汇总资料如表6-10所示。

表 6-10 账户余额汇总表

2019 年 12 月 31 日 单位：元

科 目 名 称	借 方 余 额	科 目 名 称	贷 方 余 额
库存现金	2 000	短期借款	50 000
银行存款	805 831	应付票据	100 000
其他货币资金	7 300	应付账款	953 800
应收票据	66 000	其他应付款	50 000
应收账款	600 000	应付职工薪酬	180 000
坏账准备	−1 800	应交税费	226 731
预付账款	100 000	应付股利	32 215.85
其他应收款	5 000	长期借款	1 160 000
材料采购	275 000	股本	5 000 000
原材料	45 000	盈余公积	124 770.4
周转材料	38 050	利润分配（未分配利润）	218 013.75
库存商品	2 122 400		
材料成本差异	4 250		
其他流动资产	100 000		
长期股权投资	250 000		
固定资产	2 401 000		
累计折旧	−170 000		
固定资产减值准备	−30 000		
工程物资	300 000		
在建工程	428 000		
无形资产	600 000		
累计摊销	−60 000		
递延所得税资产	7 500		
其他长期资产	200 000		
合计	8 095 531	合计	8 095 531

（3）2019 年损益类账户累计发生额资料如表 6-11 所示。

表 6-11 损益类账户发生净额汇总表 单位：元

科 目 名 称	借方发生额	贷方发生额
主营业务收入		1 250 000
主营业务成本	750 000	
税金及附加	2 000	
销售费用	20 000	
管理费用	157 100	
财务费用	41 500	
资产减值损失	30 900	
投资收益		31 500
营业外收入		50 000
营业外支出	19 700	
所得税费用	85 300	

（4）2019年度利润表有关项目明细资料如下。

① 管理费用的组成：职工薪酬17 100元、无形资产摊销60 000元、折旧费20 000元、支付其他费用60 000元。

② 财务费用的组成：计提借款利息11 500元，支付应收票据（银行承兑汇票）贴现利息30 000元。

③ 资产减值损失的组成：计提坏账准备900元，计提固定资产减值准备30 000元。上年年末坏账准备余额为900元。

④ 投资收益的组成：收到股息收入30 000元，与本金一起收回的交易性股票投资收益为500元，自公允价值变动损益结转投资收益1 000元。

⑤ 营业外收入的组成：处置固定资产净收益50 000元（其所处置固定资产原价为400 000元，累计折旧为150 000元，收到处置收入300 000元）。假定不考虑与固定资产处置有关的税费。

⑥ 营业外支出的组成：报废固定资产净损失19 700元（其所报废固定资产原价为200 000元，累计折旧为180 000元，支付清理费用500元，收到残值收入800元）。

⑦ 所得税费用的组成：当期所得税费用92 800元，递延所得税收益7 500元。

涉及的分录如下。

借：所得税费用   85 300

    递延所得税资产   7 500

      贷：应交税费   92 800

除上述项目外，利润表中的销售费用20 000元至期末已经支付。

（5）2019年度资产负债表有关项目的明细资料如下。

① 本期收回交易性股票投资本金15 000元、公允价值变动1 000元，同时实现投资收益500元（注意非"投资收益"账户的发生额）。

② 存货中生产成本、制造费用的组成：职工薪酬324 900元、折旧费80 000元。

③ 应交税费的组成：本期增值税进项税额为42 466元，增值税销项税额为212 500元，已交增值税100 000元；应交所得税期末余额为20 097元，应交所得税期初余额为0；应交税费期末数中应由在建工程负担的部分为100 000元。

④ 应付职工薪酬的期初数无应付在建工程人员的部分，本期支付在建工程人员职工薪酬200 000元。应付职工薪酬的期末数中应付在建工程人员的部分为28 000元。

⑤ 应付利息均为短期借款利息，其中本期计提利息11 500元，支付利息12 500元。

⑥ 本期用现金购买固定资产101 000元，购买工程物资300 000元。

⑦ 本期用现金偿还短期借款250 000元，偿还一年内到期的长期借款1 000 000元；借入长期借款560 000元。

参考答案

（1）2019年12月31日资产负债表项目（期末余额栏数据）。

货币资金：815 131.00

交易性金融资产：0

应收票据：66 000.00

应收账款：598 200.00

预付账款：100 000.00

其他应收款：5 000.00

存货：2 484 700.00

其他流动资产：100 000.00

流动资产合计：4 169 031.00

长期股权投资：250 000.00

固定资产：2 201 000.00

在建工程：728 000

无形资产：540 000.00

递延所得税资产：7 500.00

其他非流动资产：200 000.00

非流动资产合计：3 926 500.00

资产总计：8 095 531.00

短期借款：50 000.00

应付票据：100 000.00

应付账款：953 800.00

应付职工薪酬：180 000.00

应交税费：226 731.00

其他应付款：82 215.85

流动负债合计：1 592 746.85

长期借款：1 160 000.00

非流动负债合计：1 160 000.00

负债合计：2 752 746.85

实收资本（或股本）：5 000 000.00

盈余公积：124 770.40

未分配利润：218 013.75

所有者权益（或股东权益）合计：5 342 784.15

负债和所有者权益 （或股东权益）合计：8 095 531.00

（2）2018 年利润表本期金额栏数据。

营业收入：1 250 000.00

营业成本：750 000.00

税金及附加：2 000.00

销售费用：20 000.00

管理费用：157 100.00

财务费用：41 500.00

资产减值损失：30 900.00

投资收益：31 500.00

营业利润（亏损以"－"填列）：280 000.00

营业外收入：50 000.00

营业外支出：19 700.00

利润总额（亏损总额以"－"号填列）：310 300.00

所得税费用：85 300.00

净利润（净亏损以"－"号填列）：225 000.00